장애아
보육실습
이해와 실제

장애아 보육실습 이해와 실제

변호걸 · 김응범 · 조현정 · 이현정 · 김수진
김혜선 · 최윤희 · 장원정 · 김미영 · 김승현 공저

Practical understanding of child care for children with special needs

동문사

머리말

특별한 지원이 요구되는 장애아 보육의 중요성은 장애아 보육서비스를 담당하는 교사의 역량과 자질 제고를 요구하고 있으나 현실적으로는 장애아 보육교사 양성에 필요한 장애아보육 현장실습을 안내하는 변변한 교재를 찾아보기 어려운 실정이다. 이 교재는 장애아 보육실습에서 요구되는 지식, 기술, 태도 등에 관한 실제적인 내용을 책에 담아 질적 장애아 보육교사 양성을 목표로 집필되었다.

현재 '장애 영유아를 위한 보육교사'(이하 "장애아보육교사")의 자격취득은 일반 보육교사의 자격기준에서 정한 보육실습을 마치고, 보육실습 이수 후 법에서 정한 특수교육 관련 교과목 학점을 취득한 보육교사에게 장애아보육교사 자격이 인정되고 있다. 이러한 기준이 적용되는 상황에서 어린이집에서의 장애아 보육실습은 일반 보육실습으로 대체되고 있는 경우가 허다하게 발생하고 있다. 장애아보육교사에게 반드시 필요한 장애아보육실습의 실제적 경험과 운영상의 내실을 기하지 못한다는 우려를 불식시키지 못하고 있다.

이와 더불어 어린이집에서는 장애아 보육실습에 대한 지식과 기술 등에 관한 이해부족 등으로, 체계적이고 효율적인 실습이 이루어지지 못하고 있다는 문제제기도 지속 이어져 오고 있다.

이 같은 문제들을 예방하기 위해 그동안 보건복지부나 한국보육진흥원에서 '장애아 보육 매뉴얼'(2010), '장애아보육 운영 실제'(2012), '장애아보육교사 실무'(2012)를 각각 발간하여 보급한 바 있고, 2014년에는 취약보육 프로그램 보급의 일환으로 '장애아 보육 프로그램(1)'과 '장애아 보육 프로그램(2)'를 개발하여 보급한 바 있지만, 이상의 자료는 장애아 보육과정의 보편적 취지와 목표를 수렴하였다기보다는 장애의 이해와 특성에 편중된 내용이 주를 이루고 있어 장애아 보육실습을 위한 보다 구체적인 내용을 담고 있지 못하고 있다.

이런 가운데 2016년 보건복지부는 질적인 보육교사 양성을 목적으로 대면교육과 현장실습기준을 강화하였는데, 보육교사의 인성 함양을 목적으로 총 9개의 대면교과목의 지정, 보육실습시간을 6주 240시간(2회 분할 실습 가능)으로 확대하여 철저한 현장 경험을 중요시하는 보육교사 양성에 목표를 둔다는 취지로 자격기준을 개편하였다. 이 자격기준의 개편은 보육실습의 요건 강화가 핵심을 이루고 있다.

이러한 자격기준 개편에도 장애아보육교사의 보육실습에 대한 지침은 부재한 상황이다. 이와 같이 장애아 보육실습은 그 특성상 별도의 준비와 안내 속에서 진행되어야 하므로, 장애아 보육실습의 지침이 제시되어 어린이집 관련 교직원들과 예비 장애아보육교사 모두에게 실질적인 안내가 필요하다.

이미 일반 보육실습의 경우 2013년 '어린이집에서의 보육실습지도', '양성기관에서의 보육실습지도' 안내서가 발간되었고, 2016년에는 '보육교사 양성과정 및 보육실습 매뉴얼 연구'(육아정책연구소) 보고서가 발간되는 등 자격기준 개편에 따른 일반 보육실습에 대비하고 있지만, 장애아 보육실습은 정책적인 지원과 안내가 부족한 현실이 아쉬운 상황이다.

이 책은 이 같은 장애아 보육실습의 안타까움과 우려를 발판 삼아 뜻을 같이하는 필진들이 의기투합하여 집필하게 되었다. 집필진은 장애아 보육교사 양성과 관련된 현장 경험이 풍부한 분들로 특수교사, 작업/물리치료사, 언어재활사의 자격을 소지한 분들과 통합과 장애전문어린이집 운영 전문가들을 포함하고 있다. 내용 구성은 3부 9장으로 1부 장애아 보육실습의 이해, 2부 장애아 보육실습 실제, 3부 장애아 보육실습 실무로 구성함으로써 예비 장애 영유아 보육교사들이 알찬 장애아 보육실습 경험을 하는 데 작은 도움을 주고자 노력하였다.

1부는 장애아 보육실습의 의미와 보육교사의 책무성과 보육교직원 간의 협력 등을 살펴보았다. 2부에서는 질적인 보육과정을 기반으로 하는 일과 중심 발달 지도 방법, 긍정적 행동지원 및 건강과 안전관리 등의 실질적인 보육실습 내용을 담았다. 3부에서는 일지와 계획안 작성 등 실질적인 보육실습 실무 지침이 제시되어 있다.

일반적으로 보육실습은 교사로 살아가는데 영원히 잊지 못할 소중한 경험의 시간이다. 제대로 된 현장실습 경험은 훌륭한 교사가 됨에 있어 튼튼한 초석을 놓는 일과 다르지 않기에, 이 책이 수많은 예비 장애 영유아 보육교사들은 물론 실습기관 보육교직원들에게 작은 보탬이 되기를 희망해 본다.

2018. 2.
공동 필자

차례

PART 01

장애아 보육실습 이해

CHAPTER 01

장애아 보육실습 개관

1. 장애아 보육실습의 개념

일반적으로 보육실습은 어린이집에서 예비보육교사가 보육교사로서 갖추어야 할 인성, 지식, 기술 등 교사로서의 자질과 능력을 습득하는 과정을 의미한다. 즉, 보육실습 기간은 대학에서 배운 보육 이론 전반에 관한 이해와 현장 적용은 물론 자신의 적성과 능력을 점검하는 기회의 장이기도 하면서, 미래 보육교사로 살아갈 자신만의 의미와 가치를 발견하고 구축하는 시간이기도 하다.

보육실습은 예비교사로서 현장수행능력을 평가하고, 현장에 적합한 실제적인 지식을 형성하는 배움의 교육과정이다. '현장수행능력 평가'는 교사양성과정의 마무리 단계에서 예비교사로서의 자질과 능력을 가늠해 본다는 의미를 내포하고 있고, 이 '마지막 관문'을 무사히 통과해야만 교사로서의 자격(보육교사 자격증) 획득이 가능하기 때문에 좋은 '평가'를 받아야만 한다. 즉, 보육실습은 일종의 통과의례로 이 과정을 잘 이수해야만 보육교사 자격을 얻게 되는 것이다.

장애아 보육실습 또한 일반 보육실습과 그 형식과 절차에 있어서 크게 다르지 않다. 즉, 장애아 보육실습은 장애아가 이용하고 있는 어린이집에 4년제 대학 특수교육과(유아특수교육 전공)나 전문대학 재활관련 학과의 실습생이 현장에서 통합보육을 경험하는 것을 말한다. 장애아가 수용되어 있는 어린이집이란 일반적으로 두 가지인데, 하나는 영유아 보육기관에 장애아를 수용하여 통합보육을 실시하는 통합어린이집과 장애아들만 수용하고 있는 장애전문어린이집으로 구분되는데, 이 두 곳에서 통합보육을 실시하는 것을 장애아 보육실습인 것이다.

여기서 장애아란 ① 장애를 지닌 것으로 진단받은 유아, ② 발달지체된 유아(인지, 대소근육, 의사소통, 사회성 또는 정서, 신변자립 또는 적응 능력과 같은 각 발달 영역에서 하나 또는 그 이상의 영역에서 발달 지체된 유아), ③ 발달지체 위험이 높은 유아(진단 당시에는 지체가 나타나지 않으나 발달지체 가능성이 높은 것으로 확인되는 신체적 · 정신적 조건을 지닌 영아나 유아, 즉 생물학적(예 미숙아) 또는 환경적 요인(지적장애 부모로부터 양육되는 유아, 학대나 방임 위험이 있는 유아)에 의해 발달이 지체된 아동 등이다.

그런데 이 같은 장애아가 재원하고 있는 통합보육 현장에서의 장애아 보육실습은 현재 법적으로 강제되어 있는 것이 아니라 관련 학과들이 장애아가 수용되어 있는 어린이집(통합어린이집, 장애전문어린이집)에서 실습생으로 참가하기 때문에 장애아 보육실습이 자연스럽게 이루어지고 있는 상황이다. 보건복지부가 지정하는 학과목으로는 '장애아보육실습'은 이수해야 한다. 하지만 반드시 재활관련 학과의 실습생이 통합어린이집이나 장애전문어린이집에서 현장실습을 해야 한다는 법적 규정은 마련되어 있지 않다. 따라서 일반 어린이집(가정어린이집 포함)에서 일반 보육실습과정을 이수하여도 무방하다.

다만, 장애 영유아를 위한 보육교사(이하 "장애 영유아 보육교사")가 활동하기 위해서는 졸업후 보육교사 2급 자격이 인정되고 특수교육 및 재활관련 기본 교과목과 학점(8개 과목 24학점)을 획득한 사람은 한국보육진흥원 보육인력 국가자격증 제도를 통해 장애 영유아 보육교사 자격증을 인정받아 취득하고 장애 영유아 보육교사로 근무하게 되는 것이다(한국보육진흥원 보육인력 국가자격증 참조).

2. 보육실습 · 장애아 보육실습의 목적

보육실습은 자격증 취득을 위한 필수적인 이행과정이지만, 이 과정을 통해 학교에서 배운 이론과 지식을 보육현장에 실제로 적용해 보는 실천적 과정이다. 이 과정을 통해 예비보육교사로서의 자신의 진로를 재점검하고, 자질과 역량을 평가하고 심화하는 과정인 것이다. 이 같은 보육실습의 목적을 구체적으로 제시하면 다음과 같다.

1) 보육실습의 목적

- 예비보육교사로서 보육교사에게 요구되는 역할과 책임, 태도를 경험해 본다.
- 보육현장의 하루 일과 진행 과정, 기관의 운영방식 등을 경험해 본다.
- 영유아에 대한 지식, 특성 등을 이해하고, 다양한 지도방법을 경험해 본다.
- 보육시설 및 환경을 이해하고, 나아가 보육기관내의 조직문화를 경험해 본다.
- 지역사회 속에서 보육기관의 사회적 역할과 의미를 경험해 본다.
- 보육교사로서 보육철학과 보육목표를 발전시킨다.

장애아 보육실습 또한 일반 보육실습의 목적과 크게 다르지 않다. 하지만 장애아 보육실습은 일반 영유아를 대상으로 하는 보육실습이 아니고 장애 영유아를 대상으로 실시하는 통합보육을 경험하는 실습이라는 점에서 형식과 내용에서 차이가 있다. 따라서 장애아 보육실습의 목적은 일반 보육실습의 목적에 더해 다음과 같은 목적이 부가적으로 추가된다.

2) 장애아 보육실습의 목적

장애아 보육은 장애 영유아 등에게 보육서비스를 제공하는 것을 말한다. 즉, 장애 영유아들에게 통합어린이집이나 장애전문어린이집에서 보육서비스를 제공하는 것을 의미하고 있다.

하지만 대체로 장애아 보육의 개념은 통합보육을 전제로 통용하고 있는 개념으로서 여기서 통합의 의미는 장애 영유아를 같은 연령의 일반유아들과 배치시켜 생활하며 배울 수 있도록 일반보육기관에 수용함으로써 이들에게 적합한 보육과정을 제공하고 나아가 개별적 요구에 맞는 심리적, 신체적 지원과 환경적 지원을 제공하는 것을 말한다.

- 예비 장애 영유아 보육교사로서 장애아 보육환경 전반에 대하여 경험해 본다.
- 장애아동의 유형, 특성, 발달 정도 등에 대해 이해하고, 상호작용 기술 등 다양한 지도방법을 경험해 본다.
- 보육교사, 특수교사, 장애 영유아 보육교사의 역할과 직무 등을 이해하고, 교사들 사이의 협력의 필요성과 관계 증진 기술 등을 경험해 본다.
- 장애아동의 가족이 처한 어려움을 도울 수 있는 가족지원방법 등을 간접적으로 경험해 본다.

3. 장애아 보육실습의 의의

- 이론중심으로 배웠던 지식을 보육현장에 실제 적용해 보면서 실천적 지식을 습득한다.
- 영유아, 원장, 보육교사 및 부모 등 다양하고 폭넓은 인간관계를 경험하게 함으로써 보육현장에 대해서 보다 깊이 이해하고 문제해결 능력을 향상시킨다.
- 학급운영 및 보육활동을 계획하고 실시해 봄으로써 영유아-교사간의 바람직한 상호작용 기술을 배우고 영유아의 개별적 특성을 이해하는 기회를 갖는다.
- 실제 보육교사들과 함께 생활하면서 교사의 역할에 대해 현실적으로 이해하고 보육교사로서 자신의 능력과 자질을 평가해 볼 수 있다.
- 6주간의 보육실습을 성공적으로 끝냈다는 자신감이 향후 갖게 될 직업에 대한 긍정적인 태도를 줄 수 있다(한국보육진흥원, 2010).

- 이론의 실제 적용을 통한 실천적 지식 습득과 영유아 이해의 기회이다.
- 교사의 전문적인 역할로 상호작용 기술을 배울 수 있는 기회이다.
- 실습생이 직접 보육활동을 계획하고 실시해 봄으로써 바람직한 일과 운영과 효과적인 교수방법을 이해하는 기회이다.
- 보육교사의 역할에 대한 현실적 이해와 자신의 능력 및 자질 평가의 기회이다.
- 지역사회에서 어린이집의 역할과 기능에 대해 이해하고 생각해 보는 기회이다.
- 영유아에게 영향을 미치는 좀 더 넓은 관점의 심도 있는 연구에 관심을 가지면서 스스로 보육교사로서의 자질을 파악하고 전문성을 발전시켜 나간다.

4. 장애아 보육실습 내용

1) 실습과정

(1) 실습 일정과 계획

장애아 보육실습은 보육실습기관에서 준비한 6주간의 계획에 의해 진행된다. 즉, 보육실습 기관은 보육실습을 위한 철저한 계획을 수립하고 이를 효율적으로 진행한 후 평가까지 담당하게 된다.

장애아 보육실습은 장애아 보육서비스의 실제를 경험하는 과정이기 때문에 실습 어린이집에서 계획·운영하고 있는 장애아 보육 프로그램 틀 속에서 실습내용을 선정하고 진행하게 될 것이다. 장애아 보육실습기관은 실습생들이 대학 또는 양성 교육기관에서 배운 이론과 지식을 현장에 적용해 보고, 앞으로 장애 영유아 보육교사로서 장애아 보육에 적절한 역할과 기능을 발휘 할 수 있도록 현장 경험을 시키는 것이다. 따라서 사전에 필요한 여러 사항을 준비하고 철저한 계획 속에서 실시해야 한다. 특히, 최근 실습기간이 4주에서 6주로 확대되게 되어 실습기관은 기관대로 실습생은 실습생대로 사전 준비와 다짐 속에서 진행되어야 한다.

〈표 1-1〉 6주간 보육실습 계획안(예시)

<table>
<tr><th colspan="8">6주간 실습일정표(유아반)</th></tr>
<tr><td rowspan="2">1주차
실습시작
유아반 관찰주간</td><td>월</td><td>화</td><td>수</td><td>목</td><td>금</td><td>토</td><td>일</td></tr>
<tr><td colspan="7">• 반 아동 및 업무파악하기
• 관찰 내용 숙지
• 보육활동 참관 및 교사 보조
• 2주차에 있을 부분수업 활동계획안 작성
• 수업에 필요한 자료 및 교재 교구 준비
• 지도 및 평가</td></tr>
<tr><td rowspan="2">2주차
유아반 부분수업</td><td>월</td><td>화</td><td>수</td><td>목</td><td>금</td><td>토</td><td>일</td></tr>
<tr><td colspan="7">• 보육활동 참관 및 교사 보조
• 부분수업
• 3주 부분수업 및 연계수업 보육활동계획안 작성
• 수업에 필요한 자료 파악 및 교재 교구 준비
• 수업에 대한 지도 및 평가</td></tr>
<tr><td rowspan="2">3주차
유아반 연계수업</td><td>월</td><td>화</td><td>수</td><td>목</td><td>금</td><td>토</td><td>일</td></tr>
<tr><td colspan="7">• 보육활동 참관 및 교사 보조
• 연계수업
• 4주 종일수업 일일보육활동계획안 작성
• 수업에 필요한 자료 파악 및 교재 교구 준비
• 수업에 대한 지도 및 평가</td></tr>
<tr><td rowspan="2">4주차
유아반 관찰주간</td><td>월</td><td>화</td><td>수</td><td>목</td><td>금</td><td>토</td><td>일</td></tr>
<tr><td colspan="7">• 관찰 내용 숙지 및 개별 유아관찰
• 보육활동 참관 및 교사 보조
• 5주차에 있을 부분수업 활동계획안 작성
• 수업에 필요한 자료 파악 및 교재 교구 준비
• 지도 및 평가</td></tr>
<tr><td rowspan="2">5주차
유아반 부분수업</td><td>월</td><td>화</td><td>수</td><td>목</td><td>금</td><td>토</td><td>일</td></tr>
<tr><td colspan="7">• 보육활동 참관 및 교사 보조
• 부분수업
• 5주 부분수업 및 연계수업 보육활동계획안 작성
• 수업에 필요한 자료 파악 및 교재 교구 준비
• 수업에 대한 지도 및 평가</td></tr>
<tr><td rowspan="2">6주차
유아반
All Day수업주간
실습마무리</td><td>월</td><td>화</td><td>수</td><td>목</td><td>금</td><td>토</td><td>일</td></tr>
<tr><td colspan="7">• 종일 수업
• 종일수업에 따른 계획안 제출
• 수업과 관련된 교재교구 및 환경 구성
• 수업에 대한 자기평가 및 지도교사 최종 평가</td></tr>
</table>

※ 실습기간 중 실습생은 매일 실습일지를 작성합니다.

※ 위 실습 일정은 실습교사와 기관의 사정에 따라 변경될 수 있습니다.

(2) 실습 주요 내용

① 관찰과 기록

보육실습기간 중 관찰은 실습의 첫 단추를 끼는 것과 같다. 관찰은 곧 실습의 시작점인데, 실습기관의 환경과 아동, 교사 등 모든 것이 포함된다. 이중 장애 영유아에 대한 관찰이 중요한 일인데, 관찰을 통해 얻은 내용은 일화기록으로 남겨야 하기 때문에 시간대별 기록, 일관성과 객관성 등에 유의하며 기록하여야 한다(8, 9장 참조).

② 보육실습일지 작성

보육실습일지는 실습생의 보육실습 내용을 파악하고 보육실습 기간의 보육실습 지도가 충분히 이루어졌는지 알 수 있는 공식문건이다. 일반적 보육실습일지는 실습생의 출근부, 보육실습기관 현황, 보육실습 일정, 일일 보육실습내용, 가정연계 및 행사 등으로 구성된다(한국보육진흥원, 2013a: 47)(8, 9장 참조).

③ 보육활동 계획안 작성

참여실습 등을 통해 실습생은 실습기관과 실습지도교사와 충분한 사전협의를 거쳐 보육활동 계획안을 작성하고 활동한다. 이 때 지도교사는 난이도가 낮은 것부터 시작하여야 한다. 지도교사는 주제의 전개양상, 영유아 발달의 적합성, 주간 계획안과 여유아의 흥미, 행사 및 반의 특별한 상황 등을 고려해 보육활동계획만을 작성하도록 지도하고 실습생의 역량을 고려해야 한다. 반일 또는 일일 보육활동계획서 작성시 주의할 점은 다음과 같다(한국보육진흥원, 2013a).

- 주제와 소주제를 고려하여 영유아의 전후 경험이 맥락적으로 연결되도록 고려한다.
- 일과 운영은 학급의 일과를 충분히 반영하여 일관성 있게 계획한다.
- 일과 시간대 별로 계획하되 각 영역별 보육활동계획안을 포함한다.
- 날씨 변화, 특별한 상황이 발생할 경우를 대비하여 대안을 준비한다.
- 일과 흐름을 안내하는 전이활동(정리정돈, 화장실 다녀오기, 실내외 이동하기 등)의 상호작용을 계획안에 반영한다.

- 영유아와 풍부한 상호작용을 할 수 있도록 계획한다.
- 자유선택활동 계획은 실습생이 준비한 보육활동만 '활동영역, 활동목표, 활동자료, 활동방법'의 순으로 간략히 진술한다.
- 한 가지 보육활동을 마무리 짓고 다음 보육활동으로의 전이(transition) 전략을 기술한다.
- 배변 및 손씻기, 간식 · 식사지도, 정리 정돈, 낮잠지도와 같은 일상생활 지도 전략을 함께 진술한다.
- 일일보육활동 계획안을 작성할 때 실습생 주도의 보육활동은 보육활동계획안을 함께 작성하여 첨부한다.

④ 평가

장애아 보육실습기관은 실습생이 성공적인 실습을 마칠 수 있도록 평가에 만전을 기해야 한다. 일반적으로 평가는 실습의 마무리 단계로 인식하고 있으나 목표설정에서부터 계획 그리고 마지막인 평가단계에 이르기까지 각 단계에 필요한 평가활동이 이루어져야 한다. 평가는 실습생이 대학 또는 양성교육기관에서 배운 지식과 익힌 기술을 보육현장에 얼마나 객관적으로 적용할 수 있는 가를 파악하는 활동이다.

목표달성, 실습 성취도, 실습생의 역량, 실습생의 미비점 보완 등을 알 수 있게 하는 중요한 역할을 수행하기 때문에 엄중한 준비와 관리 속에서 객관적이고 합리적으로 수행되어야 한다.

2) 보육실습 유형

장애아 보육실습은 일반 보육실습과 다르지 않다. 장애아 보육실습 또한 일반 보육실과 동일하게 사전실습, 정규실습, 추후실습으로 구분되어 실습된다. 이 세 가지 실습은 대학이나 기타 교육기관에 따라 실시하는 정도와 차이가 있을 수 있으나 정규보육실습 만은 반드시 법적 규칙에 따라 실시해야 한다. 사전보육실습은 일반적으로 정규실습 전에 현장 참여(관)를 통해 정규실습의 효과를 높이기 위한 성격이고, 추후

실습은 정규실습의 보완적 성격으로 진행되는 실습을 말한다.

(1) 사전실습

사전실습은 정규실습에 앞서 진행되는 실습과정이다. 주로 보육현장을 관찰하거나 보조교사 역할을 수행하면서 보육현장에 대한 이해를 높이는 데 그 목적이 있다고 할 수 있다.

(2) 정규실습

현재 정규 보육실습은 6주 240시간 동안 정해진 기관에서 실습을 실시하고 소기의 평가를 받는 과정이다. 정규실습은 보육교사 자격 취득에 요구되고 있는 필수과정이다. 정규실습은 대학 등의 양성기관이 실습기관에 공식적인 업무 협약 속에 추진되고 있는 과정으로 실습현장에서 실습지도교사와 대학 지도교수간의 협력과 지도 속에서 엄밀하면서도 체계적인 과정을 통해 이루어지고 있다. 대체로 정규실습은 실습기간 동안 관찰과 보조교사 역할을 수행하면서 부분수업, 연계수업, 종일수업 또는 연구수업 등을 경험하게 된다.

관찰, 놀이 및 활동지도, 일과지도, 생활 및 행동지도, 사무관리 등을 6주간에 걸쳐 경험하게 된다.

정규실습을 수행하면서 실습생은 긴장감을 갖고 적극적이고 능동적인 자세로 실습에 임하여야 한다. 관찰뿐만 아니라 놀이활동 등에 동참하여야 하는 등 방관자가 아닌 참여자로서 각종 일과에 참여해야 한다. 보육실의 정리와 청소, 일화기록 등 영유아 관찰, 지도교사의 지도와 조언을 잘 수용하여 유익한 실습이 되도록 노력하여야 한다. 이러한 가운데 실습생은 지도교사의 협의와 지도 속에서 실제수업을 경험하게 되는데, 이 실습 경험을 통해 예비교사로서의 자신감과 책임감 그리고 미래 보육교사(장애 영유아 보육교사)로서 정체감을 확립해 가게 된다.

① 부분수업

부분수업은 지도교사가 계획한 하루 일과 중에서 하나를 배분 받아 실습생이 직접 계획하고 준비하여 수업해 보는 과정이다. 어려운 부분보다는 쉬운 부분을 선택하여 진행하는 것이 바람직하며, 반드시 교육계획안을 작성하여 실시하여야 한다. 부분수업이라고 교육계획안을 적당히 작성해서는 안 될 것이며, 활동장소, 활동목표, 준비물, 활동방법(사전활동, 도입, 전개, 마무리) 등 철저하게 준비하여 수업을 진행해야 할 것이다. 교육계획안은 반드시 지도교사에게 사전에 제출하고 협의 · 검토가 필요할 것이다.

② 연계수업

연계수업은 부분수업 경험이 있는 실습생이 하루 일과 중에서 연계되어 진행되는 두 가지 활동을 직접 경험해 가는 과정이다. 한 활동이 끝나고 다른 활동으로 연결하는데 있어서 전이 등을 통해 주의집중을 흩트리지 않고 수업을 진행하는 경험을 쌓음으로써 종일수업에 앞서 자신감을 획득하는 과정이다. 이 또한 철저한 준비와 일일활동 수업 계획안을 마련하여 지도교사와 사전 협의 · 검토가 반드시 선행되어야 한다.

③ 전일수업

전일수업은 부분수업과 연계수업을 진행한 경험을 가진 실습생이 하루 종일의 일과를 책임지고 수업활동 등을 계획, 준비, 실행해 보는 과정이다. 대부분 실습기간 중 마지막인 6주 차에 이 과정을 경험하게 되는데, 다른 과정보다 더욱 세심하게 준비하고 계획하여 실행하여야 한다.

교육계획안을 철저하게 작성해야 하고, 수업 1주 전에 지도교사에게 제출하여 검토를 받아야 한다. 과욕으로 능력 이상의 활동을 준비하거나 시도하는 것은 오히려 역효과가 날 수 있으므로 주의하여야 한다.

(3) 추후실습

추후실습은 정규실습 후 실습생이 자율적으로 실습기관과의 협의에 의해 진행되는 실습이다. 실습생은 실습기관에서 보조교사로서 수업 참여, 기관 행사 지원, 환경 구성 및 교수자료 제작 등의 경험을 통해 현장에 대한 이해를 심화함으로써 예비교사로서의 자질과 능력을 키워가는 실습이라고 할 수 있다.

정규실습이 정해진 사전 계획에 의해 진행되는 성격이라면, 추후실습은 정규실습의 긴장이나 미숙에서 벗어나 실습생의 보다 적극적이고 긍정적인 행동에 의해 실습을 경험해 봄으로써 큰 성취감과 자신감을 가질 수 있는 계기가 마련된다는 고무적인 측면이 있다.

보육인 윤리 선언

나는 영유아의 건강한 성장과 발달을 지원하는 보육교사(어린이집 원장)로서, 무상의 윤리적 책임을 다하여 다음 사항들을 지킬 것을 다짐합니다.

1. 나는 내가 영유아에게 지대한 영향을 미치는 존재임을 잊지 않으며, 항상 스스로의 말과 행동에 신중을 기한다.
1. 나는 영유아의 인격과 권리를 존중하며, 어떠한 경우에도 영유아에게 해가 되는 일을 하지 않는다.
1. 나는 영유아 가정의 다양성을 이해하고 존중하며, 상호 신뢰하는 동반자적 관계를 유지한다.
1. 나는 동료를 존중하고 지지하며, 서로 협력하여 최상의 보육서비스를 제공하기 위해 노력한다.
1. 나는 보육의 사회적 책임과 역할을 인식하고, 영유아의 권익과 복지를 위한 활동에 앞장선다.
1. 나는 「어린이집 원장 · 교사 윤리강령」을 직무수행의 도덕적 규준으로 삼아 진심을 다하여 충실히 이행한다.

어린이집 원장과 보육교사 윤리강령

보육은 영유아를 건강하게 양육하고, 안전하게 보호하며, 발달특성에 적합한 교육을 제공하는 복지서비스이며, 보육인은 사랑과 존중과 전문지식을 바탕으로 영유아의 전인적 성장에 영향을 미치는 전문직업인이다. 그러므로 보육인은 윤리적 의식과 태도를 가지고 사회적 본분에 임해야 한다. 이에 어린이집 원장과 보육교사는 스스로 책무성을 발현하여 윤리강령을 제정함을 밝힌다. 본 강령을 직무수행의 규준으로 삼아, 보육현장에서 발생하는 윤리적 갈등을 해결하고, 생존권, 보호권,

발달권, 참여권 등 영유아의 권리를 보장함으로써, 직무상의 윤리적 책임을 다하여 전문직업인으로서의 위상을 공고히 하고자한다.
더불어 영유아와 그 가정, 동료와 사회의 존엄성을 존중하는 보육의 실천으로 다각적인 신뢰를 구축하고, 영유아의 잠재력을 최대한 발휘시킴으로써 영유아가 긍정적인 자아개념을 형성하고 유능한 사회인으로 성장할 수 있도록 도와, 궁극적으로는 영유아와 그 가정, 동료와 사회의 통합적·이상적 복지 실현에 기여하고자 한다.

※ 이 밖에 보육교사가 지켜야 할 '영유아에 대한 윤리', '가정에 대한 윤리', '동료에 대한 윤리', '사회에 대한 윤리'는 뒤편 <부록> 참조 바람.

5. 보육실습 평가

1) 보육실습 평가의 의미

보육실습 평가란 보육실습의 목표, 내용, 평가 등 일련의 보육실습과정을 객관적·과학적으로 검토하는 것이며, 실습을 통해 실습생들의 지식·기술·태도 등을 측정하는 것으로써 대학의 지도교수, 어린이집 지도교사, 보육실습생 자신에 의해 실습지도의 목표달성 정도가 측정된다. 이를 통해 보육실습생에게 자기이해나 성취정도를 파악하게 하며, 교사로서의 성장 및 개인별 진로 설정에 도움을 준다(오은순·이재숙, 2016).

평가는 실습 과정을 성공적으로 수행하기 위한 지도 관리의 일환이며, 실습생에게도 성공적이고 효과적인 보육실습을 하기 위해서는 반성적 사고를 통한 평가의 역할이 매우 중요하다. 실습기관의 원장, 지도교사, 실습생은 각자의 역할에 충실할 때 제대로 된 평가가 수행될 것이며, 각자의 역할을 세분화해보면 다음과 같다.

〈표 1-2〉 보육실습평가에 대한 역할 분담표

구분	실습생	지도교사	원장
내용	• 성실한 실습태도 • 보육교사 직무이해 • 계획안과 실습일지 작성과 수행 • 질적 상호작용 실습 • 교재교구 제작 • 보육환경 구성	• 실습생 태도 관찰 • 실습 단계별 지도 • 보육계획안 수정 • 실습생 활동 평가 • 보육실습 결과보고서 작성	• 보육실습 방향제시 • 보육실습 과정관리 • 지도교사와 실습생 심리적 · 행정적 지원 • 보육일지 작성 점검 • 보육실습 전체평가
서류 준비물	• 보육실습 일지 • 일일/반일 보육계획안 • 보육활동 계획안 • 교재교구제작서 • 보육실습 자기평가서	• 보육실습 일지 • 출근부 • 보육계획안 • 보육실습평가서	• 보육실습 일지 • 출근부 • 보육실습 확인서 • 보육실습평가서

출처: 한국보육진흥원(2013). 어린이집에서의 보육실습 지도. p.65.

2) 보육실습생 평가

보육실습생에 대한 평가는 실습기관에서의 평가와 보육 실습생의 자기 평가, 그리고 보육실습 지도교수의 평가로 이루어진다.

(1) 실습기관에서의 평가

보육실습생이 보육실습기간 중에 체득한 교사로서의 자질과 능력을 평가하며, 보육실습 지도교사와 원장에 의해 평가가 이루어진다. 실습기관에서 주요하게 평가하는 영역과 항목은 〈표 1-3〉과 같다.

〈표 1-3〉 실습기관에서의 보육실습 평가항목

영역	평가항목
근무태도	근무상태(출결, 지각, 조퇴 등), 성실성
일반자질	아동에 대한 태도, 인성, 교사로서의 품위, 신념 등
학습지도능력	활동계획 및 계획안 작성, 지도기술, 교재 제작 및 활용 평가 기술, 교재 연구 등
연구조사 활동	연구 태도 및 자세, 자료 수집 및 처리 분석, 동료와의 협력 등
학급경영 및 사무처리 능력	생활지도, 환경정리, 사무처리, 아동관리 등

출처: 오은순 · 이재숙(2016). 보육실습의 이론과 실제. 교문사. p.235.

기관에서 실시하는 보육실습생 평가서 양식의 예는 다음과 같다.

보육실습 평가서

성　　　명 :
주민등록번호 :
보육실습기관명 :
보육실습기간 : 20　년　월　일 ~ 20　년　월　일

평가영역(배점)	평가항목		배점	점수
근무태도와 자질(20점)	근무사항	출석, 결석, 지각, 조퇴 등	5	
	태도	성실성, 근면성, 친절, 적극성, 복장 및 용모, 예절	5	
	자질	영유아 존중, 책임감, 인성, 열의	5	
	관계형성	실습지도교사와의 관계, 동료실습생과의 관계	5	
보육활동 계획과 실행(30점)	보육활동 계획	영역별, 반일(일일)보육활동 계획의 적합성과 충실한 준비	15	
	보육활동 실행	영역별, 반일(일일)보육활동의 효과적이고 적절한 실행 정도	15	
예비보육 교사로서 역할수행(30점)	영유아 행동 및 놀이 관찰, 보육환경 관찰		5	
	보육일과 진행 보조와 일상생활지도		10	
	영유아 상호작용과 놀이 참여		15	
보육실습일지 작성(10점)	구체적이고 충실한 보육실습일지 작성과 일일자기평가 및 지도교사 평가 반영		10	
총평(10점)	실습기간동안 예비보육교사로서 향상 정도		10	
총　점			100	

20　　년　　월　　일

보육실습 지도교사 :　　　　(인)
어린이집 원　　장 :　　　　(인)

[그림 1-1] 보육실습 평가서

출처: 2016년 보육사업안내서, 보건복지부.

(2) 실습생의 자기평가

보육실습생이 스스로 교사로서의 자질과 능력을 평가하는 것으로, 주요 평가내용은 보육활동 계획 및 실행, 일과 지도, 일상생활 지도, 문서 작성, 기관 및 교사 협력 등에 관한 내용들로 이루어져 있다. 보육실습생의 자기평가서 양식의 예는 다음과 같다.

보육실습생의 자기평가표

보육실습생 성명 :

번호	평 가 항 목	못함 1	2	3	4	잘함 5
1	보육목표를 달성할 수 있는 보육내용을 영유아의 흥미, 수준에 근거하여 적합하게 선정하였는가?					
2	영유아의 흥미와 능력, 사전경험을 잘 관찰하여 영유아 지도계획에 활용하였는가?					
3	보육활동계획안이 적절하게 계획되고 성실하게 준비되어 실행에 무리가 없었는가?					
4	보육활동계획에 따라 자료를 충실히 준비 하였는가?					
5	영유아의 행동을 민감하게 파악하며 상호작용에 최선을 다했는가?					
6	다양한 흥미영역에 고루 참여하여 영유아의 놀이가 지속되고, 확장되도록 놀이를 촉진하였는가?					
7	영유아의 기본생활습관이 형성되도록 동기를 잘 유발하였는가?					
8	대소집단 활동 시 보육교사로서 다양한 교수법을 활용하여 효과적으로 활동을 이끌었는가?					
9	영유아의 부정적 정서나 갈등적 상황을 잘 파악하여 긍정적으로 수용하고 적절하게 해결되도록 지도하였는가?					
10	영유아의 개별적 특성, 개인차를 고려하여 지도하였는가?					
11	영유아를 존중하는 언어를 사용하고, 영유아가 잘 알아들을 수 있도록 어휘, 발음, 음성의 고저, 빠르기 등에 노력을 기울였는가?					
12	보육실습일지의 내용과 평가 등을 성실히 기록하였는가?					
13	영유아의 안전, 위생, 건강에 각별히 신경을 썼는가?					
14	영유아의 낮잠, 간식, 점심, 배변활동, 이닦기, 손닦기, 옷입기 등 일상생활이 영유아 스스로 즐겁게 할 수 있도록 지도하였는가?					

15	보육실의 통풍, 채광, 정리정돈 등 청결한 환경을 위해 노력하였는가?					
16	보육실습기관의 지도 방침에 적극 협력하였는가?					
17	보육실습 지도교사와의 관계를 원만히 유지하며 성실히 임했는가?					
18	보육실습 동료들과 잘 협력하였는가?					
19	영유아의 수준과 흥미에 적합한 활동을 계획하고 다양한 행동을 적절히 지도하고자 관련 문헌이나 전문 서적을 찾아보고자 노력하였는가?					
20	실습기간을 통해 보육교사로서의 전문성이 스스로 향상되었다고 여겨지는가?					
합 계						

[그림 1-2] 보육실습생의 자기 평가표

출처: 보육사업안내서(2016), 보건복지부.

(3) 지도교수 평가

본 실습이 마무리 된 후, 실습지도 교수와 실습 전반에 대한 평가가 이루어진다.

첫째, 설문을 통해 보육실습에 대한 전반적인 만족도를 평가한다. 이를 통해 실습기관이나 실습 내용에 대한 만족도를 파악하며, 추가로 개선할 점을 파악하여 추후 실습지도에 반영한다.

둘째, 워크샵 및 발표를 통해 실습 내용을 평가하고 교수 및 동료 피드백을 받는 시간을 가진다. 계획, 실행, 교재교구 제작, 문서 작성 등 각 항목별로 구체적인 피드백 시간을 가짐으로써, 추후 교사가 갖추어야 할 자질 및 능력을 습득하도록 한다.

셋째, 반성적 저널쓰기를 통해 스스로를 평가해 보고 지도교수의 도움을 받아 앞으로 장애 영유아 보육교사가 되기 위한 실천적 항목을 심도있게 점검하는 시간을 가진다. 실습생의 반성적 저널쓰기의 예는 [그림 1-3], [그림 1-4], [그림 1-5], [그림 1-6]과 같다.

TIP

실습생 평가 시 '반성적으로 사고하여 기록한다.'고 되어 있는데 반성적으로 사고한다는 것은 무엇을 말하는 것인가요?

반성적 사고란 자신의 신념이나 실천 행위에 대해 그것의 원인이나 궁극적인 결과를 적극적이고 주의 깊게 고려하는 것을 말한다(Dewey, 1933; 박은혜 2009에서 재인용). 즉, 실습을 진행하면서 자신이 한 행동에 대하여 왜 그렇게 하게 되었는지, 그리고 그 행동이 어떤 결과를 가져올 것인지를 고려하여, 내가 가지고 있는 신념이나 내가 하고 있는 일에 대하여 적극적이고, 지속적이며, 신중하게, 깊이 생각하는 것(Canning, 1991; 조혜경 · 구경선 · 곽혜경 2017에서 재인용)을 말한다.

4주라는 시간은 짧고도 긴 시간이었다. 처음 어린이집에 들어갔을 때 '내가 해야 할 일은 어떤 것일까?'라는 생각을 하게 되었는데 하루, 이틀 지내다보니 말하지 않아도 내가 해야 할 일을 찾게 되어 다행이라고 생각하였다.
실습생과 유아와의 상호작용과 교사와의 상호작용이 중요하다는 것도 배우게 되었다. 내가 실습했던 어린이집 교사들은 유아들과의 상호작용을 매우 중요하게 생각하셔서 유아들에게 다가가는 방법부터, 어떤 놀이를 제안하면 좋을지 생각해 보는 계기가 되었다.
또 수업을 준비하면서 수업을 어떻게 진행하면 좋을지 생각하게 되는 시간이 많아졌다. 수업은 무조건 교사 중심으로 하는 것보다 유아들이 흥미로워하는 부분에서 융통성 있게 수정이 될 수 있어야 한다는 것도 알게 되었다. 처음 2주는 일반 반에 들어가서 놀이를 하다보니 3주차에 통합 반으로 갔을 때 장애 유아와 놀이를 개별적으로 해야 하는 것인지 혼란스럽기도 했다. 하지만 유아들이 자발적으로 교사 주변에 모이고, 같이 상호작용을 하다보면 자연스럽게 통합놀이가 되는 것이 가능하였다. 통합아동의 문제행동 발생 시, 어떻게 대처해야 하는지 몰랐는데 특수교사 선생님의 조언을 듣고 상황에 맞는 대처방안이 있다는 것을 알게 되었다. 실제로 적용해 본 결과 유아의 문제행동 빈도가 줄어드는 것을 직접 관찰할 수 있었다.
수업 부분에 있어서는 부족한 점이 많았고, 개선해야 할 점이 많았다. 수업이 끝난 후 교사의 조언을 들으면서 다시 수업을 한다면 어떤 부분에서 어떻게 수정을 해야 할지 생각해 보는 시간이 되었다.
교구를 만드는 부분에서 틈틈이 교사에게 가져가 조언을 받고, 주말 시간을 이용해 만들다 보니 기간 내 완성은 하였으나 시간이 부족해 만족할만한 교구를 만들지 못한 점은 아쉬웠다.
4주 동안 재미있고 행복한 시간을 보낸 것 같아 잊지 못할 4주가 된 것 같다. 마지막까지 유아들이 아쉬워하는 모습을 보고 감동을 받았다. 내가 나중에 교사가 된다면 유아를 사랑하고 아껴주는 교사가 되어야겠다고 다짐하게 되었다.

[그림 1-3] 영유아 상호작용 및 보육 활동 계획과 실행에 대한 반성적 저널

걱정했던 본 실습이 드디어 시작되었다. 올해 봄에 봉사활동을 했던 00어린이집에서 실습을 하게 되었다. 내가 실습을 하게 된 반은 만 3세반이었다. 봉사와 사전실습을 통해 만 4세와 5세반은 경험이 있는데 만 3세반은 경험이 없어서 유아의 발달 수준 등을 파악하는 데에 많은 관찰이 필요했다. 총 4주에 걸친 실습기간 중 첫 주는 관찰 및 적응 주, 둘째 주는 부분수업 주로 유아의 발달 특성이나 개개인의 성격 및 흥미 등을 관찰하였다. 그 다음에는 첫 부분수업을 준비해야 했기에 선생님의 대집단 수업도 유심히 관찰하였다. 내가 경험해 본 반 중 가장 어린 유아들이라 그런지 사소한 일에 다툼이 일어나기도 하고 자신들의 관심과 흥미가 분명하였다. 또 만 3세 유아들은 도움이 필요하긴 하지만 스스로 시도해 볼 수 있는 기회가 많이 주어져야 하기 때문에 그 기준을 잡는 것도 나에게는 어려운 부분이었다.
첫 부분수업은 동화수업으로 진행되었다. 동화수업은 첫 수업으로 다가가기 좋은 수업 중 하나라고 생각했기 때문에 동화수업으로 결정되었을 때 굉장히 설렜다. 수업을 위해 자료도 준비하고 여러 번 연습을 했기 때문에 순조롭게 수업을 진행할 수 있을 것이라고 생각했다. 하지만 예상치 못한 반응이나 질문에 당황하였고 당황하는 순간 머리가 하얘지면서 준비한 발문조차 하지 못하고 우왕좌왕 수업진행을 한 것 같다. 수업을 하며 유아들의 반응을 살펴보고 싶었는데 아무런 기억이 나지 않았다. 다음 수업은 여러 변수를 꼭 고려해보며 준비해야겠고, 혹시 당황하는 상황이 생기더라도 침착하게 대처하는 모습을 보이고 싶다.

<이하 생략>

[그림 1-4] 영유아 특성 파악 및 보육활동 계획과 실행에 대한 반성적 저널

공원에서 관람을 하는 동안 나는 장애 유아의 행동 하나하나에 온 신경이 쏠려 있었다. 그런데 유아는 나의 걱정과는 다르게 너무나도 행복해 했다. 중간에 다른 원에서 소풍 온 유아들과 어울려 놀 기회가 있었다. 낯선 장소에서 낯선 유아들과 어울려 놀 수 있을까? 공격행동은 하지 않을까? 등 순식간에 많은 걱정들이 스쳐갔지만 00는 큰 웃음소리를 내며 좋아했다. 이처럼 장애라고 해서 갇혀 있는 공간에서 항상 같은 친구들과 어울려 수업하는 것보다 여러 환경에서 많은 유아들과 상호작용하면서 지내는 것도 필요하다는 것을 깨닫게 되었다.

<중간 생략>

장애 유아를 가르친다는 것은 교사의 입장에서는 자신과의 싸움에서 이겨야 한다는 뜻인 것 같기도 하다. 자신만의 세계에 있는 유아들에게 교사가 그 세계에 들어가 그들과 어울

> 린다는 것은 아직 쉽지 않기 때문이다. 앞으로 예비 장애 영유아 보육교사인 내가 해결해야 할 숙제이기도 하다.

[그림 1-5] 장애 영유아에 대한 이해 및 장애 영유아 보육교사로서의 전문성에 대한 반성적 저널

> 장애전문어린이집에서 실습을 하였다. 다양한 유형의 장애를 가진 아동들 9명이 있는 반이었다. 처음에 들어가서 아이들과 친밀감을 형성하기 위해 말을 걸었지만 아이들은 눈맞춤도 잘 되지 않았다. 그리고 대부분 언어가 지체되어 있어 말을 거의 하지 못했고 말을 할 수 있는 아이들도 한 단어 수준의 대답 정도만 가능하였다. 언어적 촉진을 많이 해주어야겠다는 생각을 하였지만 처음에는 구체적으로 어떻게 해줘야 할지를 몰라 선생님들이 아이들을 가르치는 모습을 주의 깊게 관찰하였다. 선생님들은 말이 통하지 않아도 아이의 행동을 보고 아이의 요구를 알아차리는 모습을 보면서 정말 대단하다는 생각이 들었다. 아이들을 보육할 때 민감하게 반응해주는 것이 중요하다라고 배웠었는데 이를 위해서는 무엇보다 아이들을 세심하게 관찰하고 파악하는 것이 필요하다는 것을 다시 한 번 깨닫게 되었다.
>
> <중간 생략>
>
> 특히 아동들이 문제 행동을 많이 보인 날이 있었는데, 교사들이 많이 힘들어하는 모습을 보였다. 미래에 내 모습이 저렇게 되는 것은 아닐까 하는 생각이 들었다. 아동의 문제 행동의 원인이나 의도를 정확하게 파악하지 못하면 교사와 아동 모두 힘들어질 수밖에 없다는 생각이 들었고, 아이의 문제 행동을 파악하는 것은 경험이 많은 현장의 교사들도 쉽지 않다는 것을 보고 느끼게 되었다. 따라서 이러한 문제 행동들이 왜 일어나는지에 대해 여러 측면에서 해석해보고 적용할 수 있는 방법들에 대해 더 공부를 해야겠다는 생각이 들었다. 교사는 가르치는 일도 잘 해야 하지만 그 외에 여러 측면에서 많은 능력이 필요한 직업이라는 생각이 들었다.

[그림 1-6] 장애 영유아에 대한 이해 및 부정적 정서나 갈등 상황 지도에 대한 반성적 저널

실습생이 작성한 반성적 저널 쓰기에 대한 지도교수의 지도 예는 다음과 같다.

날 짜	2015. 05. 22	작성자	이OO
지원아동	김현서(가명)	주 제	선호하는 놀잇감의 적절한 배치 및 환경조절

장애 영유아 보육실습 반성적 저널 쓰기

내 용
오늘은 교수님이 오셔서 잠시 관찰하시고 가셨다. 아침부터 요리 실습에 분주하게 움직임을 알고 잠시 현서가 좋아하는 영아반에 가서 놀다온 것이 화근이 되었다. 현서는 영아반 로봇을 특히 좋아한다. 가끔 일과에서 변동된 일이나 실습활동 시 선호하는 놀잇감을 갖다놓고 아동의 시야 내에 놓아두되 아동의 손에 닿지 않는 곳에 놓는 환경 조절 전략을 한다. 그런데 활동에 순서에 먼저 제시를 하며 갖고 놀아 계속 로봇 놀잇감을 갖고 놀게 하니 현서는 손에서 놓지 않고 교사가 놀잇감을 소거 하면서 떼를 쓰고 울기하면서 활동에 영향을 주었다. 담임선생님은 나에게 와서 현서에 행동반응이 현재 수행능력에 맞지 않아 교수님 계실 때 "많이 난처하셨죠?"라고 걱정해 주셨다. 걱정하지 마시라고 하시며 저도 오늘 현서에 행동에 배움에 도움이 되었다고 말씀드렸더니 웃으셨다. 물리적 환경에 좋아하는 놀잇감을 적절한 시기에 접근할 수 있도록 구조적 환경을 점검하며 수정할 수 있도록 활동에 참여할 수 있도록 관찰해야 한다. 모든 아동은 자신이 좋아하는 놀잇감을 가지고 놀거나 선호하는 활동에 참여하기를 원한다. 좋아하는 활동은 오랜 시간 동안 참여할 수 있지만 그렇지 않은 활동은 쉽게 지루해하고 중단하게 된다. 그러므로 교사는 아동이 어린이집 일과와 활동 참여를 증진시키 위해서 아동이 좋아하고 관심을 보이는 매력적인 교재를 준비하고 적절한 곳에 적절한 시간에 비치해야 한다. 아동이 좋아하는 놀잇감을 알아내기 위해서는 다양한 방법을 사용할 수 있다. 평소 관찰을 통해 아동이 어떤 놀잇감이나 교재를 선호하는지를 알 수 있다. 자연스러운 상황에서 주의 깊은 관찰을 통하여 아동이 좋아하는 교재나 놀잇감을 알아 낼 수 없다면 교사가 의도적으로 상황을 구조화하여 관찰할 수 있다. 다양한 유형의 놀잇감이나 교재를 준비하고 한 번에 한 가지씩 차례로 제시하면서 아동의 반응(눈빛, 표정, 소리 등)을 관찰한다. 눈앞에 나타난 놀잇감에 대한 아동의 반응을 주의 깊게 살펴보면 아동이 좋아하는 놀잇감을 알아 낼 수 있다. 구조화된 관찰을 통해서도 알기 어려운 경우에는 부모나 전 담임교사 등 아동을 잘 아는 성인들과의 면담을 통해서 알아낸다. 이렇게 아동이 좋아하는 놀잇감이나 교재를 알아내는 과정을 통한 선호도는 아동을 활동에 참여하며 물리적 환경의 방법이기도 하다. 요리활동을 통한 활동의 속도 및 양 조절 등을 통한 일반 아동의 활동 속도에 맞춰 진행하기 어려운 경우에 개별 아동의 특성에 맞춰 활동의 활동 속도나 활동량을 조절해 줄 필요가 있다. 즉 아동의 능력에 맞게 활동을 진행하고 마무리할 수 있을 정도의 시간을 제공하면서 계획된 전부를 참여하기보다는 제한된 능력과 기능을 고려하여 부분적으로 참여하게 해주는 것이 좋다. 활동에 집중할 수 있도록 하기 위한 전략도 중요하다고 본다. 주의 집중이 어려운 아동에게 이름을 불러 준다거나, 아동이 선호하는 표현 어휘를 사용하여 주의를 끈

후에 진행할 내용을 간단하게 설명해 주면서 아동의 어깨를 두드리거나 살짝 건드리기와 같은 신체적 인 방법을 사용할 수 있으며 자리를 이탈하는 아동에게는 자리이탈 시간을 꾸준히 관찰 측정하여 이탈할 시간대 전에 새 교구를 제공하거나 화장실에 다녀오게 하는 등으로 이동할 기회를 제공하면서 점차적으로 착석 시간을 늘려간다.
다음 주면 마지막 실습에 벌써부터 가슴이 뭉클해진다.
어떻게 인사를 할지 다음 주면 보지 못할 것 같은 마음이 점점 아쉬움만 남기며 헤어짐도 다른 만남에 연습이라 여기며 다음 주에 선생님과 푸른 한솔 반 친구들에게 나누어줄 선물을 고민하면서 선물을 사면서 행복했다.
또 다른 만남은 나를 성숙하게 해주며 그들로 인해 더 많은 사랑을 받은 것에 행복을 느끼면 감사하다.

〈지도교수 조언〉

현장방문 때, 현서를 보면서, 진경학생이 말씀하셨던 것처럼 정말 사랑스러운 아이구나 하는 생각을 했습니다. 우선은 자신이 선호하는 것에 대해서 반응이 명확한 친구이기 때문에 오늘 저널에 썼던 것처럼, 선호도 파악이 잘 진행된다면, 활용하여서 참여를 증진시킬 수 있습니다. 유아의 강점은 관찰을 통해서 파악되지만, 더 많은 정보는 양육자와의 면담을 통해서 얻을 수 있습니다. 면담상황에서 얻을 수 있는 정보의 맥락을 정리한 매트리스와 같은 도구를 활용하면 도움이 됩니다. 영유아기(특히 영아)를 대상으로 IFSP의 성과(목표)를 결정할 때, 반복적인 가정의 일과에서의 영유아의 생활에 대한 정보를 면밀하게 파악하는 것이 기능적인 목표를 수립하는데 중요합니다.

[그림 1-7] 반성적 저널 쓰기 지도 예

CHAPTER 02

장애아 보육실습의 계획과 교사의 자격 기준

1. 장애아 보육실습의 계획[1)]

장애아 보육실습은 실습생들이 대학 또는 양성교육기관에서 배운 이론과 지식을 현장에 적용해 보고, 향후 장애 영유아 보육교사로서 장애아 보육에 적절한 역할과 기능을 발휘 할 수 있도록 현장 경험을 시키는 것이다. 따라서 사전에 필요한 여러 사항을 준비하고 철저한 계획 속에서 실시해야 한다. 특히, 최근 실습기간이 4주에서 6주로 확대되게 되어 실습기관은 기관대로 실습생은 실습생 대로 사전 계획과 준비를 통해 실습을 진행해야 한다.

이에 보육실습기관, 원장, 지도교사, 실습생은 각각 보육실습에 따라 준비사항을 사전 점검하고, 필요한 내용을 준비하여 실습을 실시해야 한다.

1) 본 2장 1절은 <어린이집에서의 보육실습지도>(한국보육진흥원, 2013)의 제3장 내용을 간추리고, 이에 장애아 보육실습에 맞춰 내용을 재정리한 것임.

1) 장애아 보육실습기관의 준비사항

장애아 보육실습기관에서는 실습과 관련된 실습지침을 자체 수립하고, 실습생에게 다음과 같은 제반 사전 교육 자료를 준비한다.

(1) 실습지침 등 사전 준비사항

- 장애아 보육실습 지침서
- 장애아 보육실습기관은 설립 목적, 보육철학 및 프로그램, 운영방침 등의 자료 준비. 일반적으로 장애아 보육실습을 진행하는 기관은 국공립 통합어린이집이기 때문에 지방자치 도시마다 설립 배경과 목적이 분명하고, 또한 기관의 명칭 등에서 기관의 보육배경이나 교육방침을 드러나기도 한다. 이는 장애전문어린이집도 동일하다.
- 장애아 보육실습기관의 현황(보육교직원 수, 수용 영유아와 장애 영유아의 수, 기관의 시설 및 반 편성 현황 등) 자료 준비
- 장애아 보육실습 담당 반 배정 및 실습 지도교사 선정
- 장애아 보육실습 지도계획 수립
- 시설 설비, 비품에 대한 설명 및 사용 규칙 자료 안내서
- 장애아 보육실습 시 주의사항 안내 지침서

(2) 관계 서류 수령 · 작성 및 보관

- 대학 또는 양성교육기관의 보육실습 협조 공문
- 보육실습생 신상카드
- 보육실습생 서약서
- 보육실습 동의서
- 보육실습 확인서: '어린이집지원시스템'을 통하여 보육실습확인서를 출력한 경우 첨부서류를 제출하지 않아도 됨
- 보육실습 평가서: 직인 날인 후 대학 및 양성기관으로 재송부

- 보육실습생 신분증 사본
- 성범죄 경력 조회 동의서 및 회신서
- 보건소의 전염성 질환(간염, 결핵, 장티푸스, 성병 등) 건강진단결과서(구 보건증)

2) 실습원장의 책무와 역할

보육실습기관의 원장은 실습생이 만족할만한 보육실습을 하도록 하기 위해서는 사전 준비에 철저해야 하는데, 실습 개시에서부터 최종 평가에 이르기까지 관리 · 감독에 소홀하지 말아야 한다. 실습과 관련하여 자격을 갖춘 열정과 역량을 가진 지도교사를 선정하고, 실습과정 중 실습생의 활동과 관련된 내용 등에 관해 지도교사와 상의 · 지시 · 감독해야 한다. 원장의 실습관련 주요 업무는 다음과 같다.

- 보육실습기관의 전반적 운영 내용 및 보육교직원 소개
- 실습에 따른 주요 지침 전달 및 시설물과 물품 이용 안내
- 보육실습 담당 반 배정 및 보육실습 지도교사 소개
- 배정 반 장애 영유아에 대한 전반적 사전 정보 제공
- 주차별 실습일지 결재
- 최종평가 실시
- 실습생 인적사항 및 실습점수 관리
- 보육실습비 수령 등 행정적 업무 수행 및 보육통합 시스템 입력

이 밖에 대학이나 양성교육기관에서 소속 교수의 순회지도(중간관리) 시 이에 대비하여, 원장과 지도교사는 실습생의 근무태도 및 자질, 보육활동의 계획 및 실행, 반 운영에서 예비 보육교사의 역할 수행 정도 등을 파악하여 실습담당 지도교수의 방문 시 관련 내용을 전달할 수 있다. 보육실습기관의 교육행사 및 반 운영에 따른 특이사항이 있다면 담당 지도교수와 유선으로 실습생의 상황을 전달 할 수 있다.

3) 지도교사의 책무와 역할

장애아 보육실습에서 지도교사의 책무와 역할은 매우 중요하다. 성공적인 보육실습은 보육실습생의 자세와 노력 못지않게 지도교사의 효율적인 관리와 역량 있는 지도에 그 관건이 달려 있다고 할 수 있다. 따라서 6주간의 실습이 원활하고 성공적으로 진행되기 위해서는 지도교사는 보육실습 지도계획, 실습생에 대한 사전교육 실시, 배정 반 및 장애아 등에 대한 사전 안내, 보육기술 전달 등 매우 폭넓고 다양한 지식과 지술을 전달해야 하기 때문에 역량 있는 지도교사의 선정이 중요한 것이다.

실습생이 배치되고 지도교사로 선정되면 기본 업무는 다음과 같다.

- 보육실습 지도 계획과 일정 수립(실습 기준 중 보육과정 및 행사 고려) 및 실습생에게 일정표 전달
- 보육실습 지침 파악 및 준비사항 점검
- 실습생 사전교육 실시(실습기관의 현황, 연간 월간 보육계획 및 행사, 배정 반 비장애 영유아와 장애 영유아의 이름, 특성, 연령 및 하루 일과 소개)
- 실습일지 작성 지도 및 조언과 평가
- 실습생의 관찰일지, 보육활동 계획안 안내, 보육활동자료 준비 지도, 일과와 생활지도 및 운영 등에 대한 안내
- 안전사고 예방 교육, 영유아 행동 및 놀이, 상호작용에 대한 안내 및 지도

한편 실습생은 지도교사로부터 실제 장애아 보육현장에서 필요한 지식, 기술, 태도 등에 있어 모델링이 되기 때문에 지도교사는 실습생에게 모범적인 모습을 보여야 한다. 지도교사가 실습생에게 지도할 내용은 다음과 같다.

- 장애 영유아 보육교사로서의 전문성, 비장애 영유아와 장애 영유아에 대한 이해와 존중하는 태도, 인간관계 등에 있어 모범적인 행동
- 장애 영유아 보육교사로서 신체적 · 정신적 · 사회적으로 건강하고 올바른 태도

- 장애 영유아 보육교사로서 윤리적 · 도덕적인 모습
- 실습생의 실습기간 동안의 언행, 영유아와의 상호작용, 놀이참여 등에 대한 지도 및 평가
- 실습생의 보육실습 일지에 대한 꼼꼼한 지도 및 전문성 있는 평가
- 실습생의 관찰일지, 보육활동 계획안, 보육활동 자료 준비 등에 대한 계획성 있는 지도 및 평가
- 장애아 보육의 영역별 보육활동, 연계 보육활동, 반일 또는 일일 보육활동 수행 과정에 대한 지도 및 평가

4) 실습생 준비와 책무

보육실습생은 보육실습에 앞서 반드시 실습 배치기관을 사전 방문하여 보육실습에 필요한 정보와 준비사항 등을 숙지하여 보육실습에 철저히 대비하여야 한다. 6주간 이루어지는 실습기간을 유익하고 성공적인 시간으로 만들기 위해서는 사전 준비와 실습에 임하는 자세와 태도가 매우 중요하다. 사전방문에서부터 준비사항, 보육실습생의 역할과 자세 등을 차례로 열거하면 다음과 같다.

(1) 보육실습기관 사전 방문

보육실습생은 보육실습기간 사전 3~4일 전에 유무선 전화를 통해 방문 시간을 허락받은 후 약속된 시간에 방문하고, 보육실습에 필요한 다양한 사전지도를 받아야 한다.

- 보육실습기관의 위치, 주변거리, 교통편, 소요시간 등을 확인한다.
- 보육실습기관의 현황(보육교직원, 학급현황, 일반영유아와 장애 영유아 보육현황, 보육환경 및 시설 등)을 파악하고, 시설장과 지도교사의 이름을 숙지한다.
- 보육실습기간동안 보육실습생이 지켜야 할 준수사항과 유의사항을 지도받고 이를 숙지한다.

- 보육실습기관의 학급의 유형과 특성(연령, 성비, 영유아의 특성, 일과 등)을 파악하고, 장애 영유아가 편성되어 있는 학급의 경우 장애유형, 발달정도, 나이와 이름 등을 사전에 파악해 둔다.
- 보육실습기관의 운영방침, 운영계획, 보육프로그램 등을 사전에 파악해 둔다.
- 보육실습 기간 중 보육기관에서 계획한 대내외 행사 일정을 파악해 둔다.

(2) 실습생 사전 준비사항

- 실습생은 실습에 필요한 준비물(명찰, 실습일지, 메모장, 필기도구, 앞치마 등)을 꼼꼼하게 점검한다.
- 보육실습생 신상카드, 보육실습생 서약서, 보육실습 동의서, 신분증, 보건소의 전염성 질환(간염, 결핵, 장티푸스, 성병 등)에 대한 건강진단결과서(구 보건증)를 준비한다.

(3) 실습생의 일반 근무지침

- 실습생은 지도교사보다 20~30분 일찍 출근하여 즉시 출석부에 날인하고, 어린이집 환경을 정비하고, 수업 활동준비를 한다. 퇴근은 어린이집의 지침에 따르는 것을 원칙으로 한다.
- 무단 결석, 조퇴, 외출, 지각은 용납받을 수 없는 일이며, 불가피한 일이 생겼을 경우에는 사전에 지도교사의 양해를 구한 후 원장의 승인을 받는다. 이에 요구되는 정식 서류(예: 결근계)를 사전 혹은 사후에 반드시 제출한다.
- 하루 일과는 기본적으로 어린이집의 지침과 계획에 따르며 생활하고, 수동적인 자세보다는 능동적인 자세로 임한다.
- 실습일지는 매일의 활동과 내용을 기준과 작성 요령에 맞게 알차게 기록・작성하여 지도교사에게 지도 받는다.
- 실습 어린이집의 시설이나 부품을 사용하고자 할 때에는 담당자에게 사전 허가를 받은 후 사용하고, 사용 후에는 분명하게 반환한다.
- 보육시설의 기밀사항이나 원장과 교사들의 사적 사항, 원아와 원아 가족 대한 사항

등 실습기간 동안 알게 된 모든 내용을 일체 외부로 발설, 비방해서는 안 된다.

- 어린이집에서의 언어는 표준말과 존대어를 사용한다. 동료 실습생 간, 실습생과 지도교사 간, 실습생과 원장 간, 특히 실습생과 원아 간에는 반드시 존대어를 사용하여야 한다.
- 동료 실습생 간에도 서로 존중하고 협력하여 실습의 성과를 최대화하는데 공동 노력한다.
- 자신에게 담겨진 일은 최선을 다해 신속하고 정확하게 끝마치도록 노력한다.

(4) 실습생의 근무태도

- 간식, 자유놀이시간 등에 최대한 원아들과 보다 많은 상호작용을 위해 노력한다.
- 낮잠 시간에 원아들과 낮잠자는 부족한 행동을 해서는 절대 안 된다.
- 근무시간 동안 스마트 폰을 사용해서는 안 된다. 점심시간, 휴식시간에 사용하는 것도 금한다. 출근과 함께 전원을 끄고 어린이집에서 정하는 일정 장소 또는 자신의 가방 등에 보관한다.
- 복장은 화려하지 않은 단정하고 깨끗한 복장으로 출근하여야 한다. 짙은 화장과 매니큐어, 액세서리는 하지 않는다(고가품 의상, 미니스커트, 롱스커트, 배꼽 티셔츠, 바닥에 끌리는 바지, 신체에 달라 붙는 의상, 타투 등).
- 근무 시에는 반드시 명찰을 단다.
- 모든 원아들을 편견과 차별없이 동등하게 대우한다. 특히, 장애아는 더 많은 관심과 사랑이 필요하므로 문제가 발생하더라도 수용적 태도로 이해하고 감싸주는 노력이 필요하다.
- 그 어떤 이유로도 체벌은 신체적 학대가 된다. 또한 폭언 등과 같은 위압감을 주는 언어사용도 정서적 학대에 속한다는 점을 망각해서는 안 된다.
- 간식시간이나 자유놀이 시간에 최대한 원아들과 보다 많은 상호작용을 위해 노력한다.
- 원아의 신체에 신체적 학대로 의심이 가는 증상을 발견하였을 경우, 지도교사에게 이를 보고하고 상의한다.

- 원아들에 대해 관심을 갖고 개별 원아마다의 성명, 개성과 특성, 장애아의 경우는 장애 유형과 정도 등을 알아야 하며, 특히 소속 학급의 장애아의 행동 특성 등에 대해 이해를 높이기 위해 방과 후 관련된 내용을 개인적으로 학습한다.
- 원아들에게 모범이 되는 생활태도를 보이고, 원내에서 발생하는 크고 작은 중요한 문제는 지도교사와 상의한다.

(5) 지도교사와 실습생

일반적으로 실습 어린이집에서 지도교사의 선정은 원장이 정한다. 지도교사는 보육교사 1급 자격이 있는 교사가 담당하게 되는데, 보육실습생이 유능하고 경험이 풍부하며 역량 가득한 훌륭한 지도교사를 만난다는 것은 행운이며, 앞으로 훌륭한 교사가 될 수 있는 좋은 배움의 기회를 갖는 것이다. 따라서 차후 보육교사가 된 이후, 후일 실습생을 가르치게 되는 예비 보육교사로서 지도교사의 모든 지도와 행동은 본받아야 할 귀감이 되기 때문에 실습생은 지도교사의 역할과 임무 수행 등을 잘 기억해 둘 필요가 있다.

지도교사는 풍부한 보육현장 지식과 경험과 실습생을 잘 보여주고 전달함으로써 실습생의 미숙함과 약점 등을 잘 보완해 주어 앞으로 능력 있는 교사가 될 수 있도록 지도편달을 아끼지 않아야 한다. 일과생활 지도는 물론 일지 작성, 부분수업 참여, 교재제작 등의 지도에 최선의 노력을 다해 주어야 한다. 대체로 지도교사가 실습생을 위해 활동해야 할 일은 다음과 같다.

- 실습생이 실습기간내 어떤 경험을 하도록 만들 것인지 생각하고 이에 대한 계획을 수립한다.
- 향후 장애 영유아 보육교사로서 갖춰야 할 교수 기술과 자질과 역량, 원아와의 상호작용 기술, 대인관계 기술과 태도에 관해 시범을 보인다.
- 보육실습계획안과 학습지도안에 대해 사전 검토하고, 실습 일지 등을 철저히 검토하고 고쳐야 할 내용에 대하여 수정 제안해 준다.
- 보육실습생의 일과에 적합하고 적절한 도움을 주고, 영유아지도에 관한 보조 역

할을 담당해 준다.

- 실습생들의 실습 기간내 행동과 태도(기본생활습관지도)를 유심히 관찰하고, 지도하거나 조언해 주며, 실습이 끝난 후 실습기간 전체에 대한 평가 임무도 수행한다.
- 어린이집과 지역사회 관계와의 사회적 책무, 활용 대상이나 내용(지역사회 연계 프로그램 등) 등을 지도한다.
- 보육교사로서 살아가는 데 필요한 투철한 사명감과 책임감 나아가 생활 가치관 등을 조언한다.

이밖에 실습생은 경험이 부족한 배우는 학생이다. 보육이론, 장애 영유아 이해, 보육환경, 인간관계 등 많은 부분에서 지식과 기술 그리고 경험이 부족하기 때문에 긴장도도 높고 그래서 자칫 실수할까 두려움도 크기 때문에 지도교사는 자상하고 온화한 마음으로 실습생을 대해야 한다. 평가시에는 포괄적이고 대략적인 지도나 평가보다는 구체적인 평가를 해야 하며, 실습생의 질문에 전문적인 지식을 동원하여 답변하여야 한다. 특히, 실습생은 육체적 · 정신적으로 위축되기 싫고, 심리적으로 압박감에 시달리기도 하기 때문에 지도교사의 용기를 북돋워 줄 수 있는 격려와 칭찬도 필요하다. 장애 영유아 지도의 어려움을 토로하거나, 놀이나 상호작용 방법의 미숙함이 있을 때, 질책이나 비난보다는 구체적 방향을 제시하고 공감과 용기를 북돋워 주는 것이 바람직한 지도라는 점을 상기하여야 할 것이다.

이런 관점에서 지도교사가 실습생을 대할 때 지켜야 할 윤리규정은 다음과 같다.

- 보육실습생에게 예의 있는 언어사용(존칭어 사용) 및 인격적 대우를 한다.
- 보육실습생의 개인적, 가족관련 내용에 대한 비밀을 유지한다.
- 영유아에 대한 편애, 다른 교사와의 불편한 관계, 어린이집 관련 사적 내용을 전달하지 않는다.
- 영유아 앞에서 보육실습생에 대한 훈육적 지도를 하지 않는다.
- 보육실습생의 실습 능력에 대해 주관적, 감정적 평가를 하지 않는다.
- 보육실습생에게 개인적인 부탁이나 지도교사가 해야 할 일을 대신하도록 시키지 않는다.

이와 함께 청소, 음식 등의 보조 인력의 업무 부가를 하지 않는 것과 여러 반의 보조교사 업무를 부여하는 것도 피해야 한다.

(6) 보육실습기관의 협조 및 유의사항

보육실습기관은 실습생들이 성공적인 실습을 할 수 있도록 몇 가지 이해와 배려를 아끼지 말아야 한다. 보육일지 작성 및 보육활동 준비시간, 보육활동 실습에 필요한 교재교구 제작용 재료 제공 등은 배려적 차원에서 제공되어야 한다.

보육실습기관은 실습생에게 보육실습의 취지에 어긋나는 다음과 같은 부적절한 업무를 지시하거나 요구하지 않도록 주의를 기울여야 한다.

- 영유아의 등원·하원 차량 지도
- 영유아의 간식 및 식사 조리
- 보육실습 지도교사 휴가 및 승급교육 시 보육실습생을 대체교사로 활용
- 보육활동 이외의 업무
- 보육실습 학급 이외 보육실습기관 전체 정리정돈 업무
- 보육실습 중 보육활동 계획에 필요한 교재교구 이외에 불필요하게 많은 양의 교재교구 제작
- 영유아 응급처치 및 아픈 영유아 데리고 병원가기
- 학부모 상담
- 오전·오후 통합보육 담당

2. 장애 영유아 보육교사 자격 법적 기준

1) 보육교사 자격 취득

(1) 보육교사 자격 이수 교과목

연이은 어린이집 아동학대 사건으로 보육교사의 인성 및 자질 향상이 필요하다는 사회적 관심과 요구가 높아짐에 따라 이를 해소하고자 보건복지부는 2016년 1월 12일자로 〈영유아보육법 시행규칙〉을 개정하였는데, 사이버교육 등을 통해 자격증 취득하는 보육교사의 자질과 전문성 부족 및 부작용을 해소한다는 목적 아래 보육교사 자격기준을 강화하였다.

강화된 자격기준의 핵심은 대면교육과 현장실습기준의 강화로 전문대학 또는 이와 동등 이상의 학교 졸업자가 보육교사 2급 자격증을 취득할 경우, 17과목 51학점 이상을 이수하여야 한다. 각 교과목은 3학점을 기준으로 하되, 최소 2학점이여야 한다. 교사인성영역 2과목 6학점은 필수이며, 보육지식과 기술영역 필수 9과목(27학점), 보육지식과 기술영역 선택 4과목 12학점 이상, 보육실무영역 필수 2과목 6학점을 이수해야 한다. 변경된 내용은 다음과 같다.

〈표 2-1〉 개정 보육교사자격(2급) 이수 교과목

영역	교과목		이수과목(점수)
가. 교사 인성	보육교사(인성)론, 아동권리와 복지		2과목(6학점)
나. 보육지식과 기술	필수	보육학개론, 보육과정, 영유아 발달, 영유아 교수방법론, 놀이지도, 언어지도, 아동음악(또는 아동동작, 아동미술), 아동수학지도(또는 아동과학지도), 아동안전관리(또는 아동생활지도)	9과목(27학점)
	선택	아동건강교육, 영유아 사회정서지도, 아동문학교육, 아동상담론, 장애아 지도, 특수아동 이해, 어린이집 운영 관리, 영유아 보육프로그램 개발과 평가, 보육정책론, 정신건강론, 인간행동과 사회환경, 아동간호학, 아동영양학, 부모교육론, 가족복지론, 가족관계론, 지역사회복지론	4과목(12학점) 이상
다. 보육 실무	아동관찰 및 행동연구, 보육실습		2과목(6학점)

1. 교과목의 명칭이 서로 다르더라도 교과목의 내용이 비슷하면 같은 교과목으로 인정하고, 다목의 교과목 중 보육실습은 교과목 명칭과 관계없이 보육실습기관과 보육실습기간의 조건을 충족하면 보육실습으로 인정한다.

또한 보육교사 자격 이수교과목 기준이 강화되면서 2016년 1월 12일부터 대면교과가 도입되었다. 대면교과목이란 보육교사의 인성과 영유아와의 상호작용 기법을 배우는데 중요한 교과목 교사인성영역과 보육실무영역은 모두 대면교과목이고, 보육지식과 기술영역은 필수 교과목 중 5개 교과목이 이에 해당된다.

대면으로 수업이 필요한 교과목을 지정(총 9과목)하고, 대면교과목당 8시간 출석수업 및 출석시험을 의무화하였다.

〈표 2-2〉 대면 교과목

구분	교과목
교사인성영역(2과목 6학점): 필수	보육교사(인성)론, 아동권리와 복지
보육지식과 기술영역(5과목): 필수	놀이지도, 언어지도, 아동음악(또는 아동동작, 아동미술), 아동수학지도(또는 아동과학지도), 아동안전관리(또는 아동생활지도)
보육실무 영역(2과목)	아동관찰 및 행동연구, 보육실습

그런데 개정 교육과정의 적용은 2017년 1월 1일 이후 대학 등을 입학하는 사람부터 적용된다. 하지만, 2017년 1월 1일 전에 입학하는 사람일지라도 2017년 1월 1일 이후에는 아래 교과목의 교육을 시작한 경우 개정 대면교과목 및 보육실습 기준에 따라 이수해야 한다. 학점인정기관 등을 통해 보육교사 2급 취득을 희망하는 사람은 2018년 1월 1일 이후 전문학사 이상을 취득하는 사람부터 적용된다. 그렇지만 2018년 1월 1일 이후 전문학사 이상 취득하는 사람이라도 2017년 1월 1일 전에 아래 교과목을 이수한 경우 개정 대면교과목 및 보육실습 기준으로 이수한 경우로 인정받는다.

- **적용 교과목:** 보육교사론, 아동복지(론), 놀이지도, 언어지도, 아동음악, 아동동작, 아동미술, 아동수학지도, 아동과학지도, 아동안전관리, 아동생활지도, 아동관찰 및 행동연구, 보육실습

(2) 보육실습 요건 및 진행과정

보육교사(장애 영유아 보육교사)가 되기 위해서는 법으로 정한 보육관련 교과목과 학점을 획득하고, 보육실습과정을 반드시 이수해야 한다. 보육실습 기간은 6주 240시간에 걸쳐 공인 실습기관에서 실시해야 한다.

실습기관은 정원 15명 이상 평가인증을 유지하고 있는 어린이집이나 방과후 과정을 운영하는 유치원이어야 하며, 실습생 지도교사의 자격은 보육교사 1급 또는 정교사 1급 자격의 교사가 지도를 맡아야 한다.

〈표 2-3〉 보육실습 요건

구 분	기 준
실습운영	이론수업과 보육현장실습으로 운영
실습기간	6주 240시간(2회에 나누어 실시 가능)
실습기관	• 정원 15명 이상으로 평가인증을 유지하는 어린이집 • 방과후 과정을 운영하는 유치원
실습 지도교사	• 보육교사 1급 또는 유치원 정교사 1급 • 실습 지도교사 1명당 보육실습생 3명 이내 지도
실습 인정시간	• 평일(월요일~금요일) 오전 9시~오후 7시 • 실습시간은 하루에 8시간을 초과할 수 없음
실습의 평가	• 보육실습일지와 실습평가서 작성 • 평가점수 80점 이상

이 같은 자격기준의 적용시점은 양성기관 및 보육교사 자격등급에 따라 상이하다. 보육교사 2급의 경우, 대학에서는 2017년 1월 1일 이후 입학자부터 적용되고, 학점인정기관에서는 2018년 1월 1일 이후 학위취득자부터 개정된 자격기준이 적용된다. 보육교사 3급의 경우에는 2016년 8월 1일부터 적용된다.

보육실습 시기는 '보육실습' 교과목이 개설된 학기 중(직전 및 직후 방학 포함)에 반드시 실시해야 한다. 하지만 실습기간이 4주에서 6주로 기간이 확대됨에 따라 학기 중에 6주를 실시하는 것은 학기 중에는 보육실습에 따른 타 과목의 보강 시수가 절대 확보되지 않기 때문에 현실적으로 매우 어렵게 되었다.

따라서 방학 직후에 6주를 실시하거나 2회에 걸쳐 ① 2주와 4주, ② 3주와 3주, ③ 4주와 2주로 1개 또는 2개 실습기관에서 나누어 실습할 수 있다. 분리형인 2주+4주의 보육실습 운영방법은 2주는 사전보육, 후반 4주는 보육활동 실습으로 운영할 수 있다. 그리고 4주+2주 분리형은 앞의 4주는 보육활동실습, 후반 2주는 사후 참여실습으로 운영할 수 있을 것이다. 3주+3주 분리형은 보육활동실습을 2회에 걸쳐 진행하는 것으로 실시한다고 보면 될 것이다(보건복지부 · 육아정책연구소, 2016: 229-233). 이 중 6주 연속 보육실습 진행과정에 대한 예시는 다음과 같다.

〈표 2-4〉 6주 연속형 보육실습 예시안

<table>
<tr><th colspan="2">주</th><th>1일차</th><th>2일차</th><th>3일차</th><th>4일차</th><th>5일차</th></tr>
<tr><td colspan="2">사전방문과 교육</td><td colspan="5">• 사전 방문하여 실습 오리엔테이션 실시함
• 보육실습 일정과 내용, 준비물, 준비서류 및 기타 유의사항 협의</td></tr>
<tr><td>사전 실습 참여</td><td>1주</td><td colspan="5">• 어린이집의 운영 철학 및 서비스 등의 특징 파악
• 어린이집 보육교직원들과 친밀감 형성
• 모든 연령의 반 참여 관찰: 일과 운영, 보육환경, 영유아-교사 상호작용 등. 영아반과 유아반 고르게 경험. 실습기관의 지침에 따라 순서는 융통성 있게 운영
• 보육실습일지 작성과 지도교사의 평가</td></tr>
<tr><td rowspan="8">보육 활동 운영 실습</td><td rowspan="2">2주</td><td colspan="5">• 실습반 영유아와 친밀감 형성하기
• 보육실습생으로서 역할 수행</td></tr>
<tr><td colspan="2">• 실습 반 관찰(일과운영, 보육환경, 영유아-교사 상호작용 등)</td><td colspan="3">• 3주차 영역별 보육활동 선정 및 계획안 제출과 지도교사의 평가</td></tr>
<tr><td rowspan="2">3주</td><td></td><td>영역별 보육활동 실습</td><td></td><td>영역별 보육활동 실습</td><td></td></tr>
<tr><td></td><td>자기평가, 지도교사 평가</td><td>영역별 보육활동 실습</td><td>자기평가, 지도교사 평가</td><td>연계활동 계획안 제출</td></tr>
<tr><td rowspan="2">4주</td><td></td><td>연계활동 실시</td><td></td><td></td><td></td></tr>
<tr><td>연계활동 자료 준비 및 제작</td><td>자기평가, 지도교사 평가</td><td colspan="2">반일(일일) 보육계획 협의</td><td>반일(일일) 보육계획안 제출</td></tr>
<tr><td rowspan="2">5주</td><td></td><td></td><td>일일(반일) 보육활동 실시</td><td></td><td></td></tr>
<tr><td colspan="2">일일(반일) 보육활동 자료 점검</td><td>자기평가, 지도교사 평가</td><td></td><td></td></tr>
</table>

주		1일차	2일차	3일차	4일차	5일차
사후 보육 실습	6주	• 참여 관찰(일과운영, 보육환경, 영유아-교사 상호작용 등) • 보육실습교사 역할 수행하기 • 보육실습 일지 작성 및 참관 경험에 대한 저널 작성하기			최종 어린이집 실습평가회(원장, 지도교사 등의 참여)	실습일지 및 기타 실습관련 서류 제출

출처: 이미화 외(2016). 보육교사 양성과정 및 보육실습 매뉴얼. pp.230-231.

2) 장애 영유아 보육교사 자격기준과 배치

(1) 장애 영유아 보육교사의 배치

2012년부터 장애 영유아의 의무교육이 만3세 이상으로 확대됨에 따라 유치원(특수학교 포함)을 다니지 않고 어린이집을 다니는 장애 영유아에 대한 의무교육 환경을 제공하도록 하고 있다. 장애아를 위한 어린이집은 대통령령으로 정하는 자격을 가진 특수교사와 장애 영유아를 위한 보육교사(이하 “장애 영유아 보육교사”) 등을 배치하고 있다(장애아동복지지원법 제2조, 제22조).

장애 영유아 보육의 법적 공식 명칭은 ‘장애아 보육’이다. ‘장애아 보육’은 〈영유아보육법〉 26조제1항에서 정한 ‘취약보육’ 종류 중의 하나로 이를 규정하고 있다. 다시 이를 영유아보육법 시행규칙 제28조(취약보육의 종류) 2호에서 ‘장애아 보육’의 개념을 법적 정의하고 있는 데, “〈장애인복지법〉 제32조에 따라 장애인으로 등록된 영유아 등에게 보육서비스를 제공하는 것”이라고 규정하고 있다.

장애아 보육은 어린이집을 이용하는 장애아동의 특별한 복지적 욕구에 적합한 지원이 통합적으로 제공될 수 있도록 발달에 필요한 다양한 인적·물적 자원을 제공하고 전문성 높은 보육서비스이다. 이 장애아들에게 전문성 있는 보육서비스를 제공하는 교사가 특수교사와 장애 영유아를 위한 보육교사이다.

장애아 보육을 담당하는 교사들의 배치에 대한 법적 근거는 〈장애아동복지지원법〉 제22조 제3항(보육지원)에 규정되어 있다. 즉 “제32조에 따른 장애 영유아를 위한 어린이집은 장애 영유아에 대한 체계적인 보육지원과 원활한 취학을 위한 보육계획을 수립·실시하여야 하며 대통령령으로 정하는 자격을 가진 특수교사와 장애 영유아를 위한 보육교사 등을 배치하여야 한다."로 규정되어 있다.

이에 특수교사와 장애 영유아 보육교사의 배치는 〈장애아동복지지원법 시행령〉 제6조에 구체적으로 제시되어 있는데, 특수교사 및 장애 영유아 보육교사의 수는 장애 영유아 수의 3분의1 이상이어야 하고, 이때 2명이 배치되었을 경우 1명은 반드시 특수교사로 배치되어 있어야 한다고 규정하고 있다. 단, 장애 영유아 수가 2명 이하인 경우는 특수교사나 장애 영유아 보육교사를 배치하지 않아도 된다.[2)]

(2) 장애 영유아 보육교사의 자격 기준과 이수 학점

장애아 보육기관에서 장애아보육서비스를 제공하는 교사는 특수교사와 장애 영유아 보육교사이다. 이들에 대한 자격기준은 〈장애아동복지지원법 시행령〉 제5조에 규정되어 있는데, 이중 특수교사는 일반적으로 4년제 대학 특수교육학과 졸업자로 특수학교 정교사 2급 이상의 자격증(유치원과정만 해당)을 소지해야 하며, 장애 영유아 보육교사는 대학과 전문대학(또는 보육양성기관)에서 관련 학과를 졸업하고 보육교사 2급 자격취득과 동시에 특수교육 또는 재활 관련한 8과목 24학점을 이수한 자(학점은행제로도 이수 가능)에게 부여하는 자격을 인정받아야 한다.[3)]

장애 영유아 교사는 종전에는 보육교사 2급 이상 자격증을 소지하고 대학에서 특수교육 또는 재활 관련 교과목을 8과목 이상 이수한 사람에게만 장애아를 위한 보육교사 자격이 주어졌다.

---

2) ① "법 제22조제4항에 따라 법 제32조에 따른 장애 영유아를 위한 어린이집에 배치하는 특수교사 및 장애 영유아를 위한 보육교사의 수는 장애 영유아 수의 3분의 1이상이어야 한다. 이 경우 배치된 특수교사 및 장애 영유아를 위한 보육교사 2명당 1명 이상은 특수교사여야 한다.
② 제1항에도 불구하고 장애 영유아 수가 2명 이하인 경우에는 특수교사 및 장애 영유아를 위한 보육교사를 배치하지 아니할 수 있다.

3) <장애아동복지지원법 시행령>제5조(장애 영유아를 위한 보육교사의 자격): 법 제22조제3항에 따른 특수교사의 자격기준은 <초중등교육법> 제21조제2항에 따른 특수학교 정교사 2급 이상의 자격증(유치원 과정만 해당한다)을 소지한 사람으로 한다. 법 제22조제3항에 따른 장애 영유아(<영유아보육법 제27조에 따른 어린이집 이용대상이 되는 장애아동을 말한다. 이하 같다)를 위한 보육교사의 자격 기준은 다음 각 호의 자격을 모두 갖춘 사람으로 한다. <개정 2016.2.11.>
1. 「영유아보육법」 제21조제3항에 따른 보육교사 2급 이상의 자격증을 소지한 사람
2. 보건복지부령으로 정하는 특수교육 또는 재활 관련 교과목 및 학점을「고등교육법」제2조에 따른 학교에서 이수하거나「학점인정 등에 관한 법률」제7조에 따라 인정받은 사람

① 특수교육 및 재활 관련 기본 교과목 및 학점

기본 교과목	특수교육학개론, (특수아)통합교육, 개별화 교육계획, 언어치료학개론, 장애 영유아교수방법론, 특수아(장애아)부모교육론, 특수아 행동지도, 정신지체아교육, 청각장애아교육, 정서장애아교육, 학습장애아교육, 지체부자유아교육, 언어발달장애, 자폐장애교육, 특수아 상담 및 가족지원, 특수교육 측정 및 평가, 시각장애아교육, 장애아동보육론, 감각장애아교육, 특수교구교재제작, 장애아보육실습, 장애아보육교사론, 발달지체영유아 조기 개입
학점	8과목(24학점) 이상

② 유사 교과목 인정 기준

과목의 기본 교과목 명칭과 동일하지 아니한 교과목이더라도 다음의 유사 교과목에 해당하는 경우에는 그에 해당하는 기본 교과목을 이수한 것으로 본다.

〈표 2-5〉 유사교과목 인정 교과목

기본 교과목	유사 교과목
특수교육학개론	재활 및 특수교육, 유아특수교육개론, 특수아동교육, 특수교육개론, 특수교육학, 유아특수교육학, 특수아동지도
(특수아)통합교육	장애 영유아통합교육, 통합교육, 특수아 통합 및 보육 세미나
개별화 교육계획	개별화교육프로그램
언어치료학개론	언어지도 및 치료, 언어치료학, 언어치료 및 실습, 언어장애아교육
장애 영유아교수방법론	장애 영유아 교수법, 장애아동 보육론, 특수아동지도, 특수아동 프로그램 개발 및 평가, 특수교육공학
특수아 행동지도	아동관찰 및 행동연구, 행동수정, 학습이론과 행동수정, 장애아문제행동지도
정신지체아교육	정신지체교육, 정신지체아교수방법 및 실습, 정신지체인 교육과 재활, 정신지체아심리 및 교육
청각장애아교육	언어청각장애아교육, 청각장애, 청각장애인교육과 재활, 청각장애교육, 청각장애아심리 및 교육
정서장애아교육	정서장애교육, 정서 및 행동장애아 교육, 정서학습장애아교육, 정서 및 사회부적응아 교육, 정서행동장애인 교육과 재활, 정서 및 행동장애아 심리 및 교육
학습장애아교육	정서학습장애아교육, 학습장애인 교육과 재활, 학습장애아 심리 및 교육, 경도장애아 교육
지체부자유아교육	지체아동교육, 지체부자유교육, 지체장애인 교육과 재활, 지체부자유아 심리 및 교육

기본 교과목	유사 교과목
언어발달장애	언어청각장애아교육, 언어지도 및 치료, 의사소통장애개론, 언어장애아교육
자폐장애교육	자폐스펙트럼장애 교육
특수아 상담 및 가족지원	재활상담, 장애가족상담, 특수아 상담, 가족상담
특수교육 측정 및 평가	장애 유아 진단평가, 장애진단 및 평가, 장애아 심리 및 검사, 장애진단과 평가, 특수아(장애아) 진단 및 평가
시각장애아교육	시각장애인 교육과 재활
장애아동보육론	장애아 보육과정 운영
감각장애아교육	감각장애아동교육
특수교구교재 제작	특수교구 및 교재개발
장애아보육실습	장애아 전문 어린이집 혹은 장애아 통합 어린이집 실습

※ 교과목의 명칭이 제1호 및 제2호의 교과목 명칭과 동일하지 아니한 교과목이더라도 보건복지부장관이 인정하는 법인 또는 단체가 교과목 내용이 동일한지를 심사하여 제1호 및 제2호에 따른 교과목과 동일하다고 인정하는 경우에는 그 교과목을 제1호 및 제2호에 따른 교과목으로 본다.

※ 2012년. 8.4 이전에 편입하거나 입학한 사람은 위의 내용과 달리 적용됨(한국보육진흥원 보육인력 국가자격증 참조)

3) 자격검정 · 교부절차

영유아 보육교사 자격증(자격확인서) 신청은 보육인력 국가자격증 홈페이지(http://chrd.childcare.go.kr)에서 신청하고, 처리기간은 서류접수 완료일(인터넷신청+수수료 결제+서류제출)로부터 14일(공휴일 제외)일 소요된다. 수수료는 신청 건당 1만원이다.

1단계 (신청 및 서류제출)	2단계 (자격검증)	3단계 (자격증/확인서 교부)
01. 인터넷 신청 02. 수수료 결제 03. 서류제출	01. 서류검정 결과 자격기준 충족 시 인정 판정 02. 서류검정 결과 자격기준 미충족 시 보류(보완서류 제출) 또는 불인정 판정 03. 서류검정 결과 특수사례 해당 시 자격검정위원회 심의	01. 자격증(확인서)제작 02. 자격증 발송

〈표 2-6〉 장애 영유아를 위한 보육교사 자격확인서 발급 현황(2015.7.1 ~ 2017.06.30.)

총계	2015	2016	2017
3,712	958	1,709	1,035

CHAPTER 03

장애아 보육실습생의 역할과 자세

1. 장애 영유아 권리 존중

실습생은 자유선택활동 시간에 뇌병변장애를 가진 사랑이와 놀이 중이다. 사랑이는 항상 멀티체어에 앉아있고 언어 이해와 표현 모두 못하는 장애 영유아로 보인다. 사랑이가 선호하는 인형을 가지고 실습생 혼자 역할놀이 중이다.

실습생: 사랑아, 놀자. 뭐하고 놀까? 엄마 놀이할까? 같이 놀자. 손잡고 룰루랄라~ 사랑아, 말 좀 해봐. 너 말 못하니? 내가 하는 말 뭔지 알겠어?

혼자 중얼거리던 실습생은 물끄러미 사랑이를 바라보다 바퀴달린 멀티체어를 휙 움직여 다른 영역으로 갔다. 실습생의 예고 없는 행동에 사랑이는 놀라 울음을 터뜨렸다. 그 상황을 지켜보던 지도교사가 다가온다.

지도교사: 사랑아, 많이 놀랐구나. 선생님, 우리 사랑이는 아무 말 없이 이동하는 것에 대해 두려워해요. 어디로 이동할 것인지 항상 먼저 말해주고 천천히 이동해야 한답니다.

실습생: 사랑이에게 말해준다는 게 의미가 있나요? 제가 보기엔 전혀 이해하지도, 표현하지도 못하는 것 같은데요.

지도교사: 선생님, 사랑이 앞에서 그런 이야기는~~. 우리 사랑이가 아직 표현은 서툴지만, 이해하는 것은 잘 한답니다. 만약 제가 선생님한테 아무 말도 하지 않고 손을 잡아 휙 돌린다고 생각해 보세요. 기분이 어떨까요?

☺ 사례를 읽고 실습생의 언어표현과 행동에 대해 어떤 생각이 드는지 이야기해 보세요.

보육실습에 참여하면서 지도교사와의 협력뿐만 아니라 장애 영유아를 이해하고 지원하는 것은 실습생으로서 반드시 해야 할 역할이다. 그러나 장애 영유아의 입장에서 생각하고 존중하며 표현하고 행동하는지 지도교사를 비롯한 실습생, 모든 성인은 항상 염두에 두어야 한다. 장애 영유아는 장애인이기 이전에 영유아이다. 다수의 사람들은 장애에만 초점을 두어 영유아라는 점을 잊곤 한다. 영유아이며, 장애인 즉, 장애 영유아라는 점은 권리존중에 있어 최우선의 존중이 이루어져야 함을 의미한다.

영유아를 포함한 18세 미만의 아동권리는 개인 삶에 있어 필수요소이며, 아동도 인간이기 때문에 성인과 대등한 권리를 갖고, 대등한 법안에서 마땅히 보호받아야 한다. 아동이 인간으로서 누려야 할 기본적인 권리를 아동권리라 한다.

1) 유엔아동권리협약에 대한 이해

어린이집에서 보육실습을 시작하는 보육실습생은 어린이집의 일시적인 일원으로서, 아동권리 존중에 앞장서야 하며, 직무를 수행하면서 아동학대 등의 범죄를 저질러서는 절대 안 된다. 유엔아동권리협약의 정신을 이해하고 장애 영유아를 존중하기 위한 노력을 하여야 한다.

아동의 복지와 권리보장을 위한 국제사회의 노력으로 탄생한 유엔아동권리협약은 어떠한 상황에서도 최우선적으로 보호받아야 한다는 주장이 국제사회에서 계속적으로 제기되고 아동을 아동권리의 주체로 인식하였다는 점에서 아동 관련 인권조약의 새로운 지평을 열었다 할 수 있다.

'UN 아동 권리 협약'의 제23조는

- 정신적 또는 신체적 장애 아동의 존엄성이 보장되고 자립이 촉진되어야 하며
- 장애 아동의 특별한 보호를 받을 권리를 인정하고
- 장애 아동의 전면적인 사회 참여와 문화적, 정신적 발전을 포함한 개인적 발전의 달성에 이바지하는 방법으로 그 아동이 교육, 훈련, 건강관리 지원, 재활 지원, 취업 준비 및 오락 기회를 효과적으로 이용하고 제공 받을 수 있도록 계획해야 한다고 규정하고 있다.

TIP

장애인 인권을 쉽게 이해할 수는 없을까요?

국가인권위원회에서 제공하는 장애인인권 관련 동영상을 소개합니다.
https://www.youtube.com/watch?v=5BxbIgoLA7k

2006년 국제장애인인권운동에 도전과 기회를 가져다 준 유엔장애인권리협약 체결은 장애인의 인권과 장애인들에 관한 중요한 이슈들을 공통의 언어로 변호한다. 유엔장애인인권협약은 장애인들이 지역사회에서 존엄성을 가지고 그들의 권리를 알고 주장할 수 있도록 하는 기반이 되고 있다(임시아, 2017: 242).

아동권리협약을 토대로 이루는 기본 가치를 일반원칙이라 하는데 무차별의 원칙, 아동의 최선의 이익 원칙, 아동의 생명존중과 발달보장, 아동의 의사존중의 원칙 등 4가지 원칙이 포함된다.

(1) 무차별의 원칙

모든 아동은 자신이나 부모의 어떠한 조건에 상관없이 차별받지 않고 그들의 권리를 누릴 수 있어야 한다. 장애여부, 국적, 인종 등의 차이로 차별받지 않아야 하며 동등하게 생존·보호·발달·참여권을 보장받아야 한다.

(2) 아동의 최선의 이익 원칙

이 기준은 협약의 최고의 원칙으로 간주된다. 아동의 이익과 부모의 사생활의 이익 혹은 국가 당국의 편의 등과 충돌할 때 적용된다, 아동의 이익에 관한 결정을 할 때 반드시 아동의 권리보호와 복지증진을 고려해야 한다.

(3) 생명존중과 발달보장의 원칙

아동 고유의 생명권을 인정하고 생존과 발달을 위해서 최선의 환경을 제공해야 한다는 것이다. 모유수유와 영아에 대한 예방접종, 조기 선별검사와 조기개입 등이 예이다.

(4) 아동의 의사존중의 원칙

아동은 자신의 모든 문제에 대해 의견을 표명할 수 있어야 한다는 것으로, 아동의 자기결정권, 참여권을 의미한다. 아동은 진로 선택과 같은 자기 삶의 중요한 결정을 할 수 있어야 하며, 어린 유아에게 다양한 상황에서 선택할 수 있고 자기 생각을 충분히 표현할 수 있는 기회를 제공해야 한다는 것이다(한미현 외, 2017: 20-21).

TIP

학대에 관해 쉽게 이해할 수 있는 방법은 없나요?

사회적으로 학대에 대한 보도가 많아지고 관심이 높아짐에 따라, 전통적인 사고방식으로 이해했던 가족의 관계, 가부장적인 가정의 문제가 부각되고 있습니다. 엄마가 속상해서, 아빠가 말 안 듣는다고 가하는 신체적 학대나 언어적 학대 등은 절대 있어서는 안 될 인권유린입니다. 조금 더 쉽게 이해하기 위한 동영상을 소개합니다.

https://www.youtube.com/watch?v=AbTJeLp73zg&t=42s
초록우산 어린이재단 제공: 심리상담소- 안 좋은 습관을 고쳐드립니다

2) 장애 영유아 권리 존중을 위한 실천

수업을 잘 준비하고 결과적으로 수업을 잘 마친다는 것은 보육실습생으로서 중요한 역할의 하나이다. 그러나 장애 영유아를 위한 보육교사는 장애 영유아에 대한 권리 존중과 수용, 애정 등을 지니지 않는다면, 자격이 없다 할 만큼 매우 중요한 자질 중 하나이다. 이러한 자질은 보육실습 기간부터 갖추어야 할 기본적인 자세라 할 수 있다.

보육실습생으로서 보육실습 기간 동안 장애 영유아의 권리를 존중하고 그들의 권리를 보장하기 위한 실천방안은 다음과 같다.

(1) 놀리는 듯한 장난을 하거나 언어를 사용하는 것은 삼가한다.

우연히 발견한 아이의 반응이 재미있어 놀리는 듯한 장난을 하거나 언어를 사용하는 것은 삼가한다. 반드시 존중하는 말을 사용한다.

(2) 눈을 맞추기 위해 자세를 낮추고 바라본다.

보행을 하는 장애 영유아는 무릎을 꿇고 이름을 부르며 바라보고, 누워있는 장애 영유아는 바닥에 앉아서 눈을 맞춘다. 그들의 이름을 불러주고 눈높이에서 바라보는 것, 작은 실천이 존중의 첫 걸음이 된다.

(3) 개인적인 편견을 갖고 편애하거나 무시하는 등의 언어와 행동은 삼가한다.

유난히 예쁜 장애 영유아, 문제행동 등을 보여 수업을 방해하는 장애 영유아가 있는 경우, 그 영유아만을 예뻐하거나 싫어하는 것은 삼가한다. 그리고 보육실습생의 언어와 행동은 모두 영유아의 눈에 비쳐진다는 점을 잊지 않는다.

(4) 주관적인 생각으로 판단하기보다는 지도교사의 조언을 통해 장애 영유아를 이해하려 노력한다.

장애 영유아의 특성, 문제행동 등을 보고 자신의 견해로만 바라보는 것은 장애 영유아를 존중하는 태도가 아니다. 자신의 견해를 표현하기보다 협의시간에 지도교사에게 "○○이는 어떤 친구인가요?", "○○이가 ~행동을 하는 것은 어떤 이유인가요?" 등 자세히 질문하여 영유아를 이해하려는 자세가 중요하다.

(5) 대답이나 결과를 기다려준다.

질문에 바로 대답하거나 반응을 보이는 경우 보다는 천천히 대답하거나, 생각할 시간이 필요한 장애 영유아가 많다. 조급하게 생각하지 말고 긍정적인 자세로 느긋하게 기다리며 시간을 준다.

(6) 지도교사가 안내하는 복용약이나 건강 관련 특이사항 등을 반드시 숙지한다.

건강이나 행동의 문제로 약물치료를 하는 경우가 있다. 특히, 건강과 관련한 사항들을 잘 듣고 숙지한다. 간질 전조 증세라든지, 음식물에 의한 알러지 반응 등 위험한 상황이 발생하기도 한다. 관찰자의 눈으로 잘 살펴보고 이상 증세가 있는 경우, 즉시 교사에게 알린다.

(7) 어떤 유형의 장애 영유아라도 발전할 수 있다는 긍정적인 사고를 갖는다.

중도중복장애 영유아도 표현은 어렵지만, 들을 수 있고 생각할 수도 있다. 부정적인 생각을 가지고 아이를 대하면 금방 느끼고 싫어하거나 울지도 모른다. 내가 하는 이야기대로 장애 영유아가 발전할 수 있다는 생각으로 긍정적인 언어를 사용하고 긍정적인 사고를 갖는다.

(8) 장애 영유아가 사용하는 보조기기, 보조용품 사용법을 숙지한다.

청각장애 영유아의 보청기나 인공와우, 뇌병변장애 영유아의 보조기나 이동형 신체지지의자, 스탠더, 현장학습 시 사용하는 접이식 유모차 등 다양한 용품들의 사용법을 하나씩 익히기 위해 노력한다. 지도교사의 시범을 잘 보고 어떻게 사용하는 것인지 숙지한다. 잘 모를 경우, 장애 영유아들이 귀가한 후, 연습해보며 지도교사의 도움을 받는다.

보청기	와우기기	보조기
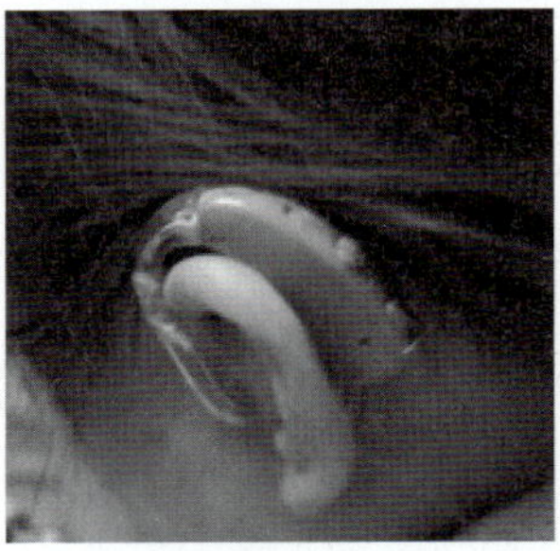	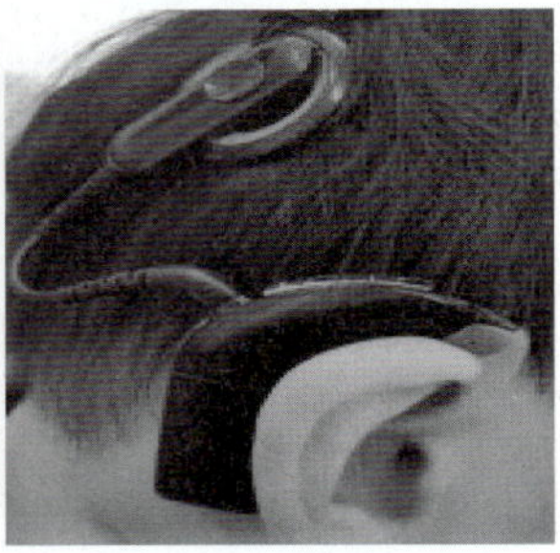	
이동형 신체지지 의자	**스탠더**	**접이식 유모차**

TIP

저, 고민이 있어요!

저는 개인적으로 비위가 무척 약한 편이에요. 침을 흘리거나, 급간식 지도 때 아이들이 삼키지 못해 계속 흘러내리는 음식물을 보면 어떻게 해야 할지 모르겠어요.

이런 경우, 어떻게 해야 할까요?
자신이 갖고 있는 신체적인 반응, 특징은 모두 다릅니다. 처음부터 잘 적응한다는 것은 매우 어렵습니다. 너무 힘들어 하지 말고 지도교사에게 솔직히 이야기하고 천천히 적응할 수 있는 방법을 물어보세요. 조금씩 변해갈 수 있습니다.

2. 장애 영유아 가족에 대한 이해

사례 ❶

항상 늦게 등원하는 가온이는 오늘도 어김없이 11시 30분에 도착하였다. 어김없이 벨이 울리고, 수업을 진행하고 있는 지도교사 대신 실습생이 나간다.

실습생: 안녕하세요? 선생님께서 수업 중이라 제가 나왔어요. 가온이 왔구나. 어서 들어와요.
어머니: 우리 가온이는 밤에 잠을 못자고 항상 아침에 잠이 들어서 밥을 못 먹고 와요. 조금이라도 먹지 않으면 짜증을 엄청 많이 낼거에요. 점심 밥 꼭 부탁드려요.
실습생: 아… 알겠습니다. 선생님께 말씀 전하겠습니다. 가온아, 엄마께 인사드리자. 다녀오겠습니다. 안녕히 가세요.

가온이와 손을 잡고 이동하는 동안, 실습생의 머릿속에는 “왜 맨날 늦을까? 맨날 늦는데 왜 선생님은 아무 말씀도 안하는 걸까?, 어린이집에 점심 먹으러 오는 아이인가?” 하는 의문이 계속 들었다.

사례 ❷

뇌병변장애를 가진 현주는 만 5세이다. 그동안 병원 치료에 전념했던 어머니는 우연히 장애아 전문어린이집을 알게 되고 어렵게 결정하여 입학을 시켰다.
신입 원아 적응프로그램이 실시되는 첫 날, 현주 어머니는 현주를 어린이집에 혼자두고 가는 것이 마음이 아파 눈물을 글썽이기도 하고 유리창에 매달려 현주의 상태를 살폈다. 그렇게 어머니가 지켜보는 가운데 첫째 날이 지났다.
이튿날, 원장 선생님의 권유로 어머니는 집으로 돌아갔고 현주는 어제 보다 안정된 모습으로 어린이집 일과에 적응하였다. 현주 어머니는 현주와 처음으로 떨어져 가정에서 혼자 지냈다.
셋째 날, 현주 어머니는 자연스럽게 현주를 두고 자리를 떠났고, 넷째 날 등원시키면서 부탁을 하였다.

현주 어머니: 선생님, 제가 현주를 낳고 처음으로 혼자 있었는데, 이렇게 마음이 편안하고 쉰다는 생각이 든 건 처음이에요. 오늘은 현주 낳고 처음으로 마트에 가서 장을 보려 해요. 조금 늦게까지 우리 아이를 봐주실 수 있을까요? 늦더라도 이해해 주세요. 네?

☺ <사례 1>을 읽고, 어떤 생각이 들었나요? 실습생과 같은 생각이라면 이 궁금증을 어떻

게 풀어야 할지 함께 고민해 보았으면 합니다.
☺ <사례 2>에서 현주 어머니의 변화는 무엇을 의미하는 것일까요? 현주 어머니의 마음에 대해 이야기해 보세요.

1960년대, 장애 영유아에게만 초점을 두었던 시대를 지나 1980년대 이후부터는 장애 영유아와 함께 살아가는 가족의 중요성을 인식하고 그들의 역량강화에 초점을 두는 가족지원이 요구된다. 가족을 이해하고 지원하는 것은 장애 영유아를 둘러싼 가장 중요한 체계를 이해하는 것이며, 일반화가 어려운 장애 영유아에게 가족이 참여하고 협력하는 방법으로의 전환은 어린이집과의 소통, 연계의 핵심이고 가장 효과적인 교육방법이다.

1) 장애 영유아를 둔 가족의 어려움

어떤 개인이나 가족의 어려움이 모두 같을 수는 없다. 그러나 장애 영유아를 둔 가족들의 경제적, 사회적, 심리적인 스트레스는 일반가족이 겪는 스트레스 보다 훨씬 더 가중된다.

(1) 경제적인 어려움

장애 영유아의 조기교육과 각종 치료는 중증의 장애인이 되지 않도록 하기 위한 가장 중요한 방법이다. 어린 시기인 영유아기에 병원치료에 소요되는 비용, 치료교육을 위한 교육비, 재활관련 기기 구입비 등은 고가인 경우가 많고 일반 가정에서는 지출되지 않는 항목 중 하나이다.

또한, 장애 영유아의 교육이나 치료를 위해 부모 중 한 사람은 직장을 그만두고서라도 동행하여야 한다. 이로 인해 경제적인 압박감은 더 가중된다. 경제적인 부담감은 장애 영유아 가족이 겪는 첫 번째 어려움이라 할 수 있다.

(2) 장애인에 대한 사회적 편견

특별한 요구를 지닌 장애 영유아를 바라보는 시선은 장애 영유아를 둔 가족의 외출이나 활동 등을 제한하는 요인이다. 일반가정에서 하는 외식은 장애 영유아를 둔 가정에게는 어려운 일이다. 섭식이 어려운 장애 영유아는 잘게 잘라주거나 특별히 부탁해서 갈아주어야 하는데 이러한 복잡한 과정 보다는 가정에서의 일상적인 식사가 오히려 편하다는 생각을 갖게 만든다. 대중교통을 이용하며 받는 따가운 시선은 자가용을 이용한 이동을 선호하게 만들고 자연스러운 대인관계를 차단하는 역할을 하게 된다.

(3) 양육을 위한 피로감의 축적

장애 영유아가 가진 특별한 요구는 양육을 책임지고 있는 가족에게는 시간적 · 정신적 · 신체적 피로를 주는 요인이다. 밤새 수면을 취하지 못하는 장애 영유아는 본인뿐만 아니라 가족 모두의 생활 방식을 바꿔놓는다. 밤이 아닌 새벽잠을 자면서 기상시간이 늦어지고 식사를 어쩔 수 없이 거르게 된다. 아침이 아닌 점심부터의 하루를 맞이하게 된다. 이로 인한 시간적 · 정신적 · 신체적 피로는 사회적 관계의 부적절함과 심리적 스트레스를 가져온다.

(4) 부부 간의 갈등과 비장애 형제 자매의 어려움

경제적인 어려움과 사회적 스트레스는 부부 간의 갈등을 유발한다. 장애 영유아의 교육과 치료에 전념하는 구성원은 다른 가족들과 보내는 시간이 줄어들고 이로 인해 관계가 소원해진다. 특히, 부부 간의 갈등은 심화되어 가족 모두에게 영향을 미친다.

비장애 형제 자매는 장애 영유아에게만 관심을 갖는 가족 구성원에게 불만을 느끼고 장애 영유아에 대한 부담감이나 증오 등 안 좋은 감정을 느끼기도 한다. 특히 이러한 갈등 상황은 사춘기 시기를 거치면서 더욱 증폭된다.

이외에도 장애 영유아가 성장하면서 겪는 가족의 어려움, 장래에 대한 두려움과 걱정 등은 가족 간의 갈등으로 이어지기도 한다. 이들을 위한 적절한 지원은 고립된 가족 구성원들의 완충제 역할을 하고 가족이 자신의 능력을 믿고 개발하여 스스로 역경을 딛고 일어설 수 있는 계기가 될 것이다.

TIP

"서번트 성호를 부탁해"

장애인과 함께 살아가는 가족들의 애환을 담은 SBS 스페셜 제483~484회 "성호를 부탁해"를 추천합니다. 서번트증후군인 성호 씨의 가족이야기, 그 진솔한 이야기를 통해 그 가족들의 갈등과 사랑은 누구의 도움으로 극복할 수 있을 지에 대한 고민과 반성이 필요할 것입니다.

2) 어린이집의 장애 영유아 가족지원

다른 기관에 비해 장시간 장애 영유아를 보육하는 어린이집은 장애 영유아를 둔 가정에게 잠시라도 다른 가족을 살피고 쉴 수 있는 시간을 제공한다는 점에서 가족지원의 공신이라 할 수 있다. 통합어린이집이나 장애아전문어린이집의 경우, 가족지원의 중요성을 누구보다 잘 이해하고 있기 때문에 이를 실천하기 위한 구체적인 방안을 마련하고 시행한다.

(1) 장애 영유아 조기발견 및 조기교육

장애아전문어린이집의 경우, 의사진단서나 복지카드를 소지한 영유아들이 이용하기 때문에 조기발견의 측면 보다는 조기교육을 위한 지원기관이라 할 수 있다. 그러나 통합어린이집의 경우, 발달에 어려움을 겪는 영유아 또는 장애 위험 영유아 등을 조기에 발견하고 조기교육을 실시할 수 있다. 이러한 영유아의 가족들에게 알리고 협력한다는 것은 매우 중요한 가족지원 방법이다.

(2) 부모교육

일방적인 어린이집의 부모교육이 아닌, 가족의 요구를 반영한 주제를 선정하고 장애 영유아 가족들이 서로 만나 어려움을 듣고 공유하는 기회를 갖는다는 측면에서 가족지원이라 할 수 있다.

(3) 가족상담

장애 영유아 가족들의 어려움을 가족 스스로 극복한다면 좋겠지만, 도움이 필요한 경우가 종종 발생한다. 자신의 가족을 잘 이해하는 어린이집은 마음 놓고 말하기에 가장 편한 곳이다. 어린이집에서의 생활을 자연스럽게 이야기 나누고 가정에서 할 수 있는 일에 대해 함께 고민하는 것, 가족의 어려움을 편안하게 이야기하고 경청해 주는 것만으로도 장애 영유아 가족들은 위안을 얻는다.

보육실습생으로서, 가족 상담을 하거나 그들을 위한 실천을 하기에는 미약하나 어린이집의 장애 영유아 보육교사들이 어떻게 가족을 대하고 상담하는 지에 관심을 가져야 한다. 다음은 가족 상담을 하면서 부모에게 정서적 지지를 해줄 수 있는 부모와 함께 나누어야 할 이야기이다.

- 어머니, 아버지 당신은 혼자가 아닙니다.
  당신들과 함께 할 지역사회와 전문가들이 있습니다.
- 나 자신을 돌볼 시간을 만드세요.
  아이의 치료에만 매달리다보면 "나"의 정체성을 잊습니다.
- 완벽한 사람은 없습니다. 잘못해도 괜찮습니다.
  부모는 누구나 실수하고 반성합니다.
- 당신은 보통의 부모가 하기 어려운 일들을 지금 하고 있습니다.
  누구나 자녀를 키우는 것은 어려운 일이지만, 특별한 요구를 가진 자녀를 키운다는 것은 더 어렵습니다.
- 치료가 중요하다 생각하시지요? 치료가 놀이고, 놀이가 치료입니다.

조기교육과 치료가 중요합니다만, 우리 아이에게 필요한 건 놀이를 통한 치료입니다.

- 아이와 지금의 시간을 놓치지 말고 즐기세요.
  이 시기는 다시 오지 않습니다. 당신이 함께하고 있는 이 순간이 가장 중요한 시간입니다.
- 아이를 위해 어려운 결정을 했을 때, 뒤돌아보지 말고 앞으로 나아가세요.
  당신 인생에 있어 가장 잘 한 결정입니다. 앞으로가 더 중요하답니다.
- 항상 바른 결정을 할 수는 없습니다.
  그 상황에서 최선의 결정이었음을 믿으세요.
- 내 아이는 소유물이 아닙니다.
  자녀는 사용설명서가 없습니다. 자녀도 마찬가지로 부모 사용설명서가 없습니다.
- 당신은 마라톤을 하는 선수와 같습니다.
  완주하는 것만으로도 충분합니다. 힘들면 천천히 쉬어가도 괜찮습니다.
- 장애 자녀가 있다는 것은 당신의 정체성의 일부분이지 전체가 아닙니다.
  당신의 자녀도 마찬가지입니다. 정체성의 한 부분임을 잊지 마세요.
- 유머감각을 익히세요. 다른 사람 말이나 행동에 예민해질 필요는 없습니다.
  다른 사람들이 나와 자녀를 보고 수군댄다고 주눅 들지 마세요. 당당해지려 노력하세요.
- 아이의 작은 성취에도 기뻐하고 기억해주세요.
  발달이 늦은 우리 아이이지만, 이렇게 변화하기 위해 얼마나 노력했는지 생각해주세요.
- 비교하지 마세요.
  내 아이는 세상에 단 하나뿐인 특별한 존재입니다. 늦는 아이, 빠른 아이 모두 나의 하나 뿐인 자녀입니다.
- 다른 가족이 있다는 것을 잊지 말고 그들을 위한 시간을 만들어 즐기세요.
  장애자녀만을 챙기지는 않았나요? 당신의 가족은 여기, 더 많이 있습니다. 그들이 나의 가족이며, 걱정하는 장애자녀와 끝까지 함께할 사람들입니다.

(4) 비장애 형제자매 지원 프로그램

형제자매의 연령 차이가 2~3살 정도 나는 것을 감안할 때, 어린이집에 다니고 있는 장애 영유아의 형제자매의 연령대가 비슷한 경우가 많다. 장애를 가진 형제자매로 인한 그들의 고민이나 생각 등을 자연스럽게 이야기하면서 우리 가정이 아닌 다른 가정에도 장애 형제자매가 있다는 것을 알게 된다. 또한, 그들이 갖고 있는 두려움, 갈등에서 오는 죄책감이나 심리적인 스트레스 등을 공유하고 해결방안을 찾아나가는 것을 도울 수 있다. 주로 미술치료나 음악치료, 신체활동 등을 통해 자연스럽게 자신을 드러내고 참여하는 프로그램을 진행한다.

(5) 부모회 조직

장애 영유아를 양육하는 가정의 어려움 극복방법이나 정보 등을 교환하는 자연스러운 모임을 어린이집에서 먼저 제안하고 결성할 수 있다. 모임이 차츰 발전하게 되면 어린이집의 관여를 배제한 자치조직으로 스스로 결정하고 활동하도록 격려한다. 처음에는 어머니들이 주로 모이게 되지만 이후 아버지의 참여를 활성화하기 위한 방법을 모색하거나 부모가 함께 참여할 수 있는 프로그램이나 활동을 만들어 부모회를 발전시켜 나갈 수 있다.

3) 실습생이 도울 수 있는 장애 영유아 가족지원

실습생으로서 장애 영유아 가족지원 프로그램을 계획하고 진행하는 데에는 어려움이 있다. 보통 어린이집 가족지원 프로그램에 참여하여 보조 역할을 수행하는 경우가 대다수이다. 그러나 지도교사와 의논하여 실습기간 동안 장애 영유아 가족을 위한 활동이나 프로그램을 계획해 보는 것도 좋은 기회가 된다.

지역에 있는 장애인가족지원센터의 프로그램을 참조하여 가족지원 프로그램을 계획할 수 있다. 어린이집의 가족지원 프로그램이나 활동 계획을 위한 초안 마련에 이바지했다는 자부심을 느끼게 될 것이다.

보육실습 어린이집에서 가족지원 프로그램을 실시하는 경우, 보육실습생이 도울 수 있는 내용을 살펴보면 다음과 같다.

(1) 가족지원 프로그램의 내용에 따른 알맞은 주제를 만들어본다.

어린이집 프로그램을 단순히 “00어린이집 가족지원 프로그램”이라고 하기 보다는 참신한 주제를 만든다. 예를 들어, 가족들의 수다, 가족품안愛, 休여행 등 검색을 통한 좋은 주제를 선정하거나 참신한 주제를 고안한다.

(2) 지도교사의 지도하에 가족지원 프로그램의 도우미로 활동한다.

가족지원 프로그램의 취지에 맞게 보조교사의 역할을 수행한다. 지도교사와 협의하여 보육실습생이 해야 할 일들을 숙지하고 알맞은 위치에서 돕는다.

(3) 가족의 이야기에 귀 기울인다.

가족지원 프로그램이 진행될 때, 가족들의 이야기를 귀 기울여 듣고 교사에게 자세히 전달한다. 가족들이 이야기하는 칭찬, 요구사항 등 다양한 이야기는 이후 가족지원 프로그램 운영 시 반영될 것이다.

(4) 필요한 준비물이나 자료 등을 확인하고 프로그램 진행 시 도움을 준다.

프로그램의 원활한 진행을 위해 필요한 준비물이나 자료가 무엇인지 확인하고 위치를 눈여겨본다. 교사들이 진행하면서 필요한 물품이나 자료 등이 있다면 빨리 움직여 가져다 준다.

TIP

우리나라 장애 영유아 가족지원에 관해 더 알고 싶어요

우리나라 장애인 관련 사항은 보건복지부 사이트를 활용하면 도움이 됩니다. 특히, 장애 영유아 가족지원과 관련된 사항은 보건복지부 장애인서비스과에서 제공하는 <장애아동 가족지원 안내>를 참조할 수 있습니다.

https://www.129.go.kr/info/info04_view.jsp?n=924
보건복지부 보건복지 콜센터 > 정보마당 > 자료실 > 장애아동가족지원 사업안내

http://www.mohw.go.kr/front_new/index.jsp
보건복지부 > 정보 > 연구/조사/발간자료 > 장애아동가족지원 사업안내

3. 보육교직원과의 협력

지도교사와 실습생은 장애 영유아가 귀가한 후, 담당 학급 내에서 오늘 실습생이 진행했던 부분수업-음률활동-에 대해 협의 중이다.

사례 ❶

지도교사: 오늘 진행했던 수업 내용에 대해 평가해 봅시다. 부분수업 중 선생님이 잘 한 부분과 조금 부족하다고 생각하는 부분에 대해 먼저 이야기 해보세요.

실습생A: 오늘 제가 했던 음률수업은 전반적으로 선생님께서 도와주셔서 수월하게 진행되었어요. 하늘이가 안한다고 했을 때, 저는 어떻게 해야 하나 난감했는데 선생님께서 바로 옆에서 좋은 말씀해 주셔서 하늘이가 적극적으로 참여했던 부분이 가장 좋았습니다. 그렇지만, 여전히 많이 부족하다는 생각이 오늘도 들었어요. 아이들이 대답을 하지 못하니까 제가 혼자 다 대답하고 그냥 빨리빨리 진행한 것 같아요. 너무 어려워요. 선생님께 더 배워야겠다는 생각뿐입니다.

사례 ❷

지도교사: 오늘 진행했던 수업 내용에 대해 평가해 봅시다. 부분수업 중 선생님이 잘 한 부분과 조금 부족하다고 생각하는 부분에 대해 먼저 이야기 해보세요.

실습생B: 너무 부끄러울 만큼 자신 없어요. 제가 교사가 될 자질이 있나 싶을 정도로 많이 힘들었고, 특히 하늘이가 안한다고 말했을 때 저는 어찌해야 하나 걱정만 앞서고 잘 모르겠더라구요. 너무 어려워요. 실습하기 너무 힘들어요.

☺ <사례 1>과 <사례 2> 중 지도교사와 대화할 때, 어떤 사례가 조언을 얻고, 지도교사의 도움을 받을 수 있을까요? 다시 한번 읽고 답해 보세요.

보육실습을 앞두고 어린이집 내에서 선생님들과의 관계를 어떻게 맺는가는 보육실습의 성패를 가름한다해도 과언이 아니다. “지도교사는 어떤 사람일까?”, “어떤 원장선생님을 만나게 될까?” 등 선배인 보육교직원들에 대한 설레임과 두려움이 교차한다.

무엇보다 예비보육교사가 되기 위한 마음의 준비가 필요하다. 배운다는 자세로 겸손하게, 성실하게 학과에서 배운 바를 실천하여야 한다. 어떤 역할과 자세로 보육실습 을 수행하는가에 따라 나의 모교, 나의 학과 이미지가 결정된다 할 수 있다.

1) 지도교사와의 협력

실습생으로서, 장애아동과 함께 수업을 한다는 것은 매우 어려운 과정이다. 그러나 담임교사 또한 실습생이 있는 교실 내에서 수업을 진행한다는 것이 쉬운 일은 아니다. 장애 영유아들도 교실 내에 익숙하지 않은 사람이 함께 있다는 것만으로 부담스러워하며 그동안 보이지 않던 행동들을 보이는 경우가 종종 있다. 같은 공간 내에서 낯선 실습생, 담임교사, 장애 영유아가 함께 공존한다는 것이 쉬운 것만이 아니라는 것을 실습기간 내내 보여주게 될 것이다.

이러한 여러 가지 낯선 환경과 행동에 적응하기 위해서는 실습생과 지도교사의 협력이 매우 중요하다. 실습생이 어떻게 반응하고 지원하는 역할을 하는 지에 따라 장애 영유아는 한결 편안하게 적응하게 된다. 장애 영유아가 적응한다는 것은 지도교사와 실습생이 이후 수업을 수월하게 진행할 수 있음을 보여주고 실습기간을 잘 보낼 수 있음을 의미한다.

지도교사와 실습생이 한 공간 안에서 6주간 240시간을 잘 적응하기 위해 협력은 매우 중요한 요소이다. 협력을 잘 한다는 것은 장애 영유아를 이해하고 담당 보육실 운영에 관한 협의가 잘 이루어진다는 것을 의미한다. 보육실습 시 협의란, 실습생이 실습과정 전반에 관하여 지도교사와 의견을 나누고 지도교사의 지도·조언에 합의하는 과정이다.

(1) 협의 시간 및 장소

장애 영유아가 하원하지 않은 경우, 관찰 및 평가, 보육을 위해 장애 영유아에게 집중하여야 한다. 교사 간 불필요한 대화나 행동 등은 보육에 지장을 주기 때문이다.

지도교사와 실습생의 협의는 보통 장애 영유아가 하원한 후, 조용한 공간에서 이루어진다. 담당 보육실에서 실습생과 지도교사가 마주보고 앉아 진행되는 경우가 많다. 그러나 예상치 않았던 장애 영유아의 문제행동이 보여질 때 또는 장애 영유아의 신변에 위협적인 요소가 있을 때 등은 실습생이 지도교사에게 즉각 과정을 이야기하고 지도·조언을 구해야 한다.

(2) 협의 내용

일과 내에서 관찰, 수업의 보조, 수업 진행 등을 하면서 실습생은 지도교사에게 지도·조언 받을 사항들을 메모하거나 기억하여야 한다. 실습기간은 두 번 다시 돌아오지 않는 시간이다. 6주 240시간은 예비교사에서 교사가 되기 위한 귀중한 수련과정임을 잊지 않고, 장애 영유아 예비보육교사가 알아야 할 사항들을 현장에서 지도교사에게 묻고 경험하고 지도·조언 받아야 한다. 실습생은 보통 실습과정을 통해 장애 영유아 보육교사가 되기 위한 내재적 동기를 경험하고 이후 자신의 미래를 결정하는 계기를 마련하게 되는 시기이다.

지도교사에게 도움이 될 수 있는 사항들을 실습생 스스로 판단하고 결정하여 행동하기 보다는 지도교사에게 구체적으로 묻고, 장애 영유아 보육에 도움이 될 수 있는 역할이 필요하다. 장애 영유아 지도시, 교사들의 일관성이 요구되기 때문에 자칫 잘못하면, 보육을 방해하는 요인으로 작용할 수 있기 때문이다.

이를 위해 지도교사와 실습생이 협의해야 할 내용은 다음과 같다.

① 지도교사가 수업을 진행할 때 실습생은 어디에 위치하고 있어야 하는가?

진행되는 수업의 형태 즉, 대그룹, 소그룹, 개별지도 시 실습생의 위치는 매우 중요하다. 어떤 장애 영유아를 중심으로 지원하는 역할을 해야 하는지를 결정하게 되고 이에 따른 위치를 지정하게 되는데, 지정된 장애 영유아가 없을 경우, 자리에 앉아 주변의 장애 영유아를 관찰하여야 한다.

② 개별적 요구를 가진 장애 영유아의 특성에 따른 실습생의 지원 정도는 어디까지인가?

장애 영유아를 지원한다는 것은 "할 수 있는 것을 대신 해주는 역할"이 절대 아니다. 장애 영유아가 할 수 있는 것은 반드시 스스로 할 수 있는 기회를 제공하고 기다려야 한다. 장애 영유아의 개별적 특성에 따라 지원의 정도와 지원방법에 대해 지도교사로부터 이야기를 듣고 실천하여야 한다.

③ 장애 영유아의 문제행동에 대해 어떻게 대처하여야 하는가?

실습생이 실습을 나가기 전부터 보육실 내에서 지도교사가 장애 영유아를 지도했던 방법이 있다. 이 방법을 연계하여 도와야 하기 때문에 실습생 스스로 판단하여 대처하는 것은 바람직하지 않다. 지도교사로부터 장애 영유아의 문제행동에 대해 묻고, 대처하는 방법을 구체적으로 익힐 필요가 있다.

그러나 안전과 관련된 위험한 상황, 건강에 위협적인 상황이 발생한 경우에는 빨리 판단하여 행동하여야 한다. 어렵지만, 그 상황에 대해 지도교사에게 충실히 설명할 수 있어야 하고 그 사실을 지도교사가 부모 등 타인에게 전할 수 있을 만큼 자세히 알려준다.

④ 일과 진행 시 실습생의 고정적인 역할은 무엇인가?

일일보육계획안을 공유할 때 수업시간 별로 실습생이 지원해야 할 고정적인 역할에 대해 지도교사에게 묻고 구체적으로 알고 실행한다. 매번 지도교사에게 묻기보다 등원, 자유선택활동, 이야기나누기, 음률활동, 미술활동, 신체활동, 급식 및 간식시간, 화장실 가기, 하원, 실외활동 등 시간별 실습생이 해야 할 일을 잊지 않아야 한다.

⑤ 관찰한 내용을 어떻게 전달하여야 하는가?

보육실 내 담임교사는 전체적으로 장애 영유아의 움직임과 표정 등을 살피게 된다. 그러나 간혹, 담임교사가 보지 못한 상황에서 문제가 발생하거나 예기치 않은 일들이 일어날 수도 있다. 이런 경우, 보조자의 역할을 하고 있는 실습생은 지도교사 대신 다른 장애 영유아를 관찰하여야 한다. 이때, 본인이 관찰한 내용을 객관적인 입장에서 빠짐없이 지도교사에게 전달하여야 한다.

TIP

제가 도움이 될까요? 자신이 없어요. 어떻게 말하고 어떻게 행동해야 할까요?

실습생이 자신의 역할을 잘 수행하는 경우, 어린이집은 많은 도움을 받고 있다 생각하고 어린이집의 프로그램이나 교수방법 등을 전해주려 합니다. 그러나 실습생이 기대에 못 미치는 역할을 할 경우, 잠시 머물다가는 사람이라 생각할 수 있습니다. 잘 모르는 환경에서 하나씩 배워나간다는 것이 쉬운 일은 아닙니다.

"잘 모르겠다" 생각되는 점은 스스로 판단하려 하지 마세요. 귀찮아할 것이라 생각하지 마세요. 실습생이기 때문에 모르는 것은 당연합니다. 지도교사에게 항상 웃는 얼굴로 "선생님, 죄송합니다만, 잘 모르겠습니다. ~~~에 대해 설명해 주세요. 제가 도움이 되도록 노력하겠습니다"라고 이야기해 보세요.

웃는 얼굴 보며 싫은 소리 할 사람은 없습니다.
실습생의 작은 실천이 지도교사에게 힘이 되고, 함께 하고픈 사람이라 생각하는 계기가 될 것입니다.

자, 실습을 하기 전, 거울을 보며 미소를 지어볼까요? 예쁜 예비 장애 영유아 보육교사의 얼굴을 볼 수 있을 것입니다.

2) 학급 내 다른 보육교사와의 협력

통합학급이나 장애아반의 경우, 지도교사 외 다른 보육교사나 장애아반 보육교사(이하 보육교사)와 생활하게 된다. 지도교사와의 관계도 중요하지만, 늘 같은 공간에서 생활하는 다른 보육교사와의 협력도 신경 써야 한다.

다음은 학급 내 다른 보육교사와의 협력을 위한 역할과 자세에 관한 내용이다.

(1) 다른 보육교사와 어떻게 소통해야 하는지 지도교사와 협의한다.

지도교사는 보육실습 기간 동안, 어버이의 역할을 한다해도 과언이 아니다. 그러나 학급 내 다른 보육교사가 있다면, 이 교사와 어떻게 소통하고 무엇을, 어디까지 도와야 할지 묻는다.

(2) 지도교사가 자리를 비운 경우, 지도교사 대신 협의한다.

업무를 수행하기 위해 지도교사가 자리를 비우는 경우, 교실 내 보육교사와 상의하여 학급 일을 돕는다. 이때 지도교사에게 묻지 못한 사항이 있다면 예의를 갖춰 물어보고 실천한다.

(3) 학급 내 정리 등은 솔선수범한다.

장애아반 영유아가 사용한 물건뿐만 아니라 학급 내 다른 반 영유아가 사용한 물건은 함께 정리한다. 함께 정리해야 할지 고민되는 경우, 물어보고 수행한다.

3) 보육교직원과의 협력

어린이집에는 다양한 직종의 보육교직원이 존재한다. 보육실습생과 매일 만나게 될 원장, 보육교사, 조리사(취사부), 운전기사, 보조교사, 치료사 등 다양한 보육교직원과의 관계도 중요하다. 이들과의 관계를 잘 형성하는 것도 보육실습생으로서 보육실습을 기쁘게 할 수 있는 기본이 된다. 보육교직원들은 언어적으로든 행동으로든 도움을 줄 든든한 지원군이 되어줄 수 있다.

다음은 다른 보육교직원과의 협력을 위한 역할과 자세에 관한 내용이다.

(1) 정시 출근 및 퇴근시간 보다 30분 정도는 먼저 출근하고, 지도교사가 퇴근하라는 시간까지 기다렸다 퇴근한다.

학과 공문을 가지고 방문했을 때 어린이집에서 안내를 하는 경우가 대부분이지만, 혹시나 알려주지 않을 경우, 출근 시간은 반드시 물어보아야 한다. 보육실습 중, 출근 시 또는 퇴근 시에는 어린이집을 돌며, 반드시 인사를 한다. 퇴근시간이 30분 정도 지났으나 보육교직원이 업무를 지속하고 있다면, 정리나 수업준비 등 도울 일은 없는지 물어본다.

(2) 항상 밝은 모습으로 인사한다.

낯선 환경에서 모르는 사람들에게 밝은 모습만 보여주기란 쉽지 않지만, 좋은 이미지를 유지하기 위해 노력하여야 한다. 어린이집에서 실습을 수행하는 사람으로서 새롭고 신선하고 발랄한 기운을 어린이집에 전파하는 역할은 어린이집 전체 분위기를 환기시키기에 충분하다.

낯선 사람과 마주치는 경우, 어린이집에 온 손님이므로 반드시 밝은 모습으로 인사를 한다. 여러 번 마주치는 보육교직원의 경우, 여러 번 "안녕하세요?"라고 인사하면 부담스러울 수 있으므로, 미소를 지으며 목례한다.

(3) 적극적인 자세로 임한다.

내가 속해있는 학급 외에도 어린이집 주변 정리하기, 복도 청소하기 등 어지럽혀 있거나 지저분한 곳이 있다면, 솔선수범하는 모습을 보여준다. 자리를 옮기게 될 때는 지도교사에게 먼저 허락을 받고 이동한다.

(4) 보육교직원에 대한 호칭을 잘 사용한다.

보육실습생이 가장 실수하기 쉬운 것이 호칭이다. 예를 들어, 운전기사직을 수행하는 보육교직원의 경우, '기사님'이라는 호칭 대신 안전 선생님이라든지, 운전선생님 등의 호칭을 사용하는 경우가 많다. 다른 보육교직원들이 어떤 호칭을 사용하고 있는지 자세히 들어보거나 지도교사를 통해 들은 대로 호칭을 사용한다.

(5) 다른 보육교직원들과 나누는 활동을 한다.

요리활동, 만들기 등 수업을 준비했다면 재료를 충분히 준비하여 완성한 작품을 장애 영유아와 함께 다른 보육교직원들에게 나누어주는 활동을 전개한다. 요리활동 후, 영유아들에게 맛보는 시간을 주게 되는데 영유아들이 지도교사와 다른 보육교직원들에게 음식을 나누어주는 활동은 매우 중요하다. 영유아와 동반하여 수업의 일환으로 진행한다. 작은 것을 챙기는 것에서부터 관계는 더 좋아지게 된다.

(6) 어린이집 물품을 사용할 때, 허락을 받는다.

실습을 진행하면서 교재나 교구, 재료 등을 사용하는 경우가 많다. 지도교사나 다른 보육교직원들이 마음껏 사용하라고 이야기하지만, 물품을 가지러 갔다가 다른 보육교직원들과 마주쳤을 때 낯설게 느껴지거나 어색한 사례가 발생한다. 마주친 보육교직원에게 다시 한 번 ○○물품을 사용해도 되는지 묻고 물품을 준비한다.

제공되는 음료나 간식 등은 정해진 장소에서 먹고 뒷정리를 한다. 또한, 커피 등 차류를 마시라고 하는 경우, 다른 보육교직원들과 마주쳤을 때, 음용 여부를 묻고 함께 나눈다. 다른 보육교직원들에게 "커피 한 잔 드릴까요?"하고 물어보는 것도 관계를 맺는 좋은 말이다.

TIP

출근을 했는데 몸이 아파요. 어떻게 해야 할까요?

인내심을 갖고 참고 참았지만 너무 힘든 경우가 있지요? 이럴 때 지도교사에게 불편함을 이야기해야 합니다. 분명히 조치를 취해 줄 것입니다. 조퇴를 하는 경우, 조퇴한 시간만큼 더 도울 일은 없는지 묻는다면, 성실함을 인정받을 수도 있습니다.
혹시 출근 전부터 몸이 불편한 경우가 있을 수 있습니다. 이런 경우에는 어린이집으로 전화를 하거나 지도교사와 통화를 하여 결근에 관한 허락을 받도록 합니다. 임의로 연락을 취하지 않거나 부모님이 대신 전화를 하는 것은 지양해 주세요.

PART 02

장애아 보육실습 실제

CHAPTER 04

장애아 보육과정 운영

1. 장애 영유아의 개별적 요구에 근거한 접근

1) 발달 영역의 통합적 지도

장애 영유아의 개별적인 발달 영역별 수행 정도(〈표 4-1〉 참조)와 잠재 능력을 고려하여 적절한 개별화교육프로그램(IEP: Individualized Education Program, 이하 IEP)을 제공하는 것은 장애 영유아 조기 중재(intervention)와 보육과정 운영의 가장 핵심적인 실제이다. IEP에 계획되어 있는 우선적인 목표는 자연스러운 환경인 가정과 어린이집의 일과와 활동 안에서 반복적으로 학습되어야 한다.

〈표 4-1〉 발달 영역별 기술의 예와 지도 방향

발달 영역	기술의 예	지도 방향
자조 기술 (신변 처리)	옷 입고 벗기, 식사하기, 대소변 가리기, 씻기, 몸단장하기	• 독립적으로 기능하며 살아가는 데 필요한 능력 • 생활연령에 적합한 기술들을 지도 • 다양한 환경에서 독립적으로 생활하기 위해서 가정, 교육기관, 지역사회의 일과 안에서 지도
의사소통	언어이해력, 언어표현력	• 생활하고 있는 가정, 교육기관, 지역사회에서 의사소통을 할 때에 필요한 기능적인 언어 능력 • 구어 사용 의사소통이 어려운 경우에는 보완대체 의사소통방법이 필요한지 점검
사회성	전이활동, 협력적 행동 나누기, 시작행동, 반응행동, 상호작용, 행동 기다리기	• 다양한 환경에서 의미 있는 사람과의 사회적인 행동을 형성해 나감으로써 집단에서 요구되는 행동을 배우고 사회에 참여하고 변화를 이해하게 됨 • 양육자, 또래, 성인과의 상호작용 지도
대근육 운동	서기, 걷기, 뛰기 균형감, 안정감, 계단 사용, 공 던지고 차기	• 이동할 수 있는 능력 • 자세 유지 능력 • 일상생활을 독립적으로 수행하기 위한 두 손의 협응적인 활동 능력 • 필요한 도구 사용 능력
소근육 운동	사물 조작하기 잡기, 쥐기, 놓기	
인지	주의집중, 개념이해력 사물 인식, 분류, 기억력, 놀이/게임 참여, 수세기	• 나이에 적절한 (참여)행동 • 목적에 따른 계획, 의사결정, 의사소통, 식별, 생각하기 등의 다양한 능력을 포함 • 지각, 지식, 이해, 추론, 판단 등의 능력 • 독립적인 활동과 사회적인 상호작용 지도

장애 영유아 조기교육은 인지, 언어, 자조, 대근육, 소근육 운동과 사회적 기술 등 발달 영역별로 분류되어 특정 기술(skills)들을 지나치게 여러 단계로 세분화시켜 가르치는 경우 습득한 기술을 일반화시키는데 어려움이 있다.

발달 영역의 통합적 지도를 위해 놀이는 자발적인 활동이면서 즐거움을 준다는 본질적인 특성과 함께 경험적, 통합적인 활동이기 때문에 장애 영유아에게는 더 절실히 요구되는 교육적 수단이 될 수 있다. 다음 〈표 4-2〉의 '진흙 놀이'의 예처럼 비가 온 후의 물이 고인 진흙 웅덩이에서 뛰어 노는 즐거운 놀이 활동을 통해 다양한 영역의 발달 목표를 연습할 기회를 가지게 된다.

〈표 4-2〉 놀이 활동을 통한 개별 목표 연습 기회(진흙 놀이)

발달 영역	개별 목표	교수-학습 기회(강화해야 할 행동들)
소근육	다양한 물체 뻿치기, 쥐기, 놓기(콩알 크기 ~ 손에 쥘 정도 크기)	• 자갈, 막대기 기타 진흙 속의 다른 물건 던지기
대근육	1m 건너 뛰기, 10m 달리기, 세 번 제자리 뛰기	• 웅덩이 사이에서 제자리 뛰기, 달리기, 높이 뛰기, 건너 뛰기 하면서 놀도록 게임 유도
신변 처리	씻기, 얼굴과 손 닦기, 외투와 바지, 웃옷, 양말, 신발 벗기	• 목욕탕 세면기에서 더러워진 옷, 얼굴 손 씻기 연습 • 젖은 옷 벗기 연습.
인지	여러 가지 개념을 인식하고 이해하기 : 모양/크기/공간개념	• 여러 가지 형태의 웅덩이 모양 관찰하기(둥근 것, 타원형, 긴 것, 작은 것, 큰 것) • 웅덩이를 젓는 막대기의 길이 비교해보기. • 자갈이나 돌멩이 응덩이로 던져 보며 묻기: "내가 던진 다음에 한번 던져 볼까?" • 던진 돌이 있는 곳 찾아 보기(예: 바로 앞, 다음, 뒤에, 위에 등)
의사소통	형용사 사용하기	• 다양한 질문으로 언어적 촉진(웅덩이, 막대기, 자갈 등을 묘사하도록).차가운, 갈색의, 큰, 깊은, 얕은, 긴, 짧은, 가벼운, 무거운, 흐린, 어두운 등에 관한 표현어 모델 제공.
사회성	또래와의 문제 해결력 기르기	• 물이 또래에게 뿌려지면, 다른 친구가 젖지 않고 함께 놀 수 있는 방법 물어 보기. • 놀 수 있는 웅덩이의 크기가 작다면, 모두 같이 놀 수 있는 방 법 알아보기.(예: 차례로 해 보기, 한 번에 놀 수 있는 친구의 수 정하기 등)

장애아 보육을 담당하는 교사의 역할은 개별 장애 영유아에게 적합한 교수 활동을 구상하고 실행하며 장애 영유아의 개별적인 목표와 활동을 연결시키고, 이 과정에서 교수 전략을 계획하고 실행, 평가하며 필요한 지원의 양을 조정하는 것에 이르기까지 매우 광범위하다. 통합 환경에서의 주요한 도전도 장애 영유아에게 제공할 수 있는 지원의 수준을 어느 선에서 조정하느냐 하는 것으로, 이는 너무 많은 지원은 성인에 대한 의존을 가져올 수 있으며, 너무 적은 지원은 통합 아동의 참여를 감소시키며 부적응 행동이 증가하게 된다고 본다. 교사는 진행되는 활동 과정 중에 장애 영유아가 자신감을 잃지 않도록 지속적으로 격려하는 것이 중요하므로, 일반 영유아나 장애 영

유아 모두 활동에 흥미를 가질 수 있도록 융통적으로 유도하며 일반 영유아들이 장애 영유아의 늦은 반응이나 틀린 반응을 비난하지 않고 기다려 주고 존중하도록 지도하여야 한다.

2) 삽입학습기회(ELO)를 통한 IEP 목표 지도

삽입된 학습 기회(Embedded Learning Opportunity: ELO)의 개념은 장애 영유아에게 의미 있고 흥미로운(Fun & Meaningful) 활동을 유지하면서 활동 내에 포함되는 개별적인 목표 실행을 위해 제공되는 기회와 절차를 의미한다.

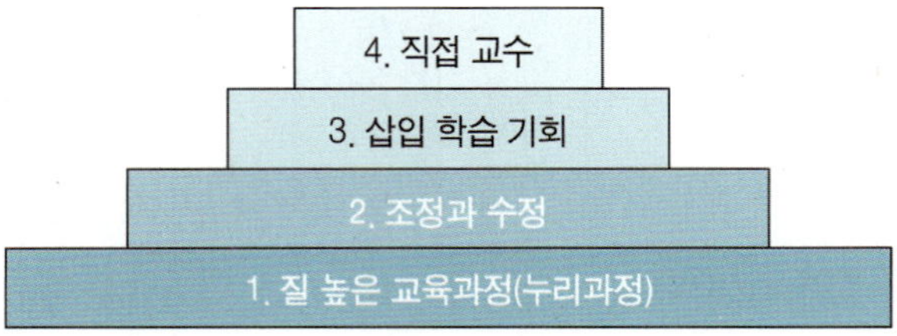

[그림 4-1] Building Blocks Model

출처: Sandall, S, Schwartz, I, & Joshep, G.(2002). A building blocks model for effective instruction in inclusive early childhood settings, Young Exceptional Children, 4(3), 3-9. (p.5)

삽입시키기(embedding)란 활동 안에서 장애 영유아의 개별화교육 목표가 확장되고, 수정되며, 의미 있는 방법으로 적용되도록 포함시키는 과정이다. 예를 들어 요일 이름 배우기가 목표일 경우 그룹으로 노래 부르는 시간을 이용하여 목표 연습의 기회를 갖는다. 교사는 진행 중인 활동에 아동의 개별 목표가 자주 포함되도록, 다양한 기회의 제공을 통하여 습득되고, 연습되어 일반화될 수 있도록 한다.

양육자 또한 단절된 하나의 경험을 통하기보다 하나의 경험에서 다음 기회의 일반화될 능력으로 이어질 의미 있는 반복과 관련 경험을 통하여 다양한 기회를 주어야 한다. 하나의 활동에 몇 가지 개별 목표를 적용할 수도 있는데, 예를 들면 장애 영유아의 개별 목표가 2-3어절의 지시 따르기, 수세기(일대일 대응), 색 이름 알기 등이라면, '인형 목욕시키기'의 놀이 활동을 하면서 교사는 "파란 수건을 쓸까? 책상 아래 있네."라며 위치와 색 개념을 강조할 수 있으며, "인형 양말을 벗겨야겠네. 하나는 발에 있고, 하나는 떨어져 있네."라고 이야기하며 일대일 대응을 강조할 수 있다.

교사는 계획하지 않은 상황에서도 주의 깊게 동시에 일어나는 이런 기회를 놓치지 말고 유의해서 장애 영유아의 학습의 기회로 삼아야 한다. 장애 영유아의 발달 특성을 고려한 IEP의 목표를 성취하기 위해서는 유아의 IEP 목표를 일과 내에 삽입하여 반복, 연습시키는 교수방법이 요구된다.

IEP를 일과의 맥락 안에서 실행하기 위해서는 우선 개별 목표를 정확히 확인하고 그 목표가 삽입될 수 있는 일과를 미리 계획 및 확인해 보는 작업이 필요하다. 개별 목표를 적용할 수 있는 일과의 기회를 결정한 뒤 이에 대한 구체적 지도방법의 계획이 필요하다. 〈표 4-3〉에 정리된 세 가지 활동을 통하여 구체적으로 실제 환경에 개별 목표를 삽입할 수 있다.

첫 번째의 목표 적용 활동의 형태는 반복되는 일과 활동(Routine Activities)으로 예상할 수 있거나 규칙적으로 일어날 수 있는 일들(식사, 옷 입고 벗기, 간식, 씻기, 화장실 사용, 정리 등)은 새로운 기술 습득의 기회를 주거나 습득된 기술을 연습할 수 있는 기회를 준다.

두 번째의 형태는 시작 행동(Initiated Activities)으로 장애 영유아가 타인에게 의존하지 않고 스스로 요구를 나타내는 시작 행동으로 욕구가 달성될 수 있는 활동을 말한다.

세 번째는 계획된 활동(Planned Activities)으로 특별한 목표 기술을 연습하도록 흥미를 유발할 수 있는 계획된 활동을 말한다. 활동을 계획할 때 중요한 점은 개별화 교육 목표가 지도 될 수 있도록 활동의 목표와 방법 등을 수정하는 과정이 필수적이며 이런 과정을 통하여 실제 환경에서의 참여도 증가할 수 있게 된다.

〈표 4-3〉 목표를 적용할 수 있는 세 가지 형태의 활동

활동 형태	정의와 예
반복되는 일과 (Routines)	일상 생활 중에 일어나며 예측할 수 있는 활동 : 식사, 옷입기(벗기), 인사, 외출, 목욕 등
시작 활동 (Initiated Activities)	성인의 요구나 지시 따르기가 아니라 스스로 시도해 보고 요구 표현 : 먹을 것 요청, 원하는 사물 쳐다보기 등
계획된 활동 (Planned Activities)	성인에 의해 계획된 구조화된 활동 성인이 준비하나 흥미를 이끌어 낼 수 있는 활동 : 공원 산책, 현장학습, 작업, 게임, 지역사회 활동 등

출처: 김수진 · 이정화(2013). 장애 영유아 통합교육. p.41.

이상의 세 가지 활동들은 종종 혼합되어 일어날 수 있으며 계획되거나 혹은 일과 안에서도 어떤 활동을 시작 할 수 있다. 교사나 양육자는 그런 활동 안에서 시도를 격려해 준다. 장애아가 의미 있는 활동에 참여하게 되고 목표 기술을 연습할 기회를 자주 갖도록 다양한 활동을 마련해 주어야 한다.

특별히 매일 반복되는 일과를 중심으로 하는 다양한 경험과 구체적인 행동 연습은 장애 영유아의 독립성 증진과 실제 환경에서의 참여를 높일 수 있는 중요한 기반이 된다. 아래의 〈표 4-4〉에서 제시된 가정과 어린이집의 일과 상황에서의 자연스럽게 발생되는 상황을 기반으로 다양한 기술을 지도할 수 있다.

〈표 4-4〉 일과 상황 주제 목록

일과 상황 주제	번호	소 주 제
1. 매일 매일 하면 나도 잘 할 수 있어요.	1-1	혼자서 옷을 입을 수 있어요
	1-2	내가 제일 좋아하는 옷이에요
	1-3	도와주면 양말도 신을 수 있어요
	1-4	단추는 어려워요
	1-5	세수를 할 수 있어요
	1-6	기저귀는 창피해요
	1-7	이를 닦아요
	1-8	예쁜 내 얼굴을 봐요
2. 어린이집에 왔어요, 집에 갈 시간이에요.	2-1	반갑게 인사해요
	2-2	오늘의 날씨에 대해 이야기해요
	2-3	엄마, 아빠와 헤어질 때 울지 않아요
	2-4	내 사물함을 찾아 내 물건을 넣어요

일과 상황 주제	번호	소 주 제
2. 어린이집에 왔어요, 집에 갈 시간이에요.	2-5	내 이름을 찾을 수 있어요
	2-6	집에 가는 시간에 서두르지 않아요
3. 좋아하는 놀이를 신나게 하고 싶어요.	3-1	교실이 달라졌어요
	3-2	우리 교실에는 다양한 놀잇감이 많아요
	3-3	내가 좋아하는 놀잇감을 주세요
	3-4	친구들과 함께 놀고 싶어요
	3-5	재미있게 놀고 싶어요
	3-6	제자리에 정리해요
	3-7	특별한 도구가 필요해요
4. 매일 바깥놀이를 하고 싶어요.	4-1	바깥 놀이할 때 도와주세요
	4-2	산책도 꼭 할래요
	4-3	여러 가지 놀이기구는 재미있어요
	4-4	어떻게 놀아야 하는 지 잘 몰라요
	4-5	바깥에서 더 놀고 싶어요
	4-6	놀잇감도 나누어서 놀아요
	4-7	신체놀이, 게임하기
5. 즐거운 간식시간, 행복한 점심시간	5-1	혼자서도 먹을 수 있어요
	5-2	식사 도구를 바르게 쓰고 싶어요
	5-3	친구들과 이제는 같이 먹을 수 있어요
	5-4	꼭꼭 씹어 삼킬 수 있어요
	5-5	정해진 시간 동안 다 먹을 수 있어요
	5-6	골고루 먹고 쑥쑥 클래요
	5-7	간식과 점심시간에도 난 배울 수 있어요
	5-8	집에서도 바르게 먹을 수 있어요
	5-9	밥을 먹을 때 특별한 도구를 사용해요
	5-10	식사 시간은 전쟁터가 아니예요
6. 조용히 쉬고 싶어요.	6-1	집에서 잠을 못자고 왔어요
	6-2	몸은 힘든데 낮잠시간에 자는 건 어려워요
	6-3	낮잠을 자고 일어날 때 크게 울어요
	6-4	전이할 때 전 이것 때문에 힘들어요
	6-5	신호로 알려 주세요
	6-6	매일 반복되는 일과가 편안해서 좋아요
	6-7	하루 일과표가 좋아요
7. 집에서도 잘해요.	7-1	혼자서도 잘해요
	7-2	칭찬을 많이 해주세요
	7-3	어린이집 생활주제에 맞는 활동을 해봐요
	7-4	신문, 잡지, 전단지를 활용해 주세요
	7-5	심부름을 잘해요

일과 상황 주제	번호	소 주 제
7. 집에서도 잘해요.	7-6	아빠와 보내는 시간을 즐거워요
	7-7	형제 · 자매와 함께 즐겁게 놀아요
	7-8	가족들과 함께 여행을 가요
8. 우리 동네가 좋아요.	8-1	우리 동네를 돌아봐요
	8-2	위험한 길과 안전한 길을 찾아봐요
	8-3	이웃과 함께해요
	8-4	대중교통을 이용해요
	8-5	친구 집에 놀러가요
	8-6	가게와 마트에 가서 물건을 사요
	8-7	엘리베이터를 타요
	8-8	복지관을 소개해요

출처: 보건복지부(2012). 장애아 보육프로그램. p.36-37.

TIP

www. kcpi.or.kr (재)한국보육진흥원 사이트의→정보마당→KCPI 자료→발간물→ 장애아 보육프로그램.
아래의 체계로 다양한 상황에서의 지도 방법이 제시되어 있어 이를 참조바람.

사례별 지도: 혼자서 옷을 입을 수 있어요

준서는 7살 남아로 화장실에 갈 때면 항상 따라가야 한다. 아직 혼자서 바지를 올리고 내리는 게 서툴러 옷에 실수를 많이 하기 때문이다. 그래도 학기 초에는 고무줄 바지도 내려줘야 했는데 지금은 바지춤에 손을 대 주면 혼자서 내릴 수 있다.

〈교사의 질문〉

1. 화장실에 가면 바지를 내리고 쉬를 하는데 올리라고 하면 가만히 서 있는다. 내릴 수 있는데 왜 올리지는 못할까?

2. 오른손을 사용하지 못하는 장애 유아는 혼자서 옷을 입기가 어렵다. 내가 계속 입혀 주어야 하는 걸까?

3. 장애 유아의 부모님 중에는 자녀가 아무 것도 못 한다고 모두 해 주시는 분이 있다. 그 유아는 어린이집에서도 아무 것도 안하려고 한다. 어떻게 해야 할까?

〈이렇게 해 보세요〉

1. 옷 입고 벗기 기술과 관련된 다른 영역의 발달을 점검한다.
   - 장애 유아의 옷 입고 벗기 기술을 지도하기 전에 우선되어야 하는 기술이 있다. 선행기술의 습득 여부를 점검하고 부족한 내용을 점검하여 먼저 지도한다.
     - 앉거나 선 자세에서 자신의 몸을 지탱하고 균형을 유지할 수 있어야 한다.
     - 적어도 한 팔을 정확하게 움직일 수 있는 능력이 필요하다.
     - 팔을 움직이는 동안에도 잡기 능력이 유지되어야 한다.
     - 행동을 모방할 수 있어야 한다.

2. 옷 입고 벗기 기술은 단계적으로 학습해야 한다.
   - 옷을 입고 벗는 행동은 여러 단계의 기술이 필요한 연속 행동이다. 따라서 장애 유아가 할 수 있는 단계가 어디까지인지를 파악하고 그 다음 단계부터 도움의 양을 조절하며 지도한다.
   - 옷을 입기보다 벗기가 쉬우므로 옷 벗기 훈련을 먼저 시작한다. 교사가 장애 유아와 함께 바지를 잡고 발목까지 내려주고 벗는 것은 혼자 하게 한다. 이렇게 반복하여 발목에서 벗을 수 있게 되면 그 다음에는 무릎까지만 내려주고 나머지는 혼자 하게 한다. 이런 식으로 혼자 완전하게 벗을 때까지 단계적으로 지도한다. 벗기가 익숙해지면 입기를 지도한다.

3. 스스로 할 수 있을 때까지 도움의 양을 점차적으로 줄여 간다.
   - 많은 부모들이 장애 유아가 스스로 하기를 기다리지 못하고 대신 해주는 경우가 있고 자녀의 능력을 과소평가하여 할 수 없다고 생각하는 경우도 있다. 충분한 시간을 두고 장애 유아가 연습할 수 있는 기회를 주어야 하며, 조금 서툴더라도 가능한 한 장애 유아들이 최소한의 도움만 받아 자발적으로 옷을 입고 벗을 수 있도록 기다린다.
   - 교사는 다양한 활동 중에 옷 입고 벗기 기술을 지도할 수 있는 기회를 만든다. 미술활동 중 작업용 앞치마를 입고 벗을 수 있으며 역할 놀이, 바깥 놀이 시에도 옷을 입고 벗는 기회를 만들 수 있다.

〈유의점〉

- 오른손이 경직되어 팔을 펴기가 어려운 뇌병변 장애 유아의 경우, 오른손을 사용하지 않고 옷을 입고 벗을 수 있는 방법을 찾아야 한다. 옷을 입힐 때에는 마비가 있는 쪽을 먼저 입히고 움직임이 가능한 쪽을 나중에 입힌다.
- 경직성 뇌병변장애 유아나 운동 범위가 제한된 유아들은 헐렁한 옷이 입고 벗기에 쉽다. 운동장애 유아를 위해서는 옷을 수선해야 할 필요도 있다(예: 단추나 스냅 버튼보

다 벨크로 단추).

- 스스로 신체 조절을 하거나 이동하기 어려운 장애 유아는 운동성의 제한이 심하기 때문에 옷 입고 벗을 때 협조하는 정도만 목표로 할 수도 있다. 이러한 경우 옷 입히는 과정이나 옷 색깔을 설명하고 유아에게 얼마나 잘 어울리는지 말해 준다.
- 신체 마비가 있는 장애 유아는 어느 정도까지 독립적으로 옷 입고 벗기를 할 수 있을지와 옷 입고 벗을 때 지도해야 할 내용과 방법에 대해 작업치료사나 물리치료사에게 조언을 구한다.
- 시각장애 유아에게는 옷을 만져보게 하여 옷의 모양을 확인할 수 있게 한다. 이때 말로 설명하되 항상 일관성 있게 표현한다. 예를 들어서, 코트를 표현할 때 상의, 웃옷, 파카, 자켓 등의 다양한 용어를 사용하게 되면 혼돈할 수 있으므로 한 가지 용어를 일관성 있게 사용한다.
- 교사는 시각장애 유아의 뒤에서 옷을 입고 벗는 움직임을 직접 경험할 수 있도록 하면서 언어로 설명한다. 유아 옆에 웃옷, 바지, 양말을 두고 그 중에 하나를 찾게 하고, 점차 스스로 옷을 입고 벗을 수 있도록 옷을 두는 장소를 정해 두고 변경하지 않도록 한다.
- 청각장애 유아는 필요할 때 적절한 시범과 함께 말을 해 준다면 대부분 일상생활 중에서 배울 수 있다. 예를 들어 유아에게 웃옷을 보여준 다음 목을 집어 넣으면서 "쏙! 옷을 입네!"라는 언어적 설명과 함께 행동을 보여준다.

〈가정 연계 지도〉

- 가정의 일상 중에서 옷 입고 벗기를 자연스럽게 연습할 수 있는 기회를 갖도록 안내한다(예: 외출하기 위해 옷을 입고, 목욕을 하기 위해 옷을 벗고, 수영복을 갈아 입기 등).
- 부모나 형제가 스스로 옷을 입는 모습을 보여준다.

2. 자유선택 활동 참여 지도

1) 장애 영유아가 보이는 일반적인 어려움

자유선택활동과 같은 비구조적인 놀이 시간은 유아들이 자발적으로 즐겁게 참여하는 중요한 시간이다. 그러나 스스로 선택해서 결정하는 능력이 부족한 장애 영유아는 이 시간을 적절하게 활용하지 못할 수도 있으므로 자유선택활동을 위한 적절한 지원을 통해 학습의 중요한 기회를 제공해야 한다. 장애 영유아의 경우 구조화되지 않은 영유아 주도 놀이에 특별히 어려움을 가질 수 있다. 적어도 처음에는 다음과 같은 이유로 장애 영유아들은 자유놀이 동안 자주 도움을 필요로 한다.

- 놀잇감과 자료에 친숙하지 않을 수도 있고, 이것을 가지고 무엇을 해야 할지 전혀 모를 수도 있다. 어떤 활동을 선택하고 시작해야 할지 모른다.
- 선택해야 할 놀잇감이 너무 많아 압도당할 수도 있다.
- 자신의 흥미에 맞는 놀잇감이나 자료들을 발견하지 못할 수 있는데, 이는 놀잇감들이 장애 영유아에게 발달적으로 적합하지 않기 때문이다. 시행착오적 탐색을 할 능력을 가지고 있지 않을 수도 있다.
- 익숙하지 않은 놀잇감과 자료들을 가지고 놀기가 어렵다.
- 과제수행의 지속시간이 짧다.
- 쉽게 이탈되고 집중하는 것이 어렵다. 쉽게 산만해지고 집중하는 데 어려움을 가지고 있다.
- 청각적으로 예민한 유아의 경우 여러 아이들이 소리를 내는 소음에 스트레스를 받는다.
- 한 공간에서 서로 다른 활동을 하며 예측 불가능한 또래들과 근접해 있는 것과 그 수에 압도된다. 각기 다른 놀잇감들로 예측할 수 없는 놀이를 하는 너무 많은 수의 또래 영유아들이 자기 가까이 있는 것에 대하여 두려움을 느낄 수 있다
- 원하는 놀이에만 집중하고 여러 가지 놀이 영역으로의 전이가 어렵다.

2) 환경적 지원

장애 영유아들은 교실에서 다른 또래 영유아들이 많이 있을 경우 매우 힘들어할 수 있다. 또한 장애 영유아들은 다른 또래들이 자기 옆에 가까이 있는 것에 대해서도 위협감을 느끼곤 한다. 다음의 환경 지원을 적용한 교수 방법들이 도움이 될 수 있을 것이다.

(1) 조용한 영역 마련하기

비교적 조용하고 한 번에 두세 명의 영유아들만 들어올 수 있는 곳이어야 한다. 영유아가 환경의 소음이나 너무 많은 영유아나 너무 다양한 활동 때문에 압도당하는 느낌을 가질 때에는 언제나 이 장소에 와서 머물도록 해야 한다. 비록 혼잡함과 같은 외부적 원인이 아닐지라도, 영유아가 내부적으로 스트레스를 느낄 때면 이 조용한 환경에서 지낼 수 있게 한다.

(2) 놀이 파트너 수와 접근을 점진적으로 늘리기

영유아의 물리적 자기구역 안에서 한 번에 한 명의 놀이 파트너와 놀게 하는 것은 도움이 될 수 있다. 이 구역 안에서 놀이하는 영유아의 수를 점진적으로 증가시켜 감으로써 장애 영유아는 점진적으로 인내력을 발달시켜 갈 수 있다.

(3) 넓고 개방된 공간 피하기

장애 영유아들은 넓고 개방된 공간에 있는 것에 대해 특별히 어려움을 가질 수 있으며, 이러한 넓은 공간에서 자기 주위를 소리 지르며 돌아다니는 또래에게 특별히 두려움을 느낀다. 자유놀이 활동 동안 이러한 영유아들은 적어도 선반과 같은 부분적 경계나 칸막이가 있는 영역 안에서 좀 더 편안하게 놀이할 수 있을 것이다.

(4) 완충 공간 마련하기

영유아를 자신이 좋아하는 수건이나 담요 위에 앉게 한다. 장애 영유아가 허락하지 않는 한 다른 영유아들은 담요 안에 앉거나 가장자리를 건너가지 말아야 한다는 것을 알려준다.

3) IEP 목표 지도

자유선택활동과 같은 일과에서는 장애 영유아가 선택할 수 있는 질적으로 풍부한 환경을 미리 조성해 주고 영유아의 시도에 적극적이고 즉각적인 반응을 해 줌으로써 학습을 유도하는데 효과적인 상황이 마련될 수 있다. 이때에 교사는 장애 영유아의 요구를 파악하되 현행 수준에 근거한 개별 목표를 설정하여 보다 계획적인 학습을 유도할 교수 계획을 수립하여야 한다.

장애 영유아의 참여도에 따라 개별적인 목표를 염두에 두고 지도하여야 한다. 〈표 4-5〉는 블록 영역에서 각 각의 영유아에 대한 교수 계획을 나타내는데 민수와 진희는 개별 목표가 다르므로 촉진 방법도 다르게 하는 것이 바람직하다. 이와 같이 다양한 흥미 영역으로 구성된 자유선택놀이 일과 참여를 높이기 위해 장애 영유아의 구체적인 개별 목표를 세우고 평가해야 한다.

〈표 4-5〉 블록 영역에서의 교사의 교수 활동 계획

- 블록 쌓기를 위해 고르고, 쌓고, 정리하는 과정 중에서 크기, 형태, 수, 순서, 영역, 길이, 무게 등의 개념을 배우게 된다.
- 블록 쌓기는 블록을 옮기는 것을 통해서 큰 근육을 사용하게 해 주고, 쌓고 구성하는 가운데 쓰기 기술에 중요한 작은 근육을 발달시키게 된다.
- 블록 영역은 사회성 발달을 돕는 곳으로 한 아동이 동물원을 꾸미는 것이 다른 아동과 다를 수 있고, 그런 다름을 서로 존중하게 한다. 같이 만들고, 협동하는 과정에서 문제 해결력을 기른다.

이름	개별 목표	교사 역할	현재 촉진 수준
민수	의사소통: 현재 진행형 말하기	진행형 사용하여 설명해주기 (하고 있네…)	시범보이기
	인지: 5개 물건 세기	몇 개가 동물원에 있는지 묻기	한 번에 하나씩 지적하도록 부분적인 신체적 도움주기
진희	사회성: 다른 영유아와 협동활동	"저것 봐, 민수가 다리를 만들었네" "블록이 더 필요한 것 같네"	언어적 단서
	인지: 세 가지 다른 형태 맞추기	네모(정사각형, 직사각형), 세모 조각 고르기 제안	언어적인 단서, 부분적인 신체적 도움주기

- 스스로 영역 선택이 어려운 경우 활동 스케줄 표를 사용하여 자신이 할 활동을 계획하고 예상하여 여러 가지 활동을 선택할 수 있도록 돕는다.
- 선호하는 한 가지 놀이만 하려고 할 때에 교사가 제시하는 활동을 한 후에 하도록 지도한다. 혹은 그 날의 새로운 활동은 한번씩 할 수 있도록 지도하고 그 외의 시

간은 유아가 선호하는 활동을 스스로 선택하여 즐겁게 활동할 수 있도록 한다.

- 교사는 장애 영유아에게 각 활동마다 돌아가면서, 제공된 놀잇감을 가지고 놀이하는 기술과 자료를 사용하는 방법 등을 정확히 알려준다. 필요하면 시범을 보여 주면서 장애 영유아와 2~3명의 또래들을 포함하는 소집단 내에서 활동을 함께 한다.
- 장애 영유아의 특성에 따라 활동방법과 제시를 수정해 줄 수 있다. 예를 들어 언어 영역에서 글자 인식이 어려운 유아의 경우 글씨 자료를 그림 자료로 대치하여 줄 수 있고, 미술 영역에서 스스로 그림 표현이 어려운 유아의 경우 색칠만 하기, 다른 유아를 따라 그리기로 수정할 수 있다.
- 장애 영유아를 포함한 또래 집단 사이에 일어난 문제나 갈등상황에서 교사가 바로 개입하기보다 유아 스스로 대처해볼 수 있는 시간을 준다.
- 협동놀이를 하고 있는 또래 집단에 장애 유아를 동참시키거나 교사와 장애 유아의 놀이에 일반 유아의 참여를 유도하여 또래와의 상호작용을 촉진한다. 이때 또래와의 놀이 속에서 "빌려줘", "고마워", "같이 놀자" 등과 같은 말로 의사를 표현할 수 있도록 한다.
- 활동을 마친 후 놀잇감을 제자리에 정리하게 함으로써 위치에 대한 인식과 정리하는 습관을 갖게 한다.
- 정리하는 시간을 나타내는 정해진 신호(음악, 소리)를 듣고 정리하도록 한다. 필요하면 정리시간을 신호로 알리기 전에 장애 유아가 미리 정리시간을 인식할 수 있도록 알려주어 정리를 준비할 수 있는 시간을 준다.
- 자유선택활동 시간에 지켜야 할 규칙들을 단순화하여 반복적으로 인식시켜줌으로써 유아들이 스스로 규칙을 지킬 수 있도록 한다.

4) 또래 상호작용 지도

장애 영유아들은 일반적으로 영유아들보다 성인들과 상호작용하는 것을 더 선호하는 경향이 있다. 일반 어린이집에서 장애 영유아들이 가질 수 있는 어려움들 중 하나는 많은 수의 또래가 자기 주변에서 왔다 갔다 하는 것으로, 장애 영유아들은 이것에 압도당하기도 하고, 위협을 느끼기도 한다. 장애 영유아들은 주변에 많은 영유아들이 있는 것과 자기 주변에서 계속적으로 변화하는 활동들을 잘 처리하지 못해 어려움을 가지기 때문에, 자유선택놀이는 장애 영유아들이 다른 영유아들로부터 안정감을 느낄 수 있게 하는 방법들을 찾아보는 것이 도움이 될 것이다.

(1) 여러 명보다 한 명의 또래와 상호작용 시작하기

만일 장애 영유아가 특별히 어떤 또래를 좋아한다면 그 또래가 놀이 파트너가 되도록 격려한다. 놀이에 성공적인 패턴이 자리 잡을 때까지는 같은 파트너와 놀이를 하도록 한 후, 점차 새로운 놀이 친구들을 소개해 나가는 것이 좋다. 그리고는 점차적으로 또래 수를 증가시킨다.

(2) 병행놀이로 시작하기

만일 장애 영유아가 또래가 자기 옆에 있는 것을 거부한다면 또래와 직접적인 상호작용을 하는 놀이보다는 병행놀이에 또래가 참여하는 것으로부터 시작한다. 그리고 또래를 장애 영유아로부터 어느 정도 떨어져 있게 한다.

(3) 영유아가 이미 참여하고 있는 활동에 또래 참여시키기

또래와의 상호작용을 촉진할 수 있는 하나의 간단한 방법으로 영유아 활동에서 순서 지키기 기회가 있는 게임을 계획하는 것이다. 예를 들어, 영유아가 북치기에 참여하고 있다고 하자. 또래들은 자기 순서가 아닐 때도 마구 북을 쳐서 친구의 북치기를 방해할 수도 있다. 장애 영유아들은 이러한 형태의 상호작용에 재미를 느낀다.

(4) 상호작용이나 협동을 필요로 하는 단순한 활동들 선택하기

공 잡기와 공 던지기가 상호작용을 하기에 적절한 놀이이다. 또한 협동을 요구하는 좋은 활동으로 성공 가능성이 있는 것은 무거운 것 운반하기나 탈것 함께 타기 등이 있다.

5) 장애 유형별 놀이 참여 지도

장애 영유아의 경우 일반 영유아에 비해 속도가 느리기는 하지만(독특한 유형을 발달하기도 하지만) 대체적으로 놀이의 발달 단계순서에 따라 놀이 활동이 발달한다. 발달지체 영유아의 놀이 활동 시 영유아가 놀이를 스스로 구조화하기 어렵기 때문에 성인-주도 활동이 포함된다. 교사는 부모나 양육자에게 놀이에 관한 적절한 정보를 제공해 주어야 하고 가족은 영유아가 놀이 시 실패를 경험하지 않도록 주의해야 한다. 일반적으로 장애 유형에 따른 발달의 특성이나 놀이의 형태를 보여주지만, 교사들은 개별적인 장애 영유아의 강점과 보완해 주어야 할 점을 고려하여서 장애 영유아의 개별적인 욕구에 적절한 놀이 지도 전략을 세워야 한다.

(1) 자폐성장애

① 놀이 특성

- 주로 혼자놀이를 한다.
- 주로 자기 자극적인 행동과 의식적인 행동을 한다.
- 또래놀이, 교구놀이 유도에 있어 많은 어려움이 있다.
- 언어능력의 지연으로 협동놀이나 상징놀이에 지체를 보인다.

② 놀이 지도

- 또래와의 놀이 촉진을 위한 환경을 구조화한다. 특히 또래와 놀 때에 또래가 시도했을 때에 적절하게 반응할 수 있게 지도하고 또래 교수를 통해서 또래에게 시도할 수 있게 지도하여야 한다.
- 또래와 같은 놀잇감으로 놀이 활동을 할 때에 또래가 놀이하는 것을 응시할 수 있도록 하며 적절하게 놀이하는 방법을 모방하도록 격려한다.

(2) 청각장애

① 놀이 특성

- 주로 또래들의 놀이를 관찰하거나, 모방하거나, 탐색한다.
- 혼자놀이, 상징놀이를 주로 한다.
- 본격적인 사회적 상호작용(연합, 협동놀이)가 이루어지기 어렵다.

② 놀이 지도

- 먼저 영유아의 보청기 등의 작동 상태가 양호한지를 점검하여야 하며 정기적으로 청력검사를 해서 보청기가 적절한지를 살펴보아야 한다.
- 놀이를 할 때에 주위에 소음이 있으면 말을 이해하는 데 어려움이 있으므로 가능한 조용한 장소에서 놀이 활동을 할 수 있도록 하여야 한다.
- 말하기 전에 영유아가 집중을 하고 있는지 살핀 후에 말을 하는 것이 좋으며 말하는 동안 교사의 얼굴을 볼 수 있도록 영유아의 눈 높이에 맞추는 것이 중요하다. 말은 정상적인 크기와 속도로 자연스럽게 말을 하고 과장되게 크게 입을 벌려서 말하는 것은 적절하지 않다.
- 서로의 눈을 마주보고 활동하는 상호적인(reciprocal) 게임이 이상적 활동이다.

(3) 의사소통장애

① 놀이 특성

- 언어 발달 지연을 보이는 경우 인지발달지체를 동반하는 경우가 많아 놀이가 단순하다.
- 제한적이고 반복적인 언어를 사용하여 놀이기술의 발달에 있어 늦은 속도로 발달한다(조기 교육과 놀이 경험이 중요).
- 획득한 언어를 사회적 상호작용 과정에서 사용하는데 어려움을 가진다.

② 놀이 지도

- 장애 영유아의 언어발달 수준을 잘 파악하여서 지도하여야 한다.
- 영유아를 부르거나 이야기를 하는 동안 눈 맞춤을 하도록 한다.
- 따라하기와 확장하기: 영유아의 옹알이나 발화를 그대로 따라하거나 새로운 단어나 생각을 첨가하여 다시 말하여 준다.
- 언급하기(설명해주기): 영유아가 놀이를 하는 장면을 말로 표현을 한다(예: 물을 뿌리네! 공이 떨어졌네!).
- 시범 보이기: 제스처, 소리, 발화 등을 영유아가 그대로 따라하게 한다.

(4) 지적장애

① 놀이 특성

- 놀이 발달은 대체적으로 지연된다.
- 상징 놀잇감보다 조작적인 놀잇감을 선호한다.
- 놀이의 습득을 위해 반복훈련이 요구된다.
- 말과 언어지체를 동반하고 놀이에 있어 지연의 원인이 된다.

② 놀이 지도

- 구체물이나 실물을 중심으로 놀이 기회를 제공한다.
- 직접 경험을 할 수 있는 감각 놀이 기회를 많이 준다.
- 게임이나 규칙이 있는 놀이 경우 단순화하여 지도 한다.
- 또래 교수를 통하여 또래가 반응을 많이 보이도록 한다.

(5) 지체장애

① 놀이 특성

- 놀이 활동에 참여하기 어렵다(접근성).
- 제한적인 놀이 형태를 보이기 쉽다.

- 또래 놀이 경험 부족으로 사회성 기술이 요구되는 놀이 참여가 어렵다.
- 도구를 사용하는 경우 개별적인 특성에 따라 어려움을 보인다.

② 놀이 지도

- 상호작용 놀이를 통한 운동성 향상의 기회를 체계적으로 제공하여야 한다.
- 놀이 환경과 놀잇감의 수정과 대안적인 도구들이 필요하다.
- 놀이를 할 때에 움직임, 근육조절을 최대로 할 수 있는 위치로 영유아를 옮기거나 위치를 잡아주기 위해서 받침대 위에 엎드리게 하거나 특별히 설계된 의자에 앉도록 한다.
- 양팔과 양손을 모두 사용 할 수 있다면 두 손을 모두 사용할 수 있게 격려하여야 한다(예: 면도용 크림을 가지고 양손을 이용하여서 문지르는 놀이).
- 만일 영유아가 보행이 불가능하고 손을 사용할 수 없다면 많은 활동을 발만을 사용하도록 변형할 수 있다. 예를 들면, 발로 그림 그리기, 발로 블록을 쌓기, 발로 인형을 가지고 놀기, 음악활동을 할 수 있게 발로 벨을 칠 수 있게 한다.

(6) 시각장애

① 놀이 특성

- 감각을 사용하는 탐색놀이는 시각장애 영유아에게 가장 본질적인 활동이다(예: 종이 소리 듣기).
- 시각 장애 영유아는 탐색하는 방법에 있어서 성숙할수록 사회적으로 적합한 행동을 습득한다.

② 놀이 지도

- 활동하고 있는 상황을 구체적으로 설명을 해준다. 주위에 있는 사물, 무슨 일이 일어나고 있는지, 다음에는 어떤 일이 일어날 것인지에 대해서 설명하고 묘사해 준다. "놀잇감이 저기에 있네!"와 같은 모호한 단어를 피하고 "공이

책상 아래에 있네!"와 같이 구체적인 설명을 해준다.

- 영유아에게 익숙한 사물에 대한 색깔, 밝기, 모양, 크기에 대해서 설명해 준다.
- 영유아가 소리에 대한 반응으로 움직이려고 하는 경우에는 칭찬해주고 격려해 주어서 놀잇감에 손을 뻗치거나 기어가거나 다가가려는 동기를 촉진시켜준다.
- 놀이를 할 때에 영유아가 방향을 찾을 수 있게 목소리나 음악소리가 나는 놀잇감을 이용한다.
- 놀이를 하는 동안 좋은 자세를 길러주기 위해서 영유아의 가슴 이상의 높이에 놀잇감을 놓아둔다(바닥에서 놀잇감을 가지고 놀고 주위환경을 보기 위해 머리를 들어 세우는 일이 별로 없기 때문에 등이 굽을 수가 있다).

3. 소집단 활동 참여 지도

소집단 활동은 장애 영유아가 쉽게 참여할 수 있는 환경을 조성하기 위해 집단의 크기를 조절해 주는 방법이다. 소그룹 활동은 똑같은 활동을 장애 영유아와 일반 유아에게 동일하게 제공하여 각각 공동이나 개별의 목표를 가지고 교사의 주도와 또래 주도의 방법을 적절하게 결합하게 된다. 일정한 시간 동안 구조화된 놀이 활동을 하면서 장애 영유아와 또래 유아가 강도 높게 상호작용을 할 수 있는 기회를 제공한다. 소집단 활동의 절차와 지도방법은 다음과 같다.

1) 대상 아동의 선정

장애 영유아와 일반 유아를 1:1 혹은 활동에 따라 1:2 또는 1:3 정도로 구성한다. 학기 초나 활동의 시작 단계에서는 장애 영유아에게 호감을 보이거나 교사의 제안을 잘 따르는 일반 유아를 선정하여 장애 영유아에게 적절한 시범을 보일 수 있도록 한다. 장애 영유아의 활동 참여도가 높아지면 일반 유아 중에 상호작용 기술이 부족한 유아를 정하여 두 집단 모두의 사회성 발달을 촉진할 수도 있다.

2) 활동의 선정

활동은 게임, 공동 작품, 역할 놀이, 현장 학습 등 다양하게 활용할 수 있다. 교실에서 주간교육계획안에 있는 활동을 진행하다가 유아들이 즐거워했던 활동을 반복해서 할 수도 있다.

3) 목표 정하기

상호작용을 증진 시킬 수 있는 기술을 구체적으로 계획한다. 활동에 요구되는 사회적 기술을 활동에 참여하는 유아 모두에게 적용할 수 있도록 공통적으로 기술하되, 개별 목표가 필요한 경우에는 유의하여 따로 계획한다. 목표는 자연스러운 상황에서 유용한 것으로 일반화의 목적을 가지고 설정해야 한다. 예상될 수 있는 일반 유아의 반응과 장애 영유아의 반응을 세분화하고, 또래가 시범을 보이는 상황도 구체적으로 계획한다.

4) 교수 활동 전개

유아에게 활동을 소개하고, 활동이 진행됨에 따라 적절한 시범을 보이거나 유아가 보여야 할 반응 행동을 신체적, 언어적으로 촉진해 주며 활동을 이끌어 나가야 한다. 또한 강화 계획도 구체적으로 계획하고 상황이 발생하였을 때 반드시 실행한다.

- 주 1회 정도로 요일을 정하여 실시하며, 한 활동 당 20~30분 정도의 시간을 배정한다.
- 등원 후 바로 활동하기보다 자유선택활동을 한 후에 활동 시간을 갖는다.
- 활동을 하기에 가장 적절한 장소를 선정하여 준비한다. 불필요한 자극을 없애고 활동에 필요한 단서를 준비한다(선, 반환점 등).
- 안전사고에 유의한다.

5) 평가

소집단 활동 후에 계획된 활동과 실제 진행 상황을 점검하고 다음 활동에 포함시켜야 할 내용을 검토한다. 장애 영유아의 경우 개별 목표에 대한 성취 정도를 알아보고, 일반 유아의 경우도 활동 과정에서 보여준 참여도나 장애 영유아와의 상호 작용 정도 등을 평가해본다.

4. 대집단 활동 참여 지도

1) 수정과 조정

'Building Blocks Model'([그림 4-1])의 1단계인 질 높은 일반 교육과정은 모든 영유아를 위한 질적인 교육과정을 의미하며 이를 기반으로 하는 2번째 단계에서는 장애 유아를 위한 조정과 수정 방안을 모색하여 활동에 대한 참여 계획을 수립하여야 한다.

조정과 수정 방안으로 제시된 것은 예시로 계획된 것 이므로 활동이 진행되는 실제 상황이나 개별 장애 유아나 활동에 참여하고 있는 일반 유아들의 반응 정도(참여도) 등을 고려하여 계획안을 그대로 재현하지 않아도 된다.

삽입학습기회는 개별 장애 유아의 개별화교육프로그램(IEP)의 발달 목표가 진행되는 일과와 활동에 더욱 구체적으로 삽입되는 것이고 직접 교수는 교사의 구체적인 말과 행동 등의 교수 촉진이므로 개별화교육프로그램의 개별 장애 영유아의 목표에 따라 구체화되어야 한다.

〈표 4-6〉 조정과 수정의 유형

<table>
<tr><th>유형</th><th>정의</th><th>방법</th></tr>
<tr><td rowspan="2">환경적 지원</td><td>물리적, 사회적, 시간적 환경을 바꾸어 참여를 촉진시킴</td><td>물리적 환경 변화시키기
사회적 환경 변화시키기
시간의 구성 및 환경 변화시키기</td></tr>
<tr><td colspan="2">• 청각장애아의 자리를 입 모양이 잘 보일 수 있는 앞쪽 중앙으로 배치
• ADHD 유아를 위해 이야기 나누기 수업을 10분 단위로 나누어 진행
• 활동 자리에 사진 또는 그 외의 시각적 단서로 표시해 주기</td></tr>
<tr><td rowspan="2">자료 수정</td><td>자료의 수정을 통하여 가능한 최대로 독립적 참여를 가능하게 함</td><td>자료를 크게 만들거나 밝게 만들기
자료 고정 시키기</td></tr>
<tr><td colspan="2">• 약시 유아에게 제시되는 문자 과제를 2-3배 확대해서 제시해 주기
• 색칠하기가 아직 어려운 유아에게 쉽게 그려지는 도구 제공</td></tr>
<tr><td rowspan="2">활동의 단순화</td><td>단계의 순서를 줄이거나 과제 단위를 작은 단위로 나누어 간단하게 과제를 수행할 수 있도록 함</td><td>난이도를 낮추기
과제별 단계의 수를 낮추거나 바꾸기</td></tr>
<tr><td colspan="2">• 여름 과일 접기 10단계 색종이 접기를 자애유아는 5단계로 줄여 제시
• 작은 그림 오려서 풀로 붙이는 작업 대신에 스티커 제시</td></tr>
<tr><td rowspan="2">선호도 이용</td><td>과제 수행이 어려울 경우 아동의 선호도를 파악하여 과제와 함께 접목시킴</td><td>좋아하는 놀잇감 갖기
좋아하는 활동 이용
좋아하는 사람 이용</td></tr>
<tr><td colspan="2">• 색칠하기 활동 시 아동이 선호하는 만화의 캐릭터 활용하여 색칠하기 지도
• 색 변별 활동 지도 시 좋아하는 신체활동 이용하여 지도(색깔 유니바)</td></tr>
<tr><td rowspan="2">특수한 장비</td><td>참여를 증가시키거나 참여의 수준을 높이기 위해 특수 장비나 수정 장비 고안</td><td>특수장비를 이용하여 접근성과 참여 증진</td></tr>
<tr><td colspan="2">• 뇌병변 아동에게 특수의자 지원
• 식사 시 옆으로 잡을 수 있는 특수 숟가락 제시</td></tr>
<tr><td rowspan="2">성인의 지원</td><td>성인의 개입으로 참여나 학습을 지원함</td><td>시범보이기
함께 놀이에 참여하기
강화해주기</td></tr>
<tr><td colspan="2">• 화장실 사용 "바지 내려야지"(언어적 촉진), 함께 내려주기(신체적 촉진)</td></tr>
<tr><td rowspan="2">또래 지원</td><td>또래의 도움을 이용하여 목표를 성취함</td><td>시범보이기
도우미 역할 하기
강화해주기</td></tr>
<tr><td colspan="2">• 도우미로 또래가 도움을 주거나 잘했다고 친구를 격려해주는 행동</td></tr>
<tr><td rowspan="2">보이지 않는 지원</td><td>계획된(의도적) 자료배치 및 배열과 진행되는 활동 참여를 자연스럽게 하기</td><td>순서바꾸기
보육과정 영역 내에서 활동 순서 정하기(일과 구성)</td></tr>
<tr><td colspan="2">• 선호 교구를 눈에 보이나 닿지 않는 곳에 두어 요구하게 함
• 동적인 활동과 정적인 활동의 균형 이루어 일과 구성</td></tr>
</table>

출처: 이소현(2003). 유아특수교육. p.579.

TIP

지체 장애 유아를 위한 조정과 수정 방법의 예

♧ 이야기 나누기

- 유아들은 바닥보다는 의자에 앉도록 하여 휠체어를 탄 유아와 눈높이가 같게 한다.
- 유아가 의사소통에 어려움이 있으면, 그림판을 제공하여 노래나 이야기를 선택하거나 달력 질문에 대답할 수 있게 해 준다.
- 장애 유아가 나오는 이야기를 읽어 준다.
- 상호작용이 필요한 가사로 수정하여 또래와의 상호작용을 증가시킨다. "우리 모두 다 같이 친구를 안아 줘, 또는 손을 마주쳐" 등.

♧ 미술

- 그림 그릴 다양한 표면을 가진 자료를 제공한다. 테이블이나 이젤 대신 종이를 벽이나 냉장고 또는 마룻바닥에 붙여 준다.
- 이젤의 다리를 자른다. 어떤 유아는 무릎을 꿇거나 낮은 의자에 앉는 것이 더 편할 수 있다.
- 유아의 손이나 손목에 붓을 묶어 주기 위해 벨크로나 끈을 사용한다.
- 손가락이나 발, 다른 신체부위를 이용하여 그림을 그리도록 격려한다.
- 손을 빨아도 문제가 되지 않도록 식용 물감(젤리와 물, 푸딩, 마시멜로우 크림)을 사용한다.

♧ 자유선택활동(조작 영역)

- 퍼즐조각들에 큰 손잡이를 부쳐서 퍼즐을 수정한다.
- 청각적 자극이 있는 퍼즐을 제공한다(퍼즐 조각을 제자리에 꽂으면 음악이 나온다).
- 큰 조작놀이 자료를 제공한다. 유아가 더 능숙하게 그 자료들을 사용하게 되면 작은 자료로 대체해 준다.
- 자료가 테이블이나 판에서 미끄러지지 않도록 벨크로를 사용한다.

♧ 자유선택활동(역할 영역)

- 크고 잡기 쉬우며 조작하기 쉬운 자료들을 포함한다.
- 정리하기 쉽게 해 주기 위해 선반에 그림과 단어로 자료의 이름을 붙여 준다.

2) 활동 별 대집단 참여 지도

(1) 동화와 동극

동화·동시·동극은 유아의 언어적 표현능력과 신체적 표현능력을 증진시킬 수 있는 활동이다. 장애 유아가 교실에서 전개되어지고 있는 주제를 보다 쉽게 인식하고 주제에 따른 활동에 참여하는데 도움을 줄 수 있다. 특히, 동극을 적극적인 참가자로서 또래와의 활발한 상호작용을 할 수 있는 좋은 기회가 된다.

① 동화

- 동화의 내용을 선정할 때에 흥미롭고 단순명쾌하며 실제적인 것들을 선정한다.
- 활동 전 자유선택활동 시간을 이용하여 도서영역에서 미리 동화를 들려준다. 이때 등장인물과 등장인물이 하는 말, 특이한 의성어, 의태어를 강조하여 준다.
- 같은 내용의 동화책과 동화자료를 제공하여 반복적으로 경험할 수 있게 한다.
- 동화의 재미를 알게 하고 집중력을 높일 수 있도록 다양한 자료(테이블 동화, 그림자영상동화 등)를 활용한다.

② 동극

- 유아가 무대의 위치, 입장·퇴장의 위치를 정확히 인식하도록 돕는다.
- 내용을 회상하고 대사를 인식하는 활동 시 장애 유아에게 시범적으로 말할 수 있는 기회를 많이 제공하거나 2~3번 반복하여 유아가 내용과 대사를 인식할 수 있도록 돕는다.
- 언어에 지체를 가진 유아의 경우 단순한 의성어로 표현하는 기회부터 제공한다.
- 분장을 거부하는 유아의 경우 분장을 수용 가능한 수준으로 바꾸거나 분장의 정도를 줄여준다.
- 역할을 정할 때에 유아들에게 선택권을 주되 자신의 의지를 표현할 수 없거나 적극적으로 선택하지 못하는 장애 유아의 경우에는 교사가 역할을 지정해 준다.

- 같은 동극을 여러 번 반복하여 실시함으로써 장애 유아에게 전체적인 극의 흐름과 자신의 역할을 인식할 수 있는 시간을 주어 자신있게 활동할 수 있도록 도울 수 있다. 이때에 대본을 가정에 보내어 가족과 함께해 보고 오도록 한 후에 재공연하면 효과를 더욱 증대시킬 수 있다.
- 동극이 익숙해지면 장애 유아에게도 비중있는 역할을 수행할 기회를 주어 장애 유아에게는 자신감을, 일반유아들에게는 장애 유아에 대한 새로운 인식의 기회를 줄 수 있다.
- 동극 후 역할놀이 영역에 동극소품과 대본을 제공하여 유아들이 다양한 역할을 개별적으로 인식할 수 있는 기회와 극 놀이를 더 친근하게 접근할 기회를 준다.

(2) 음률 활동

- 음률활동은 장애 영유아에게 있어 가장 즐겁고 적극적으로 참여할 수 있는 활동으로 학습적인 분위기에서 벗어나 또래와 함께하는 즐거움을 느낄 수 있는 활동이다.

① 노래부르기

- 참여하지 않는 장애 유아의 경우 일반유아 2~3명과 함께 자리에 일어나서 부르게 하거나 앞으로 나와서 부를 수 있는 기회를 제공한다.
- 언어지체를 가진 유아의 경우 많이 들을 수 있는 기회를 제공하고 전체 곡을 다 부르는 데에 초점을 맞추기보다 표현 가능한 부분을 부르도록 하여 참여를 이끈다(예: 의성어, 의태어부분 '쿵쿵', '삐약삐약').

② 신체표현

- 혼자서 하는 표현보다 또래와 함께 하는 활동을 많이 계획한다.
- 또래와 얼굴을 마주보고 신체적인 접촉의 기회가 최대화 될 수 있도록 이끈다.
- 집단에서 떨어져 있는 장애 유아의 경우 교사가 손을 잡고 표현하도록 하며

학기 초가 지난 후에는 지원하는 또래 1~2명과 함께 표현하도록 돕는다.

- 장애 유아의 단순하고 의도적이지 않은 표현이라도 격려하며 모두 함께 따라 해보는 것과 같은 활동으로 참여의 질을 높인다.

③ 악기 놀이

- 여러 종류의 악기 제공 시 악기를 충분히 탐색할 수 있는 기회를 제공한다.
- 악기를 스스로 선택할 수 있는 기회를 주고 악기가 너무 많아 선택이 어려운 유아의 경우 선택의 폭을 2~3개로 줄여준다.
- 장애 유아가 익숙하게 다룰 수 있는 악기부터 제공한다.
- 악기 연주시간을 싫어하거나 거부하는 유아의 경우 싫어하는 특정소리가 있어 거부하거나 짜증을 내는 경우가 있으므로 원인을 살펴 수정하여 준다.

(3) 게임

- 팀과 짝을 정할 때 유아의 수준을 고려하여 균형있게 배치한다.
- 학기 초 장애 유아의 능력 수준을 고려하여 쉽게 수행할 수 있는 것으로 계획한다(단체게임, 짝게임).
- 게임 이해를 위해 시범을 충분히 실시하며 두 번째 시범경기에 장애 유아를 시범단으로 참여시킨다.
- 릴레이 경기에 장애 유아를 끝에 배치되지 않도록 유의하여 일반유아가 승부를 내도록 한다.
- 장애 유아가 경기자로 뛸 때에 응원이 더 활발히 이루어지도록 격려한다.

(4) 실외활동

교실에서 벗어나 자연 속에서 놀이하면서 유아는 대근육의 발달을 이루고 닫힌 공간에서는 발현할 수 없는 욕구를 맘껏 표출하면서 활동의 영역을 넓히는 계기를 갖게 된다. 이 때 주변의 공원이나 산책로 등의 지역사회를 많이 활용하는 것이 좋다.

① 장애 영유아의 어려움

- 자신의 물건 스스로 챙기는데 도움이 필요하다.
- 넓은 놀이 공간에서 이탈하려는 욕구가 크다.
- 또래의 활발하고 급진적인 놀이형태에 참여하지 못한다.
- 운동능력이 떨어지는 유아의 경우 놀이기구 사용에서 제한되는 점이 많다.

② 지도 내용

- 실외활동으로의 전이 시 짝꿍을 정하여 함께 이동하도록 한다.
- 짝꿍을 선택할 때 유아 스스로 짝꿍을 선택할 기회를 준다. 이 때 장애 유아도 짝꿍을 선택할 수 있도록 하고 "○○야, 같이 가자" 등의 사회적 언어표현의 기회도 동시에 제공한다.
- 옷이나 신발 등 자신의 소지품을 스스로 인식하여 챙길 수 있도록 한다.
- 옷이나 신발을 착용할 때 단추 채우기나 지퍼사용, 신발의 좌·우 인식 등을 스스로 할 수 있도록 지도한다.
- 또래들이 함께 모여서 줄을 설 때 자시의 자리를 이탈하지 않고 다른 또래들이 모두 수행할 때까지 기다리도록 한다.
- 일반 유아와 장애 유아가 서로 짝꿍을 인식하여 함께 놀이하도록 약속을 정해 상호작용을 유도할 수 있다.
- 실외 놀이기구 중에 유아들이 선호하는 기구를 선택하여 집단놀이를 제안하여 활발한 놀이 참여를 유도할 수 있다.
- 넓은 공간에서 모이는 신호를 정확히 들을 수 있도록 큰 신호음을 이용한다. 신호를 들은 유아들이 각자 짝의 손을 잡고 모이도록 하여 장애 유아의 신호의 규칙 인식과 짝꿍에 대한 애착을 높일 수 있다.

대문놀이

장애 9-2-⑪	5세
9월 세계 속의 우리나라	2주 우리나라와 문화유산
오후자유선택활동	바깥놀이

목표	**가 수준**
	• 친구와 함께 줄지어 이동할 수 있다. • 친구 손을 잡고 문지기 역할을 할 수 있다.
	나 수준
	• 문지기와 문으로 들어가는 역할 중에서 하고 싶은 역할을 선택하여 참여할 수 있다. • 함께 손을 잡고 문지기 역할을 하고 싶은 친구에게 "같이 하자"라고 말할 수 있다.
누리과정 관련요소	• 신체운동 · 건강〉신체활동에 참여하기〉바깥에서 신체활동하기〉규칙적으로 바깥에서 신체활동을 한다. • 의사소통〉듣기〉동요, 동시, 동화 듣고 이해하기〉동요, 동시, 동화를 다양한 방법으로 듣고 이해한다. • 사회관계〉나를 알고 존중하기〉나의 일 스스로 하기〉하고 싶은 일을 계획하고 해본다.

가. 활동 자료: 악보, '대문놀이' 전래동요, 대문놀이 노래판
　가 · 나) 입체북(대문놀이)-한국어린이 육영회, 그림카드(기와집, 대문, 열쇠, 문지기 등)

나. 활동 방법
1. 대문놀이 전래동요를 들어본다.
   가-1. 대문놀이 전래동요에 나오는 그림을 보면서 동요를 듣는다.
   나-1. 대문놀이 전래동요를 듣고 기억나는 단어를 말해본다(문지기, 문, 열쇠 등).

2. 두 편으로 나누어 한 소절씩 문답식으로 불러본다.
   가-1. 교사와 같은 편이 되어 시범을 보인다.
   가-2. 문지기와 문으로 들어가는 역할을 번갈아 가면서 참여한다.
   나-1. 문지기와 문으로 들어가는 역할 중에 하고 싶은 역할을 선택해본다.
   나-2. 선택한 역할의 소절을 교사를 따라 한 단어씩 불러본다.
3. '대문놀이' 방법을 알아본다.
   가-1. 짝이 되고 싶은 친구를 선택한다.
   가-2. 대문놀이하는 방법에 대한 설명을 듣는다.
   나-1. 앞, 뒤를 이해하여 "**뒤에, @@앞에 서요"라는 지시에 따라 자신의 자리를 찾아 선다.
   나-2. "앞에 어떤 친구가 섰으면 좋겠어?", "뒤에 어떤 친구가 있으면 좋겠어?"라는 질문에 친구 이름을 말해본다.

[문지기 역할]

[문으로 들어가는 역할]

4. 실외에서 즐겁게 '대문놀이'에 참여한다.
   가-1. 문지기 역할을 할 때 함께 손을 잡고 싶은 친구의 이름카드를 집는다.
   가-2. 녹음된 노래를 틀어 놓고 대문놀이를 한다.
   나-1. 함께 손을 잡고 문지기 역할을 하고 싶은 친구에게 "같이 하자"라고 말해본다.

다. 활동의 유의점
- 어깨에 손을 올리는 것을 싫어하는 유아는 허리를 잡거나 옷을 잡는다.
- 움직임이 불편한 유아의 경우 같이 휠체어나 의자에 앉아 문지기 역할을 한다.

라. 활동 평가

가 수준
• 친구와 함께 줄지어 이동할 수 있는가? • 친구 손을 잡고 문지기 역할을 할 수 있는가?
나 수준
• 문지기와 문으로 들어가는 역할 중에서 하고 싶은 역할을 선택하여 참여할 수 있는가? • 함께 손을 잡고 문지기 역할을 하고 싶은 친구에게 "같이 하자"라고 말할 수 있는가?

마. 확장 활동
- 가족과 동대문 놀이, 우리 집에 왜왔니? 등 몸을 움직이는 놀이를 해 본다.

[그림 4-2] 실외활동 계획안의 예

출처: 보건복지부(2012). 장애아 보육프로그램. pp.244-245.

5. 행사 참여 지도

1) 현장학습

- 장애 영유아는 새로운 외부 환경에 나갈 때 환경적응과 이동에 어려움이 있음을 고려하여 활동을 계획한다.
- 평소에 잘 도와주거나 관심을 보였던 일반 유아를 장애 유아의 짝꿍으로 정해 주어 이동하거나 활동할 때 함께 하도록 한다.
- 새로운 환경에 적응하기 어려워하는 유아의 경우 가정연계 프로그램을 통해 미리 가보도록 하여 활동의 참여도를 높인다.
- 환경에 따라 부적응 행동을 보이는 장애 영유아를 고려하여 충분한 정보를 미리 숙지하고 안전사고에 대비하여야 한다.

2) 발표회

- 보육과정 속에서 열심히 배우고 자랑하고 싶은 것을 무대에서 뽐낸다.
- 친구들 앞에서 동요/동시/율동/기악연주/체육 등 자신이 하고 싶은 것을 신청하여 혼자 하기도 하고 3-6명이 함께 참여하기도 한다.
- 장애 유아는 제일 잘하는 것을 뽐내도록 하며 혼자 표현하지 못하는 유아의 경우 또래들과 함께 하여 또래의 도움을 받거나 모방하여 표현한다.
- 여러 사람들 앞에 서 보는 기회를 제공함으로 자신감을 증대시킨다.
- 또래와 함께 하는 즐거움을 느끼고, 장애 유아도 적극적인 참여를 통해 스스로 자신감을 키운다.
- 일반 유아들은 장애 유아도 할 수 있다는 장애 유아에 대한 긍정적인 인식을 가지게 되는 기회가 된다.

TIP

'작은 음악회' 이렇게 해보세요.

- 성탄절 축하 잔치의 일환으로 온 가족이 함께 참여한다.
- 각 반에서는 한 해 동안 배운 것 중에서 부모님께 자랑하고 싶은 내용을 유아들과 함께 의논하여 정하고 함께 연습하여 최고의 모습을 무대에서 보여준다.
- 다양한 발표활동에 장애 유아의 인원을 적절하게 배치한다.
- 가족들 중 특기(악기연주, 노래)를 갖고 있는 가정은 함께 참여하도록 권장한다.
- 장애 유아가 하게 될 발표를 가정에서도 연습할 수 있도록 지도방법과 활동자료(녹음테이프)등을 보내어 가정과 연계한다.
- 장애 유아가 자연스럽게 통합되어 이루어진 발표를 보여주므로 통합교육의 긍정적인 면을 온 가족이 함께 공감할 수 있는 장이 된다.

CHAPTER 05

일과중심 발달 지도

1. 자조기술(신변처리) 지도

1) 식사지도

이 장에서는 발달장애 및 지체장애 아동을 더 잘 다룰 수 있는 매일 매일의 일상생활 전반적 부분에 대한 지침을 제공한다. 자조기술이란 아동이 매일의 생활 중에 필요한 기능으로, 개인이나 가정생활 뿐 아니라 사회 구성원으로 생활하기 위해 필요한 기본적인 활동을 의미하는 것이다. 이는 특수교육 교육과정에서 생활기술 교육과정에 해당하는 것이며, 기능적인 내용이면서 일상생활에 필요한 기술을 습득하고 나아가 지역사회에서 생활기술의 기초가 된다.

(1) 식사도구사용 지도

- 숟가락 사용은 음식을 떠야 하는 그릇의 형태와 크기 그리고 담긴 음식의 종류에 따라 지도 내용이 달라져야 한다. 한 번에 힘주어 숟가락 가득 담아야 하기도

하고, 그릇을 긁어서 음식물을 모아 담을 수 도 있어야 한다. 국물을 흘리지 않도록 입으로 가져가야 하는 과제와 점도가 높은 밥을 떠서 입에 넣는 과제는 분명히 요구되는 기술이 달라지게 된다.

- **음식을 먹여줄 때**: 숟가락을 똑바로 입안에 들여보내고 혀를 견고하게 약간 아래로 눌러준다. 이 압박은 자주 윗입술을 아래로 끌어당기도록 자극할 수 있다. 윗입술이 내려오도록 안쪽에 숟가락이 있는 몇 초 동안 기다려야 한다. 영유아가 식사시간 동안 정확히 숟가락을 이용해 윗입술을 사용하는 것을 가르치도록 한다.
- **식사 보조도구**: 숟가락과 젓가락 모두 기능은 부족하나, 스스로 먹을 수 있는 성취감을 주기 위하여 다양한 모양의 보조도구들이 나왔다. 그러나 휘어진 숟가락과 손잡이 링이 끼워져 있는 젓가락들은 점차 일반 도구들로 넘어가는 중간 과정으로 쓰여 지기를 바란다. 보조도구를 사용하여 능숙하게 식사를 하더라도 일반도구로의 전이교육이 계획적으로 입력되지 못하면 일반 도구를 사용하는 근육이 발달하기는 어렵다.

TIP

교정용 젓가락 사용

젓가락 사용에서 많은 부모님이 교정용 젓가락으로 아이가 훈련되기를 원한다. 하지만 발달장애 영유아가 밥을 숟가락으로 떠먹고 다시 도구를 바꾸어 젓가락으로 반찬을 집어 올려 먹기를 반복해야 하는 한식 식단에서는 손가락을 구멍마다 찾아 넣어야 하는 젓가락은 매우 불편한 도구이다.

휘어지는 숟가락

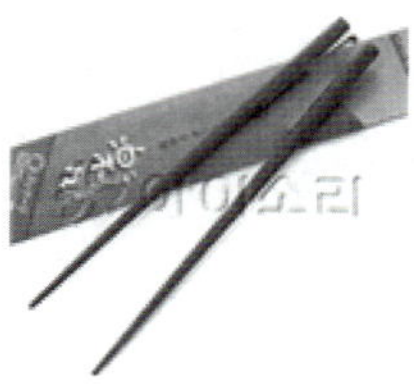

집게형 젓가락

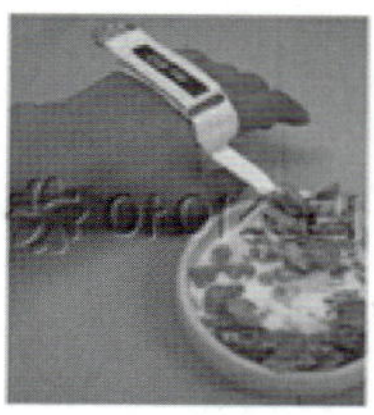

유텐실 홀더

[그림 5-1] 다양한 형태의 식사 보조도구
출처: 아이소리 몰(www.isorimall.com)

그림의 '휘어지는 숟가락'은 목 부분이 휘어짐으로 인하여 숟가락을 입에 넣어야 하는 데에 필요한 목과 입의 부족한 동작을 보완하여 주게 되며, 손잡이를 두껍게 감싸주어, 작은 숟가락을 잡기 힘이든 영유아가 잡을 수 있게 해 준다. '집게형 젓가락'은 윗부분이 연결되어 있는 집게 형으로, 손 전체에 힘을 주어 입까지 음식물을 넣을 수 있도록 도와주는 보조도구이다. '유텐실 홀더'는 숟가락과 포크-를 바꾸어 끼울 수 있는 보조도구로서 손의 크기에 맞추어 크기 조절도 가능하다.

- **컵으로 마시기** : 작은 볼 형태나, 경사로 잘라진 컵이 사용된다. 여과된 과일이나 푸딩 같은 액체가 자주 사용될 수 있으며, 과일 넥타나 커스타드 와 우유의 혼합제품 또는 아이스크림과 우유가 또한 편리하게 이용된다. 머리를 정확히 정렬하고 구강을 조절하는 것이 필요하며 액체는 천천히 삼키게 하고 윗입술을 자극한다. 만일 촉각적 반응이 정상적으로 나온다면, 액체에 대한 자극이, 특히 액체가 차다면 윗입술이 아래로 움직이는 것이 촉진될 것이다.

[그림 5-2] 경사지게 잘라진 컵

TIP

컵을 사용하여 음료 마시기를 지도할 때의 유의사항

- 처음에는 물이나 맑은 음료보다는 걸쭉한 상태의 음료를 이용하여 지도한다.
- 보통 음료의 농도에 가깝게 조금씩 묽게 한다.
- 처음에는 컵을 아동의 얼굴에 가까이 접근시킨 후 순가락을 사용하여 음료를 떠서 먹게 한다.
- 이것이 습관화된 후 순가락으로 음료를 입에 넣을 때 동시에 컵이 입술에 닿게 지도한다.
- 위의 과정이 익숙해지면 컵에 입을 대고 천천히 마시게 한다.
- 컵에 음료를 조금만 담아 준 뒤 컵을 쥐는 방법을 가르친다.
- 음료를 마시기 위해 고개를 들었을 때 몸의 균형을 잃는 아동의 경우에는 컵의 윗부분이 대각선으로 자라라진 형태의 컵을 사용한다.

출처: 박은혜 · 김정연(2010), 지체장애영유아 교육, 학지사, 335.

- **빨대 :** 빨대로 마시기는 영유아가 컵으로 액체를 삼킬 수 있게 된 다음에 가르쳐 주어야 한다. 이때, 조금씩 적용해야 입술 닫기에 효과적이다. 빨대를 치아의 바로 앞에, 아랫입술에 대고 빨도록 한다. 좀 더 큰 빨대로 입을 좀 더 벌리게 하고 더 안쪽 면으로 넣어 자극하게 된다.

(2) 편식지도

낯선 음식에 대한 거부감은 다른 친구들이 먹는 모습을 보면서 점차 거부감을 없앨 수 있게 되고, 입안에 들어왔을 때 싫은 느낌이 드는 질감으로 인한 거부반응은 양치질이나, 구강 마사지 등을 통해 점차 둔감화 시켜야 한다. 맛과 냄새에 대한 거부반응은 잦은 재료에 대한 탐색시간을 확보하여 주는 요리활동과 감각놀이 활동에서 미세한 차이를 찾아내는 훈련을 반복하면 점차 나아질 수 있다.

TIP

편식지도

편식에 대한 부분은 시각적, 촉각적, 미각과 후각으로 나누어 정확한 원인을 살펴 주어야 지도계획을 세울 수 있다. 입으로 싫어하는 물질을 받아들이는 과정은 생각보다 어렵고 힘든 여정이다. 서두르면 다른 문제행동이 증가할 수 있으므로, 여타의 지도내용 중 가장 시간여유를 많이 두고 지도해야 한다.

(3) 삼킴장애 식사지도

- 삼킴장애란 음식물을 입안에서 충분히 씹고 삼키는 과정에서의 기도흡입에 관련된 문제로, 음식물을 식도로 삼키는 과정에서 여러 가지 이유로 연구개가 기도를 막아주지 못하는 장애이다. 음식물이 삼키는 과정에서 기도로 들어가는 것 그것을 사래들임이라고 말한다. 음식물이 기도로 들어가면 기침이나 재채기를 이용하여 다시 구강으로 보내고 식도로 삼키거나 뱉어내야 한다.

TIP

씹기를 거부하거나 씹지 못하는 아동의 지도

- 구강 내 과민도, 고형 음식을 삼키는 행동 목젖에 닿을 때의 행동 등 삼키는 행동을 관찰한다.
- 아래턱의 조절 기능, 충치, 잇몸의 염증, 어금니의 유무 등 삼키는 기능을 평가한다.
- 생후 6~8개월이 될 때까지는 씹는 것에 대한 준비가 되어 있지 않을 수 있으므로 인지능력을 살펴본다.
- 씹기 시작하기 전에 걸쭉한 음식, 작은 덩어리가 있는 음식 삼키기를 먼저 지도한다.
- 작은 고기 조각이나 육포 등을 어금니 양쪽에 번갈아 놓아주어 씹는 운동을 지도한다.
- 씹을 때 소리가 나는 과자를 이용하여 씹는 운동을 자극한다.
- 아동의 아래턱을 이용한 상하운동과 회전운동을 보조하여 준다.
- 닭고기나 생선 등의 연한 고기부터 시작하여 점차 씹기 어려운 음식으로 바꾸어 준다.

출처: 박은혜 · 김정연(2010), 지체장애영유아 교육, 학지사, 334.

- 목을 제대로 가누지 못하거나 근 긴장도에 이상이 있는 뇌병변 영유아의 경우에는 머리와 몸의 자세에 따라 기도로 들어간 음식물 때문에 기관지나 폐의 염증이 진행되기도 한다. 그러므로 식사동안의 바른 자세를 유지하여, 삼킴장애 영유아의 바른 식사가 이루어 질 수 있도록 해야 한다.

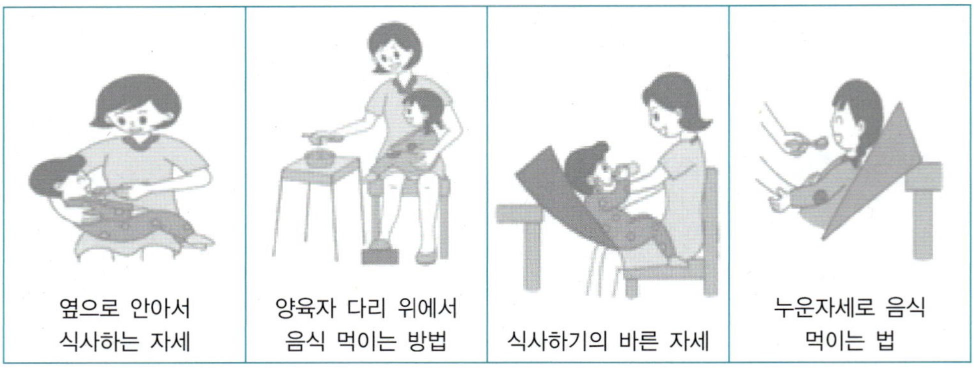

[그림 5-3] 삼킴장애 영유아의 식사를 도와주는 바른 자세

출처: 국립특수교육원(2016). 양육길라잡이(5) 뇌병변. p.51.

TIP

침 흘리기

- 침을 흘리는 문제행동은 여러 가지 원인을 조사하고 지도계획을 세워야 한다. 걸음이 불안정한 영유아는 온 몸에 체중을 중력으로부터 이겨내려는 노력을 온 몸으로 해야 하므로, 자연히 입도 벌어져서 침이 흐르게 된다. 이 경우는 보행이 안정되고 전신의 근력이 발달하면 저절로 해결 된다.
- 턱관절에 힘이 없어서 자주 입이 벌어져 있기도 하다. 이 경우는 질긴 음식씹기 훈련이나 턱 마사지로 효과를 볼 수 있다. 입안에 소량의 액체가 고였을 때, 삼킬 수 있는 정도의 자각능력이 떨어져서 흘리기도 한다. 이 경우는 소량의 액체를 입에 넣어주고 '꿀꺽' 삼키는 연습을 시켜 주어야 한다.
- 턱이 젖어있는지 말라있는지에 대한 자각이 떨어져서 침이 흐른 상태에서도 닦을 생각을 못하기도 한다. 이 경우에는 턱에 물을 묻히고 닦고 마른 상태를 반복하여 흐를 때 스스로 닦을 수 있도록 지도한다.

2) 화장실 사용지도

(1) 양치질지도

- 양치질은 입안에 익숙하지 않은 질감의 도구가 들어가서 이리저리 움직이며 거친 움직임을 반복하므로, 유쾌하지 않은 일임을 이해해 주어야 한다. 많은 발달장애 영유아들이 스스로 양치질을 깨끗이 한다의 문제가 아니라, 양치질을 거부한다의 문제가 더 어려운 일이다. 영아용 양치도구를 보면, 다양한 형태의 브러쉬가 있다. 유치가 거의 나온 영유아 치아의 상태는 물론 그러한 칫솔이 부적절하겠지만, 다양한 도구를 가지고 시도하여, 영유아의 칫솔 촉감에 대해 받아들일 수 있는 기회를 주어야 한다.
- 물을 입에 머금어 헹구고 뱉어내는 과정도 이해가 어려운 과정이다. 대부분의 유아용 치약은 달콤한 향이 나기 때문에 많은 아이들이 칫솔을 빨아먹기도 한다. 인내심을 가지고 반복 지도하여야 하는 과제들이다.

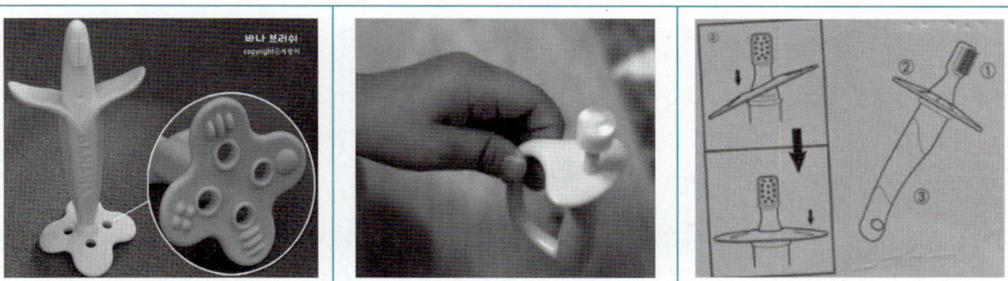

치발기형 칫솔로 아동이 물고 씹어도 잇몸과 치아에 무리가 가지 않는다.	360도 칫솔모가 있어서 아동이 스스로 양치가 가능해 짐	영유아가 칫솔을 깊이 넣지 않도록 안전 디스크가 끼워진 칫솔

[그림 5-4] 다양한 형태의 식사 보조도구

출처: 블로그(http://blog.naver.com/0sacura11/220283675300)

(2) 대소변 가리기 지도

소변기와 대변기 사용의 문제는 크게 두 가지로 나눌 수 있다. 참았다가 배출할 수 있는 준비가 되었는가와 변기에 배출하는 것에 대한 거부가 있는가이다.

- 첫 번째는 영유아의 대소변 간격을 보고 식사량과 식사의 내용물에 영향을 많이 받으므로, 일정기간 식사내용과 양 특히 음료의 양을 대소변 횟수와 양을 같이 살펴 주어야 한다. 이때에는 지나친 음료섭취(특히 우유의 양)를 제한하고 최소 두 시간 정도의 간격으로 기저귀를 적실 때 영유아의 소변기 사용을 준비할 때이다.
- 두 번째로 변기사용의 어려움은 의사소통부터 시작된다. 변기가 매우 근접하여 있어서, 영유아 스스로 변기에 배출하려는 시도를 하기도 하지만, 늘 변기가 옆에 존재하는 것은 아니다. 결국은 뇨의와 변의를 느끼고 의사를 표현할 수 있어야 실수를 하지 않게 된다. 처음에는 참고 있는 행동을 관찰하여 '쉬', '응아' 등의 간단한 표현을 연습하기, 변기 사진을 가리키기 등의 의사소통 대체도구를 이용하기도 한다.

TIP

변기 거부

대변기의 변기 거부의 경우는 교정하는 데에 시간이 오래 걸린다. 변기에 앉았을 때 느껴지는 서늘함, 물이 요란한 소음과 함께 내려가는 모습 등은, 새로운 자극에 노출되는 것에 익숙하지 못한 발달장애 영유아들에게는 매우 어려운 과제이다. 많은 발달장애 영유아들이 구석진 곳을 찾고, 벗고 있던 기저귀를 찾기도 한다. 우연한 성공의 기회로 영유아는 이 어려운 순간을 넘어서게 되지만, 이 우연한 성공은 교사의 부단한 관찰과 노력이 만들어 내는 것이다.

- 지체장애 영유아는 변기 사용하는 자세가 편안해야만 근 긴장도로 인한 배뇨 배변장애가 오지 않을 수 있다. 자세가 편안하면 괄약근 이완도 가능해 지고 배출하는 시간도 단축된다. 아래의 변기그림들은 배변을 하는 동안 영유아의 양 손을 고정하여 머리가 앞으로 숙여지고 몸통이 안정될 있게 된다.

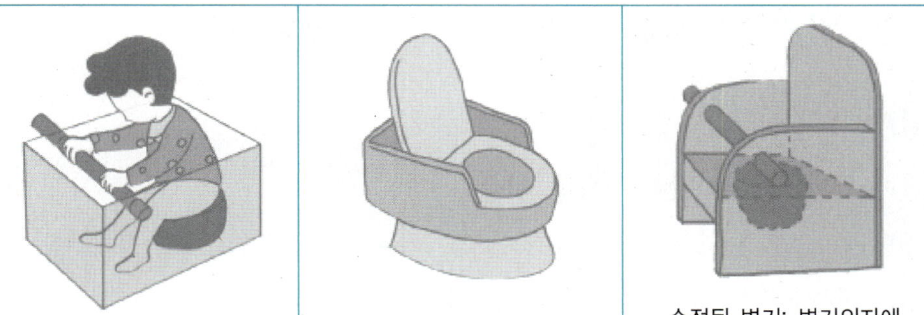

상자에 변기 넣고 사용하기	수정된 변기: 앉은 자세에서 옆면의 기울어짐을 예방함	수정된 변기: 변기의자에 봉을 끼워주어 근 긴장도를 조절하여 줌

[그림 5-5] 변기사용 지도 참고자료

출처: 국립특수교육원(2016). 양육길라잡이(5) 뇌병변. p.49.

(3) 손 씻기지도

손 씻기는 구석구석 깨끗이 씻기를 잘 가르쳐야 하지만, 의외로 씻기를 멈추도록 하는 것이 어려운 경우가 있다. 비누의 미끄러움, 물의 질척함 촉각적 추구가 증가하고 손을 비비거나 흔드는 상동행동이 증가하기도 한다. 비누를 묻히는 횟수와 물에 대고 손을 비벼 헹구고 물을 잠그기까지의 횟수를 제한하며 지도하는 것이 필요하다.

TIP

펌프형 비누

거품이 나오는 펌프형 비누일 경우, 그 질감에 매료되어 화장실을 수시로 들어가거나 화장실에서 나오지 않고 놀고 있을 수 있다.

3) 옷 입기와 벗기

(1) 신발

① 신발을 신고 벗는 과정과 개념

신발을 스스로 벗고 신는 연습을 하는 시기에는 찍찍이를 느슨하게 붙여주어, 신고 벗기 용이하도록 하여주고 본격적으로 실외활동으로 들어갈 때 바짝 당겨 고정해 준다. 신발 벗기가 먼저 발달하고 신기는 나중에 가능하게 된다. 발을 신발 속에 성공적으로 넣으려면 발가락의 움직임이 자연스럽게 구부러졌다 펴졌다 하고 발목을 움직여 신발의 모양에 발을 맞게 넣을 수 있어야 한다. 결국 한쪽으로 체중을 완전히 옮기고 다른 발을 움직일 수 있는 정도의 발달이 성숙되어야 지도할 수 있는 과제이다.

② 오른쪽 왼쪽 신발을 바르게 신기

처음에는 발바닥 모양의 스티커를 현관에 부탁하여 엄지발가락 부분의 모양을 맞추어 오른발과 왼발의 위치를 학습하도록 한다. 영유아가 왼발과 오른발 신발을 바꾸어 신은 경우에는 불편함에 대해 말해주고 영유아가 불편함을 느낀 후 신발을 바꾸어 신을 수 있도록 지도한다. 오른쪽 왼쪽은 방향개념이고 그 방향은 몸이 중심에 대한 기준개념이 확실히 발달해야 가르칠 수 있다.

(2) 외투

① 외투의 팔 구멍에 손 넣는 것

벗기를 먼저 스스로 할 수 있게 되고 입기는 많은 준비가 되어야 가능해지게 된다. 하지만 벗기를 하는 동안 영유아는 옷과 몸의 관계 그리고 앞과 뒤를 배워야 한다. 인형 옷 갈아입히기 놀이를 통하여 영유아는 몸과 옷의 위치 관계를 파악하게 된다. 그 다음 친구와 서로 옷 입혀 주기 놀이를 해 주면 옷에 자신의 몸을 정확하게 맞추어 넣을 수 있을 정도의 신체지각력이 생기게 된다. 옷에 몸을 끼워 넣는 다는 것은, 촉각과 고유수용(운동)감각의 협력으로 자신의 신체에 대한 이미지를 정확히 알고 있어야 가능해지게 된다. 촉각놀이를 많이 하고 체조 등을 통해 몸에 대한 고유수용(운동)감각기를 많이 키워주어야 한다.

② 단추와 지퍼

단추와 지퍼는 인형 옷보다는 실제 옷을 가지고 펼쳐놓고 연습하는 것이 더욱 적절하다. 단추 구멍이 느슨하여 단추를 넣고 빼기 수월한 옷, 지퍼 고리에 링을 부착하여 끌어올리고 빼기 더욱 편리한 것으로, 지도를 시작한다. 단추와 지퍼조작은 매우 숙련된 소근육 기술이 필요하다. 작은 조각 옮기기, 나사 돌리기, 구슬 꿰기 등의 활동이 가능해야 지퍼와 단추조작에 필요한 움직임이 가능해 지게 된다.

TIP

사물함에 넣기

서랍에 가방과 사물을 넣는 것; 영유아의 시야와 신체조건을 고려하여 접근이 용이한 위치에 영유아의 고유자리를 배치해 준다. 실내화나 보조기 등 개인적인 물건을 정리해야 하므로, 위치에 대해 영유아가 확실히 알 수 있도록 영유아가 좋아하는 아이콘을 이름 옆에 부착하여 준다.
옷걸이에 외투를 거는 것; 바닥이 옷을 펴고 옷걸이에 옷을 입히는 것으로 지도한다. 간단한 노래를 붙여 반복하면서 따라하도록 해 주시면 좋아요 "어깨에 쏘옥~~
안아주는 팔"

③ 지체장애 영유아의 옷 갈아입기

이는 이 과정으로 인하여 안 좋은 자세가 유발되어 근 긴장이 매우 증가하거나 아이가 공포를 느낄 수도 있다. 옷을 갈아입히는 동안의 머리와 몸통의 자세가 영유아의 굴곡이나 신전유형의 근 긴장을 유발하지 않도록 아래 그림과 같이 주의하여야 한다. 이 자세에서도 영유아는 갑작스런 근긴장 변화를 보일 수 있으며, 목이 뒤로 젖혀지거나 발바닥 자극으로 인해 다리가 뻣뻣하게 펴지기도 한다. 이때에는 당황하지 말고 영유아가 다시 편안히 이완할 수 있도록 다리를 구부리고 골반을 돌려주는 굴곡과 회전 자세를 만들고 기다려 준다.

누워서 바지를 입히는 방법: 옆으로 눕히고 골반과 무릎의 굴곡을 유도하여 바지 입는 동안 근긴장이 증가하지 않는다.

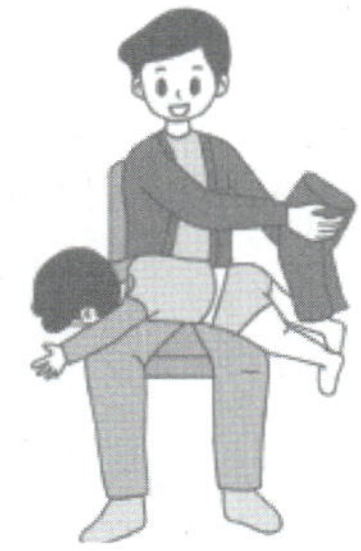

엎드린 자세에서 바지갈아 입히기

앉은 자세에서 바지 입히기

[그림 5-6] 다양한 바지 갈아입히는 자세의 참고자료

출처: 국립특수교육원(2016). 양육길라잡이(5)뇌병변. p.53.

2. 대 · 소근육 발달지도

1) 대근육 발달지도

(1) 자세 지도

영유아는 일과 중 이야기 나누기 매트에 아빠다리로 앉았다가 다리가 저리거나 허리가 아파 다리를 펴기도 하고, 낮은 책상에서의 작업에서 멀리 있는 도구를 잡기 위해 무릎을 꿇고 앉았다가, 다시 아빠다리로 앉기도 하며, 한줄 서기를 하며 벽에 기대었다가, 다시 친구 뒤에 바로 서기도 한다. 알게 모르게 영유아들은 자세를 바꾸어 가며 그 위치를 지키고 있다. 대근육 발달이 안 되어 스스로 자세를 고칠 수 없는 영유아가 혹시 힘들진 않은지, 자세를 바꾸었을 때 영유아가 활동에 접근이 용이해 지는지 교사의 관찰이 필요하다.

TIP

대근육 기술

바로 누운 자세, 돌아눕기, 일어나 앉기, 무릎서기, 서기 등의 자세 변화의 과정은 보통의 영유아들이 생후 15개월 전후로 완성하는 대근육 기술이다. 이러한 일련의 과정들은 엄청난 중력과의 싸움이다. 누운 자세에서 고개를 돌리고 몸을 돌리는 정도의 근력과 배에 힘을 주어 몸을 회전시키고 다리를 들어 올렸다 내리는 동작들을 만들어 내는 동안, 오히려 원시반사라고 불리우는 조절되지 못하는 인간의 하위기능의 도움을 받아야 한다. 다시 이 힘을 오른쪽 왼쪽으로 나누어 몸의 중심을 이동시키는 행위를 원시반사로부터 벗어나 스스로 할 줄 알아야, 점점 숨쉬기 답답해지는 엎드린 자세에서 바로 누울 수 있어서 영아는 휴식을 취할 수 있다.

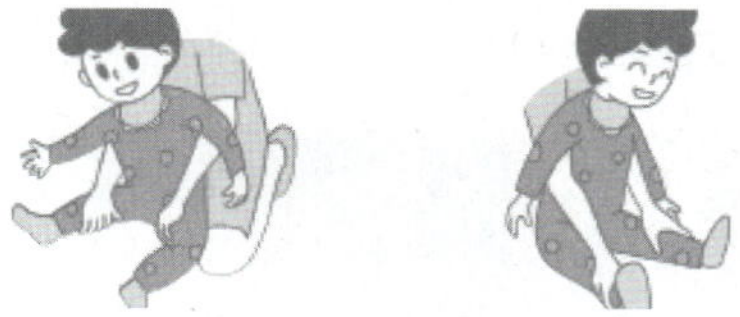

뒤에서 고관절을 바깥쪽으로 돌리며 벌려 주어 경직으로 인한 다리꼬임 교정하여 바로 앉혀 준다

경직으로 인한 웅크린 자세에서 어깨 밑에 받침을 괴어주어, 팔을 앞으로 펴고 고개를 들고 앞을 볼 수 있도록 만들어 준다

[그림 5-7] 경직으로 인한 불편한 자세의 교정

출처: 국립특수교육원(2016). 양육길라잡이(5)뇌병변. pp.46-47.

(2) 걷기 지도

- 영유아가 가고 싶은 곳으로 스스로 이동할 수 있는 대근육 기술, 그것으로 인하여 영유아는 원하는 대로 보고, 만지고, 경험하면서 고위 인지기능을 발달시켜 나가게 된다. 스스로 이동할 수 없는 대근육 발달장애 영유아는 주어지는 경험만 취득할 수 있다.
- 걷기는 물리치료실에서 걷기훈련을 시작한 영유아의 경우에만 교사도 시도할 수 있다. 하체 근력이 충분하지 못한 상태에서 억지로 아이를 세우고 걸리면 무릎과 발목, 척추 등에 변형이 올 수 있기 때문이다.
- 물리치료실에서 한창 걷기훈련을 하고 있고, 가정에서도 열심히 연습중이라면 교사도 평지 이동시 정도는 영유아의 어깨를 잡아 걷기를 도와주어야 한다. 영유

아의 뒤에서 양 손으로 영유아의 어깨를 잡아주고, 혹시 일어날 수 있는 갑작스런 주저앉기에 대비하여 영유아의 등 가까이에 교사의 다리를 대어 준다.

- 영유아가 앞으로 걷기를 진행하는 동안 양 어깨에 번갈아 힘을 주어 영유아가 한발을 앞으로 내미는 동안, 딛고 있는 반대편 발에 안정적으로 체중이 실릴 수 있도록 한다.

TIP

보조기 착 탈의시 주의사항: 낮잠 시간 혹은 물놀이 후에

플라스틱 보조기는 대부분 발목에 근 긴장이상이 있어서, 보행이나 움직임을 위한 적절한 각도조절이 어려운 영유아가 착용하고 등원하게 된다. 낮잠시간이나 물놀이 시에 보조기를 탈의 하고나서 다음 과 같은 부분을 확인하면서 보조기를 착용시켜주어야 한다.

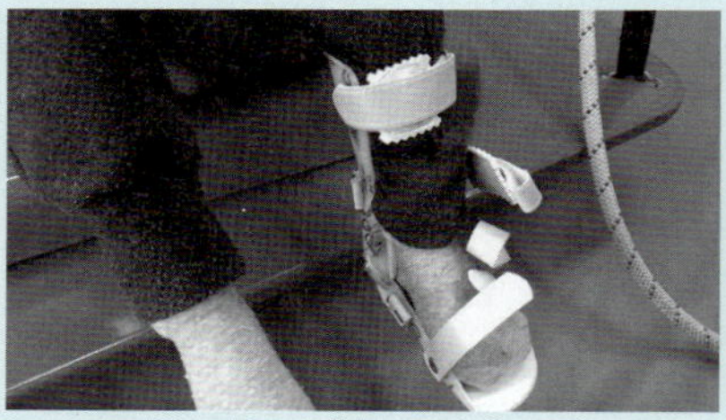

먼저 옷이 접혀 들어가지 않도록 주의하며 발목에서 먼 부분부터 고정하여 준다.

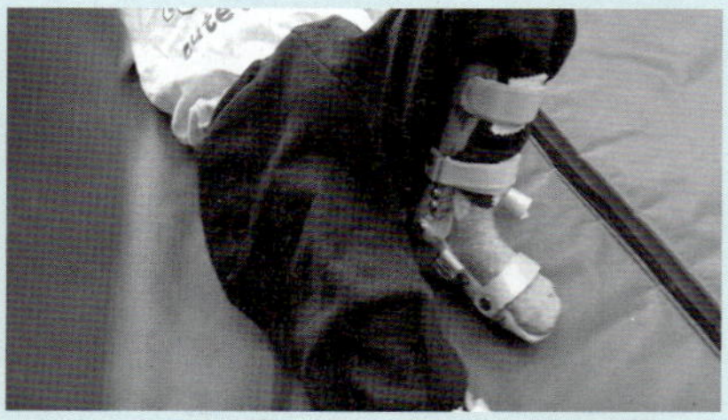

발바닥을 뒤꿈치가 끝까지 보조기에 들어가도록 무릎을 살짝 눌러주고 고정하여 준다.

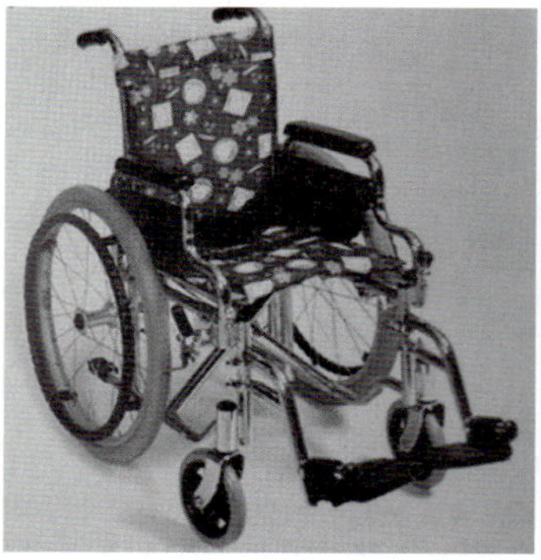

아동용 휠체어: 책상에 들어갈 수 있도록 팔걸이가 꺽여 있음

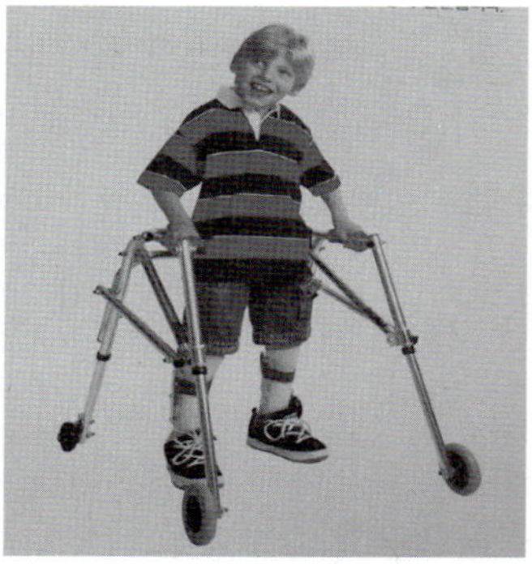

후방워커: 앞으로 몸이 숙여지지

[그림 5-8] 걷기 보조도구

출처: 특수통합교육/재활치료지원(2018 카달로그), 홍익무역, 285, 292.

(3) 균형 잡기 지도

- 교실 안에서 마구 뛰어다니는 아이들, 친구들이 만들어놓은 블록을 밟고 지나가고 한줄기차를 설 때면 이리저리 부딪히고 자꾸만 교실 소파에서 뛰어내린다. 우리는 가끔 이러한 영유아들을 볼 때 '과잉행동'이란 단어를 떠올리기도 한다. 그러나 4세 정도의 영유아들은 한창 전정기관이 발달하는 시기이므로, 한시도 가만히 있지 못하고 어딘가를 기어오르고 뛰어내린다. 그러면서 균형감각을 성숙시켜 나가야 점차 스포츠를 영위할 수 있는 대근육 기술을 완성하게 된다.
- 전정기관: 인간의 기본적인 방향감각계이면서 중력과 물리적 환경에 대해 가지는 평형감각이다. 또한 회전자극에 대한 어지러움과 가속을 느낄 수 있다. 귀에 청력기관과 함께 있어서, 간혹 청각장애 영유아들에게서 문제가 발견되기도 하고 전정기관의 발달장애로 인하여 중력에 대한 불안장애나, 여타의 감각자극에 대한 불안감이 높은 감각조절장애를 유발하기도 한다.
- 또한 지속적이고 규칙적인 실외활동을 확보해 주는 것을 게을리 하지 않아야 한다. 순환식 대근육 활동 또한 고전적으로 쓰이는 체육활동이다. 몇 가지 기구와 활동순서를 정하여 일정횟수 순환시키는 활동을 통하여, 영유아의 대근육 운동기술과 적당한 운동량의 확보 아울러 규칙 지키기를 가르칠 수 있다. [그림 5-9]의 내용을 보면 영유아는 보호자와 같이 교실 등원 전 활동 실에 입실하여 활동순서 표를 보고 1번부터 5번까지 다섯 가지의 활동을 순서대로 수행하며, 총 3회 반복하고 교실로 돌아가게 된다. 일과 전에 간단한 순환활동을 하고 입실하면, 전신의 근 긴장도가 조절되어 움직임이 원활해지고 각성수준도 조절되어, 일과적응력이 높아지게 된다.

[그림 5-9] 대근육 순환활동(사진제공: 곡교어린이집)

2) 소근육 발달지도

- 소근육이 발달 지연되면 영유아들은 사소한 실패를 경험하게 되며, 그로인한 좌절이 보다 복잡한 조작과 창작의 욕구를 붙잡게 된다.
- 손은 단순히 접촉하는 도구가 아니라, 적극적인 탐색과 조작을 담당하는 제 2의 뇌이다. 대뇌에서도 손의 감각과 운동을 담당하는 영역의 크기가 월등이 크다. 영유아는 손을 이용하여 섭식을 하고 기본생활습관을 익히며, 조작을 통해 인지를 성숙시키고 다시 손을 창작의 도구로 쓰게 된다.
- 소근육 활동에 필요한 손의 기본적인 동작은 15개월이면 모두 성숙되어야 하고, 주 사용수는 만 4세경 확정된다.

(1) 뻗기 지도

- 뇌병변 장애 아동에게 있어 뻗기는 몸이 고정된 상태에서 목적하는 물건을 잡기 위한 자유로운 팔의 동작을 의미하는 것이다. 팔을 뻗으려 하나, 머리가 젖혀지고 시선이 위로 올라가며 안 움직여도 되는 다른 팔과 다리가 같이 힘이 주어지게 된다.

- 영유아가 원하는 물건을 잘 잡을 수 있도록 하기 위해서는 어깨를 고정하여 주어 몸통이 흔들리지 않게 도와주고, 다른 팔과 다리는 구부린 자세를 취하도록 시작자세를 잡아준다. 그러면 근육이 크게 긴장하지 않고 아이가 원하는 물건을 향해 팔을 뻗는 동작을 성공하게 될 것이다.

TIP

낮은 책상에서 선생님이 주는 자료를 받기위해 팔을 뻗음; 모자라는 뻗기의 길이를 보상하기 위하여 허리를 편다.

선 자세에서 실로폰을 치기위해 팔을 뻗음; 정확한 음을 치는 뻗기를 수행하기 위해 교사가 영유아의 팔을 보조하여 준다.

휠체어에서의 쓰기 과제수행을 위해 흔들리는 손목을 책상에 고정하여 준다.

경직형 뇌병변 영유아

원하는 동작을 다른 몸통과 팔다리의 동시긴장으로부터 벗어나 하는 것이 경직형의 뇌병변 영유아에게는 너무나 큰 노력이 필요한 것이다. 결국은 정확한 자세로 몸통이 안정되어야 팔다리의 움직임이 선택적으로 가능하게 되므로, 영유아의 소근육 기술을 잘 지도하려면 자세가 안정되어 있는지, 어떤 의자에 앉아야 영유아의 움직임이 편해지는지 먼저 살펴 주어야 한다.

(2) 잡기 지도

잡기에서 가장 중요한 손가락은 엄지손가락이다. 엄지손가락은 다른 손가락에 비하여 근육의 크기도 월등하고 가능한 움직임의 범위도 가장 크다. 엄지손가락과 나머지 손가락들의 움직임이 얼마나 가능한가에 따라서 [그림 5-10]과 같은 다양한 잡기가 가능해 진다. 다시 양손으로 옮겨 잡기와 물체를 세우고 눕히기 그리고 옮겨 담기와 움직이는 물체를 잡기기능이 가능해 지게 된다. 이렇게 움직임에 대한 이해를 하고 나면, 영유아의 부족한 움직임을 보완해 주는 신체보조의 정도와 보조도구들이 필요해 지게 된다.

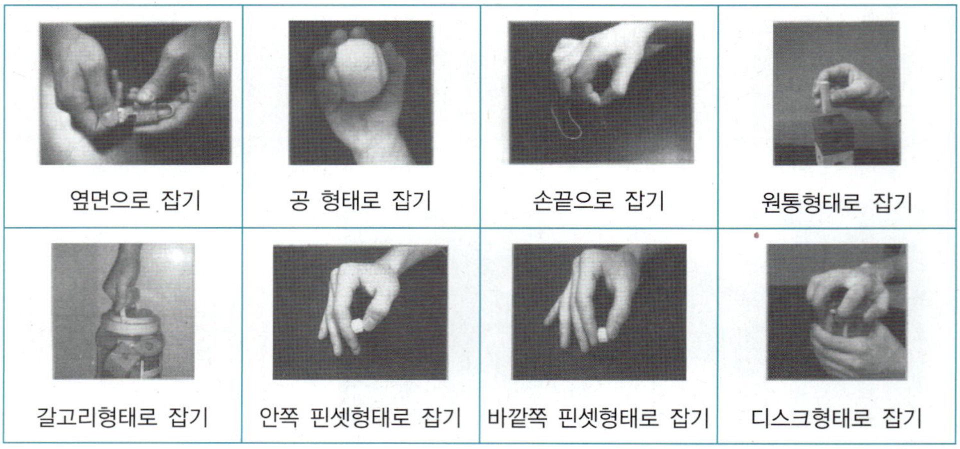

[그림 5-10] 다양한 형태의 잡기

출처: 정재권 · 오명화(2007). 뇌성마비아 작업치료의 실제. 시그마프레스. pp.47-51.

(3) 눈과 손의 협응지도

- 그리기와 쓰기는 눈이 나빠서, 머리 조절이 잘 안되어서, 볼 수는 있지만 손을 잘 움직이지 못하여 실패하기도 하고, 손으로 선긋기를 하고는 있지만 시선이 자꾸 다른 곳으로 이탈하기도 하여 실패하기도 한다. 선긋기, 튕겨진 공을 잡기, 친구에게 공 던지기 등의 활동은 모두 눈의 '보기'활동과 손의 '잡기'활동이 협응하여 동작을 해야 성공할 수 있다.
- 시각은 시력과 시야의 문제로 나뉘어 시지각을 거쳐야 하며, 시지각은 여러 오류를 벗어나 정확한 정보를 뇌에 전달해 주어야 한다. 이러한 '오류'를 착시라고 표현한다. 이 과정을 거친 정확한 시각정보는 다시 시각적 추적능력(살펴보기)과 시각의 고정(해석하기)으로 나뉘어 뇌에 전달된다. 이러한 일련의 과정을 이해하고 영유아가 현재 어느 정도의 발달을 하고 있는지 관찰하며 그 순서에 맞춘 접근을 하지 못하면 좌절하게 되고 학습부진의 이유가 되기도 한다.

TIP

외부감각 처리

외부에서 들어오는 감각들은 우리가 환경과 상황에 적절한 반응을 하도록 하는데 없어서는 안 될 중요한 요소들이며 이중 시각에 의해 입력된 정보들이 차지하는 비율은 절대적이다. 또한 늦어도 12개월부터는 더 이상 입이 아닌, 눈과 손으로 물건을 탐색할 수 있게 된다. 안구에서 정확한 시각정보를 입력하고 그것을 시지각이 바르게 해석하여 고위 인지 기능으로 올려 주면 다시 운동 감각기에 명령을 내려 손이 필요한 잡기 동작을 수행해야 하는데 이 속도는 우리가 미처 의식하기도 전에 빠른 속도로 이루어지는 신경생리학적인 과정이다.

(4) 도구 조작하기 지도

- 뻗기와 잡기 눈과 손의 협응까지 가능해 지면, 영유아는 도구를 사용하여 적극적으로 자기에게 주어진 환경을 수정해 나간다.
- 블록을 홈에 끼워서 연결할 수 있고 버튼을 눌러 좋아하는 노래가 나오게 할 수 있으며, 크레용을 쥐고 벽과 바닥의 색을 바꾸어 나간다.
- 다양한 작업 도구를 접하게 되는 6세까지는 도구의 조작에 필요한 손의 근력과 움직임들을 경험시켜 주어야 한다. 기능은 안 되더라도 시중에 나와 있는 수많은 보조도구들을 제공해서 성공경험을 시켜 주어야 하며, 그 경험을 통하여 더욱 스스로 도구를 조작하려는 욕구를 만들어 주어야 한다.
- 처음에는 손바닥으로, 다음에는 주먹을 쥐고 시도하다가 손가락으로 두드리게 되며, 점체 물체를 튕기고 돌리고 끼우고 형태를 맞추고 꽂힌 물체를 뽑고 묶고 푸는 소근육 기술로 도구 조작에 필요한 근육을 만들어 드디어는 연필로 글씨를 쓰는 고도의 소근육 기술이 완성된다.

① 쓰기 도구 사용 지도

삼점쥐기와 연필사용을 위한 손목의 적정각도를 성공적으로 지도하려면 네 번째와 다섯 번째 손가락의 지속적인 받침역할에 주목하여야 한다. 네 번째 다섯 번째 손가락에 동전을 쥐게 하고 삼점쥐기를 연습시키면 교사가 원하는 모양의 삼점쥐기 지도가 가능해진다.

선긋기의 초기 발달 모양 | 일반적인 삼점쥐기의 모양

[그림 5-11] 연필을 쥔 손의 발달 모양

출처: Marsha Dunn Klein(1990), PreWriting Skills, Communication Skill Builders,

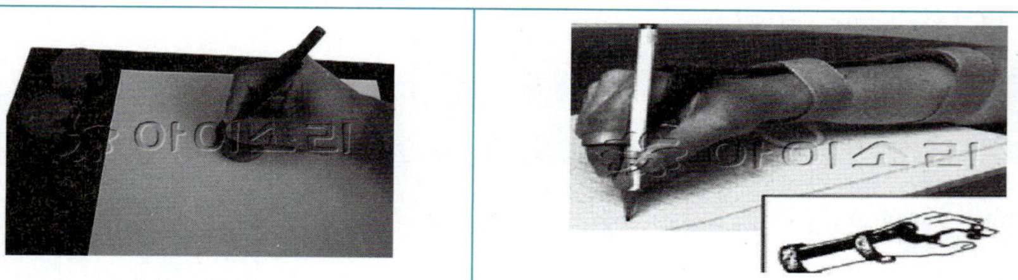

펜에 고정판을 부착하여 손목의 부족한 각도와 근력을 보조함

손목과 손가락의 적정각도를 보조하기 위해 팔의 전완부위까지 고정하여 주는 보조도구로서 펜의 용도에따라 바꾸어 끼워줄 수 있다

[그림 5-12] 필기도구 잡기를 위한 보조도구

출처: 아이소리몰(www.isorimall.com)

② 가위 사용 지도

영유아의 가위기술은 처음에는 귀퉁이를 오려내는 수준이다가, 점차 색종이 하나를 가로질러 잘라내게 되고 다시 선에 맞추어 종이를 조절하며 잘라 나가게 된다. 이 모든 활동에서 영유아의 양손 협응이 중요한 필수과제이며 가위조작을 지도하기 위해서는 다양한 모양의 가위들이 시중 문구점에 나와 있다.

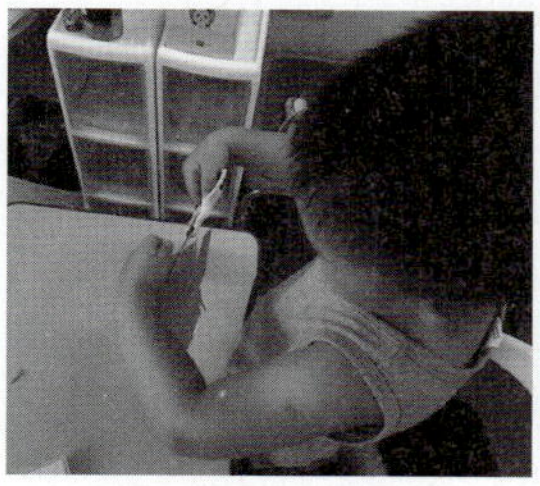

종이의 주변을 잘라내는 수준의 영유아

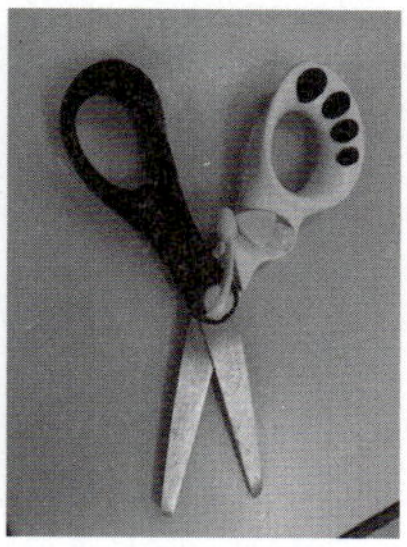

쉽게 가위를 벌릴 수 있는 조각이 들어있는 일반가위

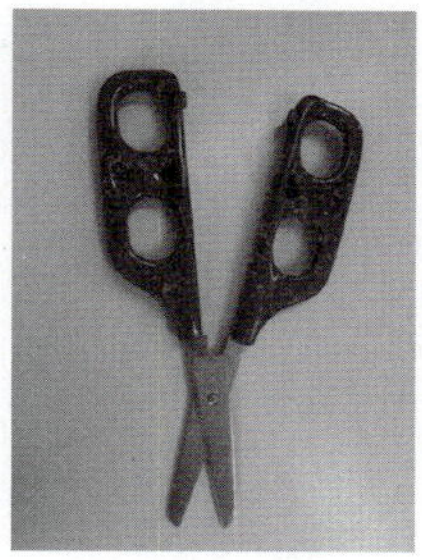

영유아의 뒤에 교사의 손을 넣고 벌리고 오므리기를 지도하는 가위

[그림 5-13] 가위 지도를 위한 일반가위와 특수가위

3) 일과 중 대·소근육의 필요기술 지도

영유아 시기의 장애 영유아는 대부분의 영역에서 발달지연하고 있으므로, 대근육과 소근육 또한 마치 지체장애 영유아에 대한 접근처럼 적절한 보조도구를 제공하고 올바른 신체적 지원이 필요하다. 다음 표를 참고하면 일과 중에서 대근육과 소근육의 발달지연으로 인한 일과에 어떠한 어려움이 있는지를 알게 된다. 이를 살펴보고, 위에 설명된 내용을 참고하여 일과 중에 필요한 대·소근육 발달 개별 지도계획을 세워야 할 것이다.

〈표 5-1〉 일과 중 필요한 대·소근육 필요기술

일과		영유아 요구기술	수행	일 과		영유아 요구기술	수행
등원	1	신발 찍찍이 떼기		화장실	13	양손에 비벼 씻기	
	2	신발을 들고 신발장에 놓기			14	수건에 손 문질러 닦기	
	3	가방 열기		간식	1	식기 들고 걷기	
	4	가방 선반에 놓기			2	간식쟁반 들고 걷기	
	5	외투의 단추 풀기			3	간식 나누어 먹기	
	6	외투의 지퍼 내리기			4	음료수 컵에 따르기	
	7	서랍에 넣기			5	도구사용하기(포크/숟가락)	
자유선택	1	끼우기			6	컵으로 음료수 마시기	
	2	빼기			7	빈 식기 들고 걷기	

활동	3	쏟기	
	4	담기	
	5	그리기	
	6	지우기	
	7	자르기	
	8	접기	
이 동	1	계단 오르기	
	2	계단 내리기	
	3	걷기	
	4	장애물 피하기	
	5	턱 넘기	
	6	경사 오르기	
	7	경사 내리기	
화장실	1	문 열기	
	2	문 닫기	
	3	하의 내리기(팬티, 바지, 치마 걷기)	
	4	열기(단추/후크/지퍼)	
	5	잠그기(단추/후크/지퍼)	
	6	휴지로 닦기	
	7	물 내리는 버튼 누르기	
	8	수도꼭지 열기	
	9	수도꼭지 잠그기	
	10	세면대 잠그기(레버 당기기)	
	11	세면대 열기(레버 누르기)	
	12	비누칠하기	

전체 활동	1	의자에 앉아 있기	
	2	손들기	
점심 식사	1	줄 서서 차례로 이동하기	
	2	숟가락과 포크 집기	
	3	식판위에 수저를 올려놓기	
	4	식판을 들고 쏟지 않으며 걷기	
	5	자리에 식판 내려놓기	
	6	도구사용하기(포크/ 숟가락)	
	7	식판 기울여 국 뜨기	
	8	빈 식판 위에 수저 올려놓고 걷기	
	9	식판 기울여 남은 음식 쏟기	
	10	식판 위치 맞추어 내려놓기	
양치질	1	치약 짜기	
	2	칫솔을 떨어뜨리지 않기	
	3	손목을 움직여 이 닦기	
	4	수도꼭지에 컵 대기	
	5	수도꼭지 열기/잠그기	
	6	수건에 입과 손 닦기	
	7	칫솔 통에 칫솔 내려놓기	
바깥 놀이	1	신발 신기/벗기	
	2	뛰기	
	3	걷기	
	4	오르기(미끄럼틀/오름 경사/계단)	
	5	내리기(미끄럼틀/오름 경사/계단)	
	6	잡기(경사로밧줄/그네 줄/구름다리)	

출처: 김수진 · 이정화(2007).장애 영유아 활동 중심 통합 교육과정. 굿에듀북. pp.108-109.

3. 의사소통 발달지도

영유아기는 의사소통 발달의 중요한 시기이며 발달에 개인차가 큰 시기이다. 하지만 이러한 개인차를 고려함에도 불구하고 여러 요인(기질적 요인, 환경적 요인 등)으로 인해 의사소통 발달에 지체를 보이는 영유아들이 있다. 장애 영유아를 지도할 때에는 우선 정상언어발달과정에 대한 지식을 바탕으로 지도방향을 계획해야 하며, 장애 영유아들이 보이는 의사소통 발달 수준 및 특성을 고려해서 적절한 지도를 해야 한다. 의사소통 발달 지체를 보이는 영유아는 크게는 말(speech)을 산출할 수 있는지 여부에 따라서 그리고 이를 다시 의사소통 의도를 보이는지에 따라 나누어 지도할 수 있다.

1) 말(speech)을 산출하지 못하는 영유아

말(speech)의 산출여부 이전에 의사소통에서 중요한 것은 다른 사람과 상호작용을 시도하느냐 하지 않느냐이다. 즉, 의사소통 의도를 보이느냐 그렇지 않느냐에 따라 초기 지도의 방향이 달라져야 한다. 만약 말을 하지 못하는 영유아가 부모, 교사, 또래 등 다른 사람과 눈 맞춤(eye-contact)이 가능하고 공동주의나 상호작용 활동이 가능하다면 이 영유아는 말을 산출할 수 있도록 지도하는데 목표를 두면 되고, 만약 그렇지 않은 영유아라면 초기에는 의사소통 기능 향상에 목표를 두고 지도해야 한다.

(1) 의사소통 의도를 보이지 않는 영유아

- 지도교사: ○○이는 말을 하지 못해요. 가끔 알 수 없는 소리(vocalization)를 내기는 해요. 그리고 눈도 마주치지 않고 불러도 쳐다보지 않아요. 질문을 해도 대답하지 않고 아무런 반응이 없어요.

이러한 영유아를 지도할 때, 주의해야 할 점은 말 산출에만 목표를 두고 영유아에게 반복적으로 말 산출을 요구해서는 안 된다는 것이다. 간단히 생각해 보면 쉽게 답이 나올 것이다. 어른인 교사들도 말하고자 하는 욕구(의도)가 없을 때 타인의 요구가 있다고 말을 하는가? 아니다. 위와 같은 특성을 가진 영유아를 지도할 때에는 우선 의사소통을 하고자 하는 의도를 이끌어내야 한다. 즉, 다양한 의사소통 기능을 사용할 수 있도록 지도해야 하며, 자발적으로 사용할 수 있는 빈도를 증진시켜줘야 한다. 영유아 초기에 가장 많이 사용하는 의사소통 기능 중에 요구하기, 대답하기가 있다. 일과 중에 이를 위한 지도방법의 예로는 다음과 같은 것들이 있다.

① 요구하기 지도

- 자유선택활동시간에 영유아가 가장 좋아하는 놀잇감을 눈에는 보이지만 손에 닿지 않는 곳에 두고 제스처로 '주세요'를 요구하게 한다.
- 이런 영유아는 스스로 제스처로도 '요구하기'를 하지 않을 것이므로 처음에는 영유아가 놀잇감을 원하는 상황을 교사가 민감하게 파악해서 제스처와 말로 모델링을 해주면서 영유아로 하여금 행동으로 모방하게 한다.
- 이후 행동으로 요구하기가 가능해지면 제스처를 하면서 말로 "주세요" 하게 한다. 이 때 발음이 정확하지 않거나 1음절(예: "주" 또는 "요") 정도만 모방하더라도 완전한 단어를 이야기하도록 강요하지 않는다.
- 영유아가 행동으로든 구어로든 모방을 하면 즉각적으로 영유아의 요구를 들어줘야 하는데 요구를 들어주는 것이 자연스럽게 강화로 작용할 수 있기 때문이다. 또한 반복적으로 지도만 할 경우 요구가 수용되지 않는다고 생각해서 포기를 하거나 거부할 수 있다.
- 하루 일과 중 영유아가 요구하기 기능을 사용할 수 있는 상황을 파악하여 수시로 지도 가능하다.

② 대답하기 지도

- 간식 시간에 호명에 손을 들어야 간식을 받아 가도록 지도한다. 다른 영유아들도 호명에 손을 들고 대답하게 한 후 간식을 배식하고, 이런 모습을 모방을 통해 학습할 수 있도록 지도한다. 처음에는 교사가 영유아의 손을 잡고 다른 교사가 영유아의 이름을 호명하면 손을 드는 행동을 하도록 유도해야 한다.
- 이후 행동으로 손을 들고 대답하기가 가능해지면, 말로 "네"를 산출하도록 지도한다. 단, 발음이 정확하지 않더라도 영유아의 시도에 칭찬으로 강화를 해준다.

- 자유선택활동시간에 영유아가 좋아하는 놀잇감과 필요 없는 놀잇감을 동시에 제시하고 "어떤 것을 줄까?"라고 질문한 후, 영유아가 손가락으로 가리켜 반응하게 한다. 반응을 하면 즉시 영유아가 가리킨 놀잇감을 제공한다.
- 하루 일과 중 영유아가 대답하기 기능을 사용할 수 있는 상황을 파악하여 수시로 지도 가능하다.

TIP

언어발달지체 영유아 지도시 유의할 점

앞서 기술한 의사소통 특성은 자폐성 장애로 진단을 받았거나 진단을 받지 않았더라도 이러한 성향을 많이 보이는 영유아에게서 두드러지게 나타나는 특징이다. 또한 지능이 매우 낮은 경우나 양육환경에서 정서적 유대 경험이 부족한 경우에 보이는 특성이기도 하다. 어린 영유아의 경우, 자폐성 장애나 지적장애로 진단을 받지 않고 언어발달지체로만 진단을 받는 경우가 많다. 언어발달지체로 진단을 받았다고 해서 이러한 특성을 무시하고 무조건 말을 하게 하려고 지도해서는 안 된다. 진단명에만 의존하지 말고, 영유아들이 보이는 특성에 기초해서 지도를 해야 한다.

(2) 의사소통 의도를 보이는 영유아

- 지도교사: ○○이는 말을 하지 않아요. 아이가 말을 하지 못하니까 의사소통하는데 제한이 있어요. 그래도 행동으로는 저를 와서 툭툭 치기도 하고, 제스처로 무엇인가를 열심히 설명하려고 해요. 그리고 놀잇감을 가지고 시범을 보여주면 행동으로 모방도 가능해요.

이러한 영유아는 의사소통 의도는 있으나 의미 있는 단어를 산출하지 못하는 경우이다. 따라서 의사소통 기능에는 큰 제한을 보이지 않기 때문에 제스처와 함께 단어를 사용하도록 지도하면 된다. 지도 방법과 주의할 점은 다음과 같다.

- 언어 이해 능력을 향상시켜야 한다. 언어 이해는 언어 표현에 선행되어야 하는 능력이다. 요구하기, 대답하기, 거부하기, 설명하기, 부르기 등 의사소통 기능은

제스처로도 표현이 가능하며, 의문사 질문(무엇, 누구, 어디, 언제, 어떻게, 왜)에 대한 대답 또한 제스처로 가능하다. 따라서 어휘를 표현하지 못한다고 해서 제한된 질문만을 하지 말고 다양한 질문을 통해 영유아의 이해 능력을 증진시켜 주어야 한다.

- 놀이는 언어 이해와 표현 능력 증진에 가장 효과적인 지도 방법이다. 놀이를 통해 영유아의 인지적 도식을 확대시켜 주어야 한다.

  예 자유선택활동시간에 역할영역에서 소방차 놀잇감만 가지고 노는 영유아가 있다면 소방차로 불을 끄고 구급차로 환자를 싣고 병원으로 가서 치료하는 놀이로 확장해 줄 수 있다.

- 언어 표현 능력을 증진시켜야 한다. 일상생활에서 가장 많이 사용하는 어휘나 영아기 초기에 발달하는 어휘 목록에서 먼저 지도를 한다.

  예 네, 아니오, 주세요, 쉬, 응아, 밥, 놀잇감 이름, 간식 이름 등

- 언어를 모방할 수 있는 기회를 지속적으로 제공한다. 영유아가 제스처로 표현을 할 때 교사는 지속적으로 영유아가 표현하는 것을 말로 표현해주어야 한다. 단, 너무 긴 문장은 이해하기 어렵고 모방하기 힘들기 때문에 되도록 짧은 문장으로 모델링해준다.

  예 자유선택활동시간에 미술영역에서 영유아가 자신의 치마를 가리키며 손짓으로 그리라는 표현을 하면, "치마 그려"라고 말해주고 즉각적으로 그림을 그려준다. 이는 영유아들이 자신이 무엇인가를 표현했을 때 자신의 표현이 대화상대자에게 영향을 미칠 수 있다는 것을 알게 하게끔 하여, 표현능력을 증진시켜준다. 또한 자연스럽게 모방하기도 가능하다.

- 발음이 정확하지 않더라도 영유아가 말로 표현하는 것에 즉각적으로 반응이나 칭찬을 해주어서 강화를 해주어야 한다.

  예 아이가 "○○임"이라고 하면, "○○이가 선생님 불렀구나." 하면서 아이 눈을 맞추고 미소 지어 준다.

- 일과 중 수시로 말 산출을 지도한다. 단, 영유아에게 어휘를 반복해서 말하도록 요구하지 않는다. 영유아의 경우 계속 반복해서 질문을 하거나 발음을 해보도록

강요하면 거부하는 경우가 많다.

- 영유아에게 말을 해야 하는 필요성을 인식시켜 주어야 한다. 영유아가 말로 표현하지 않아도 성인들이 원하는 것을 알아차리고 바로 요구를 들어준다면 영유아는 말을 해야 할 필요성을 느끼지 못할 것이다. 따라서 바로 요구를 들어주지 말고 영유아가 제스처나 말로 표현을 하도록 유도한 후 요구를 들어주어야 한다.

2) 말(speech) 산출은 가능하나 언어발달이 지체된 영유아

말(speech) 산출이 가능한 영유아를 지도할 때에도 영유아가 의사소통하고자 하는 의도를 보이는지 그렇지 않은지를 파악해서 지도해야 한다. 앞서 기술한 것처럼 의사소통 의도를 보이지 않는 영유아의 경우 의사소통기능 사용에 초점을 두고 먼저 지도를 해야 한다. 의사소통 기능에 문제를 보이지 않는 영유아는 다양한 어휘 산출과 문장 사용에 초점을 두고 지도하면 된다. 이때 정상 언어발달 과정에 대한 지식을 기반으로 해서 지도 계획을 세워야 하는데, 한 낱말 단계에 있는 영유아는 낱말을 조합해서 문장을 사용하도록 지도하면 되고, 낱말조합기에 있는 영유아는 문법형태소를 사용해서 3~4어절 정도의 문장을 사용하도록 지도하면 된다. 그리고 점차 단문에서 복문의 형태를 이해하고 산출하도록 지도하면 된다.

(1) 의사소통 의도를 보이지 않는 영유아

- 지도교사: ○○이는 간단한 단어 산출이 가능해요. 그네를 보고 "빙글빙글 돌아요."라고 말하는 것처럼 가끔은 간단한 문장도 사용해요. 하지만 질문에 대체적으로 대답하지 않고, 의사소통을 하려고 먼저 시도하지 않아요. 또래들과도 함께 놀지 않고 주로 혼자서 놀이를 해요.

이와 같은 특성을 가진 영유아를 지도할 때에는 우선 의사소통을 하고자 하는 의도를 이끌어내고 이를 말로 표현하도록 지도해야 하는데, 어휘나 문장을 의사소통을 하기 위해 사용하는 경우가 거의 없기 때문이다. 지도 방법과 주의할 점은 다음과 같다.

- 먼저 관찰을 통해 영유아가 어떠한 의사소통 기능들을 사용하고 있는지, 아닌지를 파악한 후 지도 계획을 세운다.
- 주의할 점은 보통 이러한 특성을 가진 영유아들은 교사의 질문에 "네"라고 대답하는 경우가 많은데 실제적으로 이는 대답을 하는 것이 아니라 의미 없이 반응하는 '의례적 반응'에 해당하는 경우가 많다.

  예 매일 역할놀이영역에서 혼자서 지하철 놀잇감만 가지고 노는 장애 영유아가 있어서 "오늘은 선생님이랑 미술영역에서 그리기 놀이 할까요?"라고 질문하자, "네"라고 대답을 했지만 실제로 미술영역으로 가지도 않고 가는 것을 거부하였다. 이 경우 질문에 대한 '대답하기'라고 보기 보다는 '의례적 반응'으로 해석하는 것이 더 적절하다.
- 대답하기 기능을 지도하고자 한다면 '네/아니오' 질문보다는 선택하기 질문(예: 자동차 줄까? 기차 줄까?)을 통해 대답하기를 유도한다. 처음에는 질문을 주의깊게 듣고 대답하지 않는 경향을 보일 것이므로 영유아가 대답하는 대로 반응을 해주어(예: 원하지 않는 물건을 대답하면 이를 그대로 시행) 점차 질문을 듣고 대답하도록 지도를 해야 한다.

  예 자유선택활동시간에 역할놀이영역에서 항상 지하철 놀잇감을 가지고 노는 영유아가 있다면(비행기에는 관심을 보이지 않음), 지하철을 바로 주지 않고 두 개의 놀잇감을 손에 들고 "지하철 줄까? 비행기 줄까?"라고 질문을 하여 대답하게 한 후, 영유아가 대답한 대로 물건을 건네준다. 만약 "비행기"라고 대답하면 비행기를 준다. 영유아가 거부하고 지하철을 뺏어가려고 하면 다시 한 번 질문을 하여 대답하게 하고 점차 영유아로 하여금 상대방의 질문을 듣고 생각해서 대답하도록 지도한다.
- 선택 질문 외에도 의문사 질문에 대답할 수 있도록 지도한다. 처음에는 영유아가 어떻게 답을 해야 하는지 모르기 때문에 질문 후, 영유아가 해야 할 대답을 모델

링해주고 모방하도록 하고, 점차 모델링 해주던 것을 소거하고 영유아가 자발적으로 대답하게 한다.

예 실외활동을 나가기 전, 장애 영유아에게 "우리 어디 가요?"라고 질문한다. 아무런 반응이 없으면 "놀이터 가요."라고 대답을 모델링 해준 후, 말로 모방하게 한다. 단, 놀이터를 나갈 때 동일한 날에 여러 번 대답하기를 요구해서는 안 되며, 매일(다른 날을 의미)의 일과에서 놀이터 가기 전에 매번 반복하면 나중에는 자발적으로 대답할 수 있게 된다.

- 언어적 상호작용을 위해서는 대화를 먼저 시도하기도 해야 한다. 즉, 질문에 대답을 하는 것뿐만 아니라 질문하기 기능도 사용할 수 있어야 한다. 하지만 의사소통 의도를 보이지 않는 장애 영유아들의 경우 가장 지도하기 힘든 기능이 질문하기이다. 이를 위해서 교사는 의도적으로 일과 중 장애 영유아가 질문을 할 수 있는 상황을 만들어주어야 한다.

예 자유선택활동시간을 활용하여 장애 영유아가 또래와의 놀이에 참여하게 해서 장애 영유아의 입장에서 할 수 있는 질문들을 모델링해주고 모방하도록 한다.

예 미술활동 시간에 장애 영유아로 하여금 미술 재료들을 나누어주게 하면서 또래 친구들에게 "노란색 가위 줄까? 빨간색 가위 줄까?"를 질문하게 한다.

(2) 의사소통 의도를 보이는 영유아

- 이러한 영유아들은 어휘와 문장사용 능력을 향상시키도록 지도하면 된다. 하루의 일과 중, 대다수의 시간을 활용해서 지도 가능하다.
- 놀이를 통해 인지적 도식을 확장시켜 준다. 언어 능력이 낮은 영유아들은 놀이 또한 단편적으로 구성하거나 자신이 알고 있는 놀이만 반복해서 하는 경우가 많다. 따라서 다양한 놀잇감을 사용해서 놀이를 할 수 있도록 유도하고, 이를 통해 어휘를 습득하도록 지도한다. 또한 역할 놀이 등을 통해 실제 대화 상황에서 사용하는 언어를 습득할 수 있도록 지도한다.
- 24개월 이상의 영유아가 문장을 사용하지 못하고 한 낱말 수준으로 표현하는 경

우, 초기에는 사용할 수 있는 어휘와 제스처를 병행해서 문장 수준으로 표현하도록 유도한다.

예 "빠방 주세요"를 지도할 경우, "빠방"은 말로 산출하게 하고 연결해서 제스처로 '주세요' 표현하게 한다. 점차 제스처를 줄이고 말로만 문장을 표현하게 지도 한다.

- 어휘 지도 시 주의할 점은 명사 어휘를 위주로 지도하는 경우가 많은데 문장을 산출하기 위해서는 서술어에 해당하는 동사와 형용사도 같이 지도해야 한다.
- 3세 이상의 유아가 "엄마 이뻐", "이거 빠방" 수준으로 표현하는 경우, 조사와 같은 문법형태소를 사용하도록 지도해야 한다. 한국어에는 다양한 조사가 있으며, 각각의 기능이 있다. 이 모든 것을 한 번에 가르치는 것은 불가능하므로 목표를 두고 있는 조사만을 강조해서 지도해야 한다.

예 주격 조사 '이/가'를 지도하고자 할 경우 유아가 "코끼리 물"이라고 하면 "아~ 코끼리가('가'를 강조해서 발음) 물 먹네"라고 말해준다. 유아가 '이/가'를 습득할 수 있도록 다른 환경에서도 이를 강조해서 들려주고 질문 또한 '누구'라는 질문을 하지 말고 '누가'라는 질문을 해서 대답하도록 유도한다.

3) 보완 · 대체 의사소통 지도

보완 · 대체 의사소통은 말로 의사소통에 어려움을 보이는 모든 장애 영유아에게 적용할 수 있는 대안적 의사소통 지도 방법이다. 특히, 중증의 지체장애 영유아나 자폐성 장애, 지적장애 영유아를 지도하기 위해 주로 활용된다.

보완 · 대체의사소통체계는 종류가 매우 다양하다. 장애 영유아의 언어, 인지, 운동능력 수준 등을 고려하여 각각의 장애 영유아에게 적합한 보완 · 대체의사소통체계를 활용하면 된다. 그 중에서 많이 사용되는 방법인 의사소통판과 그림교환의사소통체계(PECS)를 활용하여 지도하는 방법은 다음과 같다.

(1) 의사소통판 활용

- 어휘 선택 시, 장애 영유아가 생활하는 환경에서 가장 효율적인 상호작용을 할 수 있는 어휘를 선택해야 한다. 일과에서 필요한 기능적 어휘 목록을 작성하고 부모 면담을 통해 장애 영유아가 가장 관심을 보이고 자주 요구하는 어휘 목록을 만들어 이를 활용하여 지도한다. 장애 영유아로 하여금 자신의 요구가 수용되는 경험을 하게 해야 초기에 보완·대체의사소통 사용 빈도를 높일 수 있다.
- 어린이집의 매일의 일과는 일관적이다. 따라서 장애 영유아로 하여금 하루 일과를 예측 가능하게 하므로 매일의 일과에서 의사소통판을 활용하여 반복적으로 상호작용을 시도하여 대화 주고받기를 해야 한다.
- 지체장애 영유아의 경우, 신체적 움직임의 제약으로 자신이 원하는 그림을 가리키지 못하고 다른 그림을 가리키는 경우가 있는데 교사는 이를 민감하게 파악하여 다시 질문을 해서 장애 영유아의 의도를 정확하게 파악해야 한다.

(2) 그림교환의사소통체계(PECS)

그림교환의사소통체계는 아동이 원하는 물건의 그림을 의사소통 상대자에게 주고, 원하는 물건을 받을 수 있도록 가르치는 것이다. 일과 안에서의 지도방법과 주의할 점은 다음과 같다.

- 그림교환의사소통체계는 주로 중증의 장애 영유아를 지도하기 위해 사용하는 경우가 많다. 중증의 장애 영유아는 기본적인 욕구를 표현하는 것 이외에 의사소통이 전혀 안 되는 경우가 많으며 자신이 원하는 것을 그림으로 교환해야 된다는 개념 습득이 되지 않은 경우가 많다. 따라서 교환개념을 지도하는 단계에서 반복적인 지도가 필요하다.

  예 물을 마시기 직전에 항상 물 그림을 교사에게 주고 마시도록 한다. 교환개념 지도 단계에서는 2명의 교사가 협업하는 것이 필요하다. 장애 영유아는 물을 마시기 위해 자발적으로 물 그림을 교사에게 주는 행동을 하지 않는다. 따라서 한 명의 교사는 그림을 제시하고 다른 교사는 장애 영유아의 뒤에서 손을 잡고 그림을 집어서 교사에게 주도록 지도해야 한다.

- 아동이 반응을 보이기 시작하는 것부터 하나씩 집중적으로 반복하면서 점진적으로 목록을 늘려간다.
- 그림을 교환하는 개념이 완전히 습득되고 자발적으로 교환하는 것이 가능해지면, 점차 선호물을 요구하기 위해 말로 표현하도록 지도한다.

4) 조음발달에 문제를 보이는 유아

말소리 산출능력은 한 번에 습득되는 것이 아니라 영유아시기를 거쳐 점진적으로 발달한다. 따라서 영유아 시기에는 정상 발달을 하는 과정에서도 조음에 문제를 보일 수 있다. 조음에 문제를 보이는 유아를 지도하기 위해서 교사는 우선 이러한 오류가 정상발달 단계에서 보일 수 있는 오류인지 아닌지를 파악해야 하며, 조음에 문제가 있다고 판단될 경우에만 지도를 해야 한다. 발음에 문제를 보이는 유아의 지도 방법 및 주의할 점은 다음과 같다.

- 발음이 좋지 않아 유아의 말을 이해하기 힘든 경우, 유아에게 발음을 계속 반복해서 따라하도록 하면 안 된다. 정확한 발음을 모델링해 주고 1~2회 정도 모방하게 하는 것은 가능하다.
- 일과 안에서 자연스럽게 발음을 지도해야 한다. 일과 중 목표한 음소가 들어가는 어휘를 사용할 경우, 유아로 하여금 이를 산출하도록 하고 모방을 통해 정확한 조음을 해볼 수 있도록 지도한다.
- 놀이 활동을 계획해서 발음을 지도한다.

  예 /ㄱ/ 발음에 오류를 보이는 유아가 있다면 '바다에 사는 생물'이 주제일 때 /ㄱ/음소가 들어간 단어 카드(갈치, 고등어, 고래 등)를 가지고 낚시 놀이를 통해 발음을 지도한다. 교사와 유아 각자 자신이 낚은 물고기의 이름을 말해야 가지고 갈 수 있도록 규칙을 정하고, 유아의 발음이 부정확 할 경우 모델링을 통해 모방을 해서 발음해 보도록 하게 한다.

- 또래 친구들이 놀리지 않도록 하고, 유아로 하여금 위축돼서 말하는 것을 피하지 않도록 지도한다. 친구들이 놀리거나 "재는 왜 저렇게 말해요?"라고 할 경우, 교사는 아이들에게 뛰기를 잘 하는 아이와 못하는 아이가 있고, 노래를 잘하는 아이와 못하는 아이가 있는 것처럼 말하는 것도 다른 친구들보다 먼저 잘하는 아이가 있고 그렇지 않은 아이가 있다라고 말해준다.
- 가정과 연계해서 지도할 필요가 있다. 부모의 경우 유아의 발음이 부정확하더라도 유아의 말을 알아듣고 반응을 해주거나, 유아가 말하기 이전에 유아의 요구를 들어주는 경우가 있다. 이럴 경우, 유아는 말할 필요를 느끼지 못하므로 부정확한 조음 방식이 고착화 될 우려가 있다. 조음 또한 근육의 움직임이므로 연습이 필요하다. 따라서 가정에서도 유아에게 말로 표현 할 기회를 제공하고, 정확한 모델링을 통해 모방을 해 볼 수 있는 기회를 제공하도록 해야 한다.

TIP

장애 영유아 조음지도 시 고려할 점

장애 영유아들의 경우 조음 발달이 정상 발달 양상과 다르게 발달할 수 있음을 이해하고 있어야 하며, 장애 영유아들은 개별 음소의 오류를 수정하는 것보다 정확하게 산출할 수 있는 어휘를 확장해 주는 것이 더 효과적인 경우도 있으므로 이를 고려하여 지도할 필요가 있다.

5) 말더듬을 보이는 유아

영유아 시기에는 정상발달 과정에서 유창성에 문제를 보일 수 있다. 2~4세 시기에 비유창성이 나타날 수 있는데, 이러한 비유창성은 정상적인 비유창성과 말더듬의 형태로 구분된다. 따라서 관찰 및 분석을 통해 이러한 비유창성이 말더듬의 유형인지 아닌지를 먼저 파악하고, 지도할 필요가 있다. 말더듬을 보이는 유아의 지도 방법 및 주의할 점은 다음과 같다.

- 먼저 유아가 편하게 말을 할 수 있는 분위기를 만들어 주어야 한다. 특히, 말더

듬는 유아 중 낯선 사람과는 아예 입을 닫아버리고 말을 안 하는 경우가 있는데 유아에게 실습생은 낯선 사람이다. 따라서 유아에게 말을 하도록 강요해서는 안 되며, 유아가 말을 할 때까지 기다려주어야 한다.

- 유아가 말을 더듬고 유창하게 하지 못하는 경우, 유아에게 반복적으로 말을 따라 해 보라고 하거나 똑바로 말하라고 하지 말아야 한다.
- 교사도 말을 더듬는 유아에게는 다른 유아들에게 말할 때보다 속도를 천천히 해서 말을 해주어야 한다.
- 유아의 말을 들을 때에는 말더듬는 것을 듣지 말고 유아가 말하는 내용을 들어주어야 한다.
- 무슨 말을 할지 안다거나 바쁜 상황이라고 하더라도 유아의 말을 중간에 막지 말고 끝까지 들어주어야 한다.
- 또래 유아들이 말더듬는 유아의 말을 따라하거나 놀리지 않도록 해야 한다.

TIP

영유아시기 말더듬 현상 이해하기

영유아시기에 말더듬는 현상은 자연적으로 회복되는 경우가 많다. 따라서 영유아가 말을 더듬는다고 해서 이를 큰 문제로 삼지 않도록 하고, 무조건 치료를 권하지 말아야 한다. 교사나 부모가 유아의 말에 더 신경을 쓰다 보면 유아는 말하는 것에 두려움을 느껴 말더듬이 심해질 수도 있다. 단, 말더듬이 지속되거나 심화될 경우 전문가에게 정확한 진단을 받아 볼 필요는 있다.

4. 사회성 발달 지도

아침에 일어나 어린이집에 등원하기 까지 가정 환경을 중심으로 부모와의 상호작용하며 등원 준비를 하는 과정에서도 다양한 사회적 기술이 요구되지만, 사회성 기술은 어린이집에 등원하여 귀가하는 모든 일과와 활동에서 요구되는 말과 행동, 태도 등을 포함한다. 다양한 성격과 기질, 발달 특성을 보이는 영유아들과의 집단 생활에 잘 참여하기 위해서는 다양한 사회성 기술을 습득하여야 한다. 어린이집에서 진행되는 다양한 일과와 활동들이 사회성 발달을 위한 기회를 제공하므로 이를 잘 활용하려는 노력이 요구된다.

1) 양질의 보육과정에 기반한 사회성 발달 지도

사회성 발달에 가장 중요한 기반은 어린이집에서 진행되는 보육과정의 질이다. 양질의 보육과정을 기반으로 하여 상호작용의 기회를 계획하여야 한다.

- 사회성 발달이 좋은 친구를 관찰하고 상호작용 할 수 있는 기회를 제공한다.
- 한 명 이상이 함께 해야 하는 협동 활동을 활용한다.
- 주제 관련 활동에 두 명 이상의 유아가 함께 참여하도록 한다.
- 구조화된 놀이와 비구조화된 놀이를 모두 제공한다.
- 우정, 친구와의 다툼과 화해 과정, 다양한 감정과 관련된 책을 같이 읽고 이야기 나누기 주제로 이야기를 나눈다.
- 사회적 상호작용을 촉진하는 교구와 놀잇감(예: 손인형, 보드게임 등)을 선택하여 놀 수 있게 한다.
- 소집단 활동에 참여하는 또래를 선정할 때에는 사회성 발달 특성(기질, 상호작용 시도와 반응 능력 등)을 고려하여 신중하게 선택한다.
- 간식 시간이나 집단 활동에 필요한 자료를 공유하거나 건네주도록 한다.

- 일과 전이 시간에 짝을 지어 주어 적절한 행동을 같이 하도록 한다.
- 역할 놀이에 특정 역할을 수행하게 도움을 준다.
- 도우미 역할 부여하여 학급 전체를 위한 과제를 수행하게 한다. 도우미는 두 명 이상 지명하여 시범을 보면서 역할 수행하게 한다.
- 미술 활동 중에 불충분한 자료를 주어 차례를 지키거나 나누어 쓰게 한다.
- 노래(예: 둘아 살짝 손잡고, 동대문 등)와 집단 활동 중에 서로 안아 주거나 손바닥을 마주치기(하이파이브) 같은 집단 우정 행동을 한다.
- 선호하는 활동 기회를 충분히 제공하고 또래와 주고받는 행동을 체계적으로 경험하게 한다.
- 비장애 유아에게 상호작용 시작과 반응에 대한 말과 행동을 구체적으로 지도한다.
- 활동에 잘 참여하는 유아를 적극적으로 강화한다.
- 또래 상호작용을 하면서 놀이 하는 일과를 규칙적으로 갖는다.
- 갈등을 해결하는 데 도움이 되는 시각적 자료를 활용한다.

[그림 5-14] 화가 났을 때의 행동을 안내하는 사진 자료의 예

2) 또래와의 상호작용 지도

사회성 발달에 지연을 보이는 장애 영유아들은 교사의 지도나 개입 없이 또래 유아와 상호작용 하는 비율이 매우 낮으므로 교사의 지원이 필요하다.

장애 영유아가 또래 유아들과 함께 놀이에 참여하고 상호작용을 할 수 있는 환경을 마련해 주고, 상호작용 할 수 있는 기술을 가르쳐야 한다. 또한 또래 유아들은 장애 영유아를 친구로 인정하고 함께 놀고 싶어 하는 태도를 형성시킬 수 있도록 지도하고, 필요한 경우에는 장애 영유아와 함께 놀이하기 위한 기술도 가르쳐야 한다.

(1) 또래 상호작용을 돕는 환경 마련하기

사회적 기술을 발달시키는 데에 가장 기본적인 조건은 나누어서 놀 수 있는 놀잇감과 활동을 할 수 있는 공간 그리고 공간 안의 적절한 또래의 수 등을 조절해 주는 물리적 환경의 마련이다. 놀잇감과 교재는 종류에 따라서 고립되기도 하고 상호작용을 촉진하기도 하기 때문에 선정 시 유의해야 하며(〈표 5-2〉 참조), 상호작용 증진을 위한 구체적인 환경 준비 방법은 〈표 5-3〉에 제시되어 있다.

〈표 5-2〉 또래 상호작용을 유발시킬 수 있는 놀잇감과 활동의 예

놀잇감	상호작용
공	• 마주보고 서서 공 주고 받기 • 서로 공 굴려주기 • 번갈아가며 바구니에 공 넣기
블록	• 교대로 올려놓거나 길게 이어놓기 • 블록으로 기찻길을 만들고 기차가 되어 지나가기
기차	• 기관사 ,손님, 역무원 역할하기 • 함께 기찻길 만들기
아동이 탈 수 있는 차	• 손님, 운전사 역할하기 • 운전사, 경찰 역할하며 교통놀이하기
역할 놀이 도구	• 미용실 놀이 • 병원 놀이 • 음식점 놀이

놀잇감	상호작용
역할 놀이 도구	• 슈퍼 놀이 • 모형집 • 엄마, 아빠 의상

〈표 5-3〉 또래 상호작용 증진을 위한 환경 수정 방법

방법	내용	예
물리적인 환경 수정	• 불필요한 다툼을 줄이고 적절한 상호작용을 할 가능성을 높이기 위해 적절하게 놀이 공간을 제한해준다.	• 자유선택활동 시간에 활동 영역별로 일정한 수의 유아만 들어갈 수 있도록 입구에 일정한 수의 목걸이를 걸어두고 목걸이를 건 유아만 들어가도록 한다.
활동 수정	• 놀이 주제를 제안한다. • 놀이 규칙을 정한다. • 놀이 규칙을 수정한다. • 놀이 역할을 정한다.	• 블록 쌓기를 각자 할 때 "얘들아, 우리 블록을 모아서 기차길을 만들어 볼까?" 협동하는 놀이 주제를 제안한다. • 블록을 키만큼 쌓는 활동 시 두 명이 짝이 되어 한 명은 서 있고 다른 한명은 키만큼 쌓도록 규칙을 정한다. • 혼자 하는 퍼즐 맞추기를 할 때 두 명의 유아가 주사위를 던져 퍼즐을 하나씩 맞춰가도록 놀이 규칙을 수정할 수 있다. • 역할 영역에서 배회하고 있는 진우를 참여시키기 위해 "여기 새 식당이 문을 열었어요. 주인은 누가 할까요? 진우가 식당 주인을 해볼까요? 손님들 진우네 가게로 어서 오세요"라고 말한다.
적절한 놀잇감과 교재 배치	• 상호작용이 많이 일어날 수 있는 놀잇감과 교재를 비치한다. • 상호작용이 적게 일어나는 놀잇감을 사용하는 경우에는 놀잇감의 수와 제공 방법을 수정하여 상호작용을 유발시킨다.	• 〈표 5-2〉 참조 • 큰 퍼즐을 하나만 주고 둘이 함께 맞추기 • 색연필을 통에 함께 사용하기, 풀이나 가위를 둘이 함께 쓰기, 필요한 재료를 친구들에게 나누어 주기
사회적으로 유능한 또래를 활용	• 장애 영유아에게 반응을 잘하는 또래를 소집단에 함께 배치하여 긍정적인 상호작용 경험을 증가시킨다.	• 장애 영유아가 선호하는 또래 유아, 장애 영유아에게 관심을 보이는 유아, 리더십이 있거나 다른 친구들을 잘 배려해주는 유아를 같은 소집단에 배치하기

(2) 학급 중심의 또래 상호작용 촉진 전략: 우정활동(group friendship) 실시

우정 활동은 학급에서 많이 사용하는 노래나 손유희, 게임, 활동 등에 애정을 표현하기 위한 행동(껴안기)이나 상호작용이 포함된 놀이(간지럼 태우기)를 포함하도록 수정하는 활동이다. 대집단이나 소집단, 일상적인 일과 중에서나 특별한 활동으로도 진행할 수 있다. 짧은 시간을 하더라도 매일 하는 것이 좋고, 아동들이 흥미를 느낄 수 있는 재미있는 행동과 친사회적인 행동(미소 짓기, 악수하기)이 포함되도록 한다. 아이들이 스스로 행동을 생각해 낼 수 있도록 하면 더 흥미롭게 참여가 가능하다.

[그림 5-15] 또래 상호작용 방법 제시 그림 자료의 예

출처: http://depts.washington.edu/hscenter/

(3) 직접적인 상호작용 기술 지도

장애 영유아들이 또래와 관계를 맺으려면 장애 영유아와 또래 영유아 모두에게 사회적 상호작용을 할 수 있는 기술을 가르치는 것이 필요하다. 장애 영유아에게 사회적 시작행동을 가르쳐도 또래가 반응해 주지 않으면 장애 영유아의 시작행동은 늘어나지 않는다. 또래 영유아에게 장애 영유아와 함께 놀이하는 방법을 가르쳐도 장애 영유아가 반응해주지 않으면 흥미를 잃게 된다. 장애 영유아가 반응하지 않아도 지속적으로 노력해야 하는 이유를 가르치고 이해시켜야 한다.

① 상호작용을 시작하기 위한 행동을 가르칠 것인지 또는 ② 다른 친구가 시작하는 행동에 반응을 하기 위한 행동을 가르칠 것인지를 결정한다. 여러 가지 방법으로 상호작용을 시작할 수 있기 때문에 구체적인 상황에 따라 어떻게 상호작용을 시작하고 어떻게 반응하도록 하는 것이 자연스러울지를 결정한다. 장애 영유아에게 시작행동을 가르칠 때에는 영유아에 따라서 단순한 시작행동 외에 상호작용의 대상이 되는 친구 선택하기, 친구의 관심 끌기(예: 쳐다보도록 이름 부르기 등), 시작 행동에 친구가 반응하지 않을 때 다시 한 번 시작 행동하기 등을 추가로 가르쳐야 한다. 시작 행동과 반응 행동을 지도 한 다음에는 영유아들 간의 놀이 상황에서 놀이에 필요한 기술을 자연스럽게 배울 수 있도록 한다. 교사가 영유아들에게 구체적으로 시범을 보이고 연습할 기회를 주면서 다양한 사회적 기술들을 가르칠 수 있다.

〈표 5-4〉 사회적 시작행동의 예

기술	행동의 예
놀이 시작하기	• "나랑 같이 놀자" • 친구에게 다가와 팔을 살짝 치기
친구와 놀잇감 나누기	• 같이 놀기 위해 놀잇감을 함께 놀고 싶은 친구에게 쥐어 주기
놀잇감 나누도록 요구하기	• "블록 좀 빌려줄래?" • 친구에게 손을 내밀어 놀잇감 얻기
놀이 제안하기	• "우리 가게 놀이하자" • "네가 아빠 해. 그리고 우리 같이 저녁 차리자" • 공 놀이 하고 싶을 때 친구에게 공을 내밀기

기술	행동의 예
친구에게 애정 표현하기	• 어깨동무 하기 • 살짝 안아주기
친구를 도와주기	• "내가 도와줄께"하고 말하기 • 친구와 함께 큰 블록통 옮기기
친구에게 칭찬하는 말 해주기	• "잘 했어" • 게임에서 이겼을 때 하이파이브 해 주기 • "네 가방 참 이쁘다"
친구에게 정보 전달하기	• "이거 어제 엄마가 사줬어" • 역할놀이를 하며 "내가 커피 만들었어. 먹어봐"하고 말하기
친구로부터 정보나 도움 요청하기	• "뭐하고 있어?" • "너는 뭘 그렸어?" • "나도 너처럼 그려줘"
친구에게 질문하기	• "너는 빨간 차가 좋아, 파란 차가 좋아?" • "너 오늘 누구랑 어린이집에 왔어?
기존의 놀이에 참여하기	• "나도 같이 놀자" • 자동차 놀이를 하고 있는 친구들이 있을 때 자동차를 찾아서 친구들에게 다가감

장애 영유아에게 짝을 정해주어 도움을 주거나 활동 시범을 보여주도록 하는 전략은 통합환경에서 자주 사용하는 전략이다. 하지만 또래들에게 적절한 교육 없이 교사의 부담을 덜기 위해 장애 영유아가 또래에게 맡겨지는 경우가 발생하기 쉽다. 또래를 선정하여 구체적인 지도방법까지 계획을 세워서 장애 영유아와 또래 모두에게 부담을 주거나 어떤 제한을 주기보다 상호작용을 즐기고 서로에게 유익을 줄 수 있도록 준비해야 한다.

① 또래 선정하기

또래가 주도하는 상호작용을 성공적으로 수행하기 위해서는 적절한 또래의 선정이 매우 중요하다. 또한 또래 놀이의 경험은 장애 영유아나 일반 영유아 모두 즐겁게 즐기는 가운데 서로의 관계가 행복하고 만족한 경험을 할 수 있도록 이끌어져야 한다.

- 평소에 다른 유아들을 배려하거나 장애 영유아가 선호하는 유아를 짝으로 선정한다. 장소 이동 시나 현장학습 시 선정된 짝과 다니도록 한다.

- 혹시 짝을 하는 것이 부담스러운지 점검하여 적절한 시기에 바꾸어 주도록 한다.
- 자유선택활동이나 활동 시 장애 영유아에게 시범을 보이거나 상호작용을 시도할 또래를 선정하여 어떻게 지도할 것인지에 대한 계획을 세워둔다.
- 대집단 활동 시간에 모여 앉거나 책상에 앉을 때 장애 영유아의 옆자리에 어떤 유아를 앉게 할 것인지 선정하여 지도 계획을 세워둔다.

② 또래 역할 지도하기

또래에게 상호작용을 시작하는 행동이나 다양한 상호작용의 형태를 지도하고, 장애 영유아에게 시도해 볼 수 있도록 교사가 곁에서 지원하고 유도할 때 효과적인 결과를 얻을 수 있게 된다. 〈표 5-5〉의 놀이 시범 보이기의 예처럼 구체적인 계획을 세워서 지도해야 한다.

〈표 5-5〉 교사나 또래의 놀이 시범 보이기의 예

교사 촉진 내용	대화의 예
친구의 이름을 불러요	"○○아"
같이 놀자고 말해요	"나랑 놀자"
친구의 손을 잡고 놀잇감을 쥐어줘요 만약 놀잇감을 갖지 않으면 다시 쥐어줘요	"이거 갖고 놀자"
어떻게 노는지 보여줘요	"이렇게 하는 거야"(조작하기 시범)
따라해 보라고 얘기해줘요	"너도 해봐"
함께 놀아요	"같이 해 보자"

또래를 활용하여 지도할 때는 다음과 같은 점을 고려해야 한다.

- 경쟁을 유도하기 보다는 할 수 있는 활동을 선택한다.
- 장애 영유아를 지나치게 도와주어 학습의 기회를 감소시키는 지를 점검하여 적절한 상호작용 방법을 알려준다.
- 짝이 된 또래 유아가 부담스러울 정도로 역할을 강조해서는 안 된다.
- 교사의 말과 행동은 아이들의 모델이 된다. 교사가 장애 영유아에게 지시적인 말

을 하는지, 장애 영유아가 스스로 할 수 있도록 충분한 시간을 제공하는지 스스로 점검한다.

- 장애 영유아와 짝이 된 또래가 친구로서의 동등한 관계가 맺어지도록 교사가 최대한 지원한다.
- 짝이 된 또래에게 처음에는 칭찬과 같은 강화를 통해 즐겁게 참여하도록 돕는다.

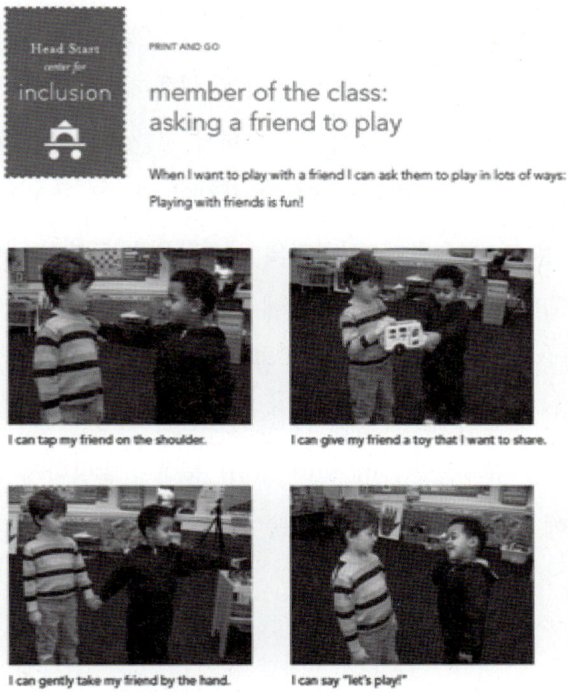

[그림 5-16] 또래 상호작용 방법 제시 사진 자료의 예

출처: http://depts.washington.edu/hscenter

3) 사회적 기술 습득 정도가 낮은 유아를 위한 지도

사회적 기술은 태어나면서 처음으로 접하는 주 애착 대상자와의 안정된 애착을 기반으로 하여 점차 다양한 사람들로 확장되어 간다. 생애 초기 발달기인 영아기에는 안정적 애착을 기반으로 다양한 사물과 사람과의 탐색적 행동을 나타내며 이런 과정에서 구강기의 발달 행동들이 나타나게 된다. 사회적 기술 습득의 정도가 구강기(아제의 감각운동기)에 해당되는 경우에는 상호작용적 행동을 구체적으로 충분히 반복할 기회를 제공하여야 하는데 이러한 상호작용적 행동에는 눈맞춤, 모방, 주고받는 행동 들이 있다. 또래 뿐 아니라 부모와 가족 구성원과의 관계에서 빈도가 높은 다음의 사회적 기술들은 그 관계성 내에서 지도하여야 한다.

(1) 눈 맞춤과 공동 주의 집중

상호작용을 유지하기 위해서는 사회적 자극에 대해 주의를 기울이고 집중을 유지하는 능력이 요구된다. 이는 어떤 대상이든 사회적 교환(주고받기)을 하기 위해 기본적인 능력이다. 다른 사람의 행동을 이해하고 자신의 행동을 조절하기 위해서 주의집중할 수 있는 상황을 만나야 한다. 사람과의 상호작용을 충분히 하는 것이 중요하며 이러한 영아기 애착을 기본으로 다른 사람에 대한 상호작용이 확장되며 사물에 대한 주의집중 능력도 발달하게 된다. 눈맞춤을 통하여 상호작용 대상자의 의도를 주시하고 이해하는 능력이 발달하게 되며 두 사람이 동일한 상황이나 사물에 대한 주의를 같이 기울이면서 공동 주의집중(joint attention) 능력이 발달하게 된다. 영유아가 관심을 보이는 사물에 대한 관심을 같이 기울이려는 노력이 필요하다.

(2) 모방

언어적 표현능력이 없다 해도 표정과 몸짓 등의 모방 행동이 먼저 나타날 수 있다. 모방을 통하여 활동에 대한 참여를 유도할 수 있다. 모방하는 대상과 장애 영유아는 상호작용을 유지할 수 있다.

(3) 주고받기(turn-taking)

사물을 두 사람이 주고받거나 행동을 모방하면서 따라하거나 질문과 답변을 이어나가는 과정이 주고받는 과정이다. 이러한 주고받는 행동이 상호작용을 지속하는 수단이 되므로 탐색하는 사물에 대한 주고받는 행동에 반응을 보여주는 것이 중요하다.

간단하게 공을 굴려서 주고받는 행동을 하거나 감각적으로 탐색하는 사물을 이용하는 것이 효과적이다(예: 물 따르기).

5. 인지 발달 지도

1) 장애 영유아의 인지발달과 인지기술

장애를 가진 영유아들이 장애가 없는 영유아들과 비교할 때 발달의 속도가 느리기는 하지만, 일반 아동들과 순서적으로 유사하고 발달 연령이 같은 경우에는 놀이 수준이나 놀이 단계의 발달도 거의 비슷하다. 따라서 장애 영유아의 인지발달을 촉진하기 위해서는 인지발달의 보편적인 순서와 내용을 적용하는 것이 좋다.

인지기술은 자극에 대한 주의집중, 자극간의 유사점과 차이점 파악, 지각 간의 교차, 기억, 사고, 추론, 문제해결과 같은 능력을 말한다. 인지발달은 유아가 자극에 주의집중하거나 새로운 정보를 기존의 지식과 통합할 때 또는 셈하기나 문자 인식과 같은 학문전(preacademic) 기술을 보일 때, 복잡한 과제를 해결할 때, 미래의 사건을 예측하거나 해야 할 일들을 계획할 때, 장단기 기억력을 사용할 때 이루어진다(이소현, 2003).

2) 영유아의 인지기술

(1) 영아의 인지기술

영아기에 습득되는 행동은 감각운동기술로 기본적인 사고 및 개념 발달의 기초가 된다. 생후 약 2년 정도까지 진행되는 감각운동기의 마지막 시기에 이르면 영아는 상징능력을 습득하게 된다(노진아 · 김연하 · 김정민 역, 2011).

① 수단–목적 관계 이해(목적성 문제해결)

수단-목적 행동은 사물과 사람을 모두 이용하는 목적성 있는 문제해결을 말한다.

② 대상 영속성

대상 영속성은 사물을 듣거나 만지지 못할 때에도 사물이 존재한다는 사실을 이해하는 능력을 의미한다. 이 경우 대상이란 사물, 사람을 모두 포함한다.

③ 공간관계

공간에서의 사물의 위치뿐만 아니라 다른 것들과의 관계에서 사물의 위치를 인식하는 것이다. 영아들이 처음에는 공간 관계를 지각하지 못하지만 점차 움직이는 사물을 쳐다보거나 소리에 귀를 기울이게 되면 공간 속에서 사물의 위치를 찾을 수 있게 된다.

④ 인과관계

흥미로운 사건의 원인을 이해하는 것으로 특히 사물이 작동되는 원리를 이해하고 스스로 변화시킬 수 있음을 인식하는 것이다.

⑤ 모방

모방은 다른 사람의 말(음성)과 행동(몸짓)을 따라하는 것이다.

⑥ 사물과 관련된 도식(놀이)

다양한 사물에 대해서 다양한 행동을 수행하는 능력을 말한다.

⑦ 감각 구성 반응

감각운동기술의 초기 단계에서 발생하는 행동으로 시선 고정, 소리의 방향 인식, 시각적 자극 따르기, 청각적 자극 따르기, 손으로 쥐기, 잡고 유지하기, 뻗치기 등과 같은 행동이다.

⑧ 상호작용적 능력

자극에 관심을 보이고 점차 주의집중하면서 자극을 식별하는 선택적 주의집중을 하게 되면 단순하고 미분화된 행동이 점차 정교화되면서 상징적 상호작용으로 발달하게 된다. 상호작용적 능력은 영아의 생물학적 체계가 성숙해짐에 따라, 또 환경과의 상호작용의 결과로 점차 발달한다.

장애 영유아의 감각운동기술과 상호작용적 능력을 촉진하기 위한 교수 전략은 다음과 같다(이소현, 1995).

- 장애 영유아의 행동에 민감하게 반응한다. 영유아의 관심을 불러일으키고 유지하는 것에 주의를 기울이고 초점을 맞춤으로서 상호작용할 수 있다.
- 장애 영유아의 모든 행동을 상호작용적인 의도로 받아들인다. 영유아의 주의집중 능력을 사회적, 비사회적 환경과 상호작용하고자 하는 의도로 해석하는 것은 영유아의 시작행동을 촉진하게 된다.
- 장애 영유아의 시작행동에 반응한다. 영유아의 시작행동에 대한 반응으로서 강화적인 후속자극을 제공하는 것은 사회적 행동에 대한 일관성있는 반응처럼 효과적인 결과를 가져온다.
- 진행 중인 장애 영유아의 시작행동을 격려한다. 성인 주도의 상호작용과 반대되는 개념으로 높은 수준의 유아-시작의 상호작용을 강조하는 것은 유아가 자신의 능력을 더 많이 표현하는 기회가 된다.
- 장애 영유아의 능력을 지지하고 격려한다. 영유아가 자신의 능력 이상으로 격려받고 지지받는다면 유아의 행동은 더욱 정교화되고 일반화될 것이다.

(2) 유아의 인지기술

영아기를 지나 유아기에 이르면 더 진보된 감각으로 인과관계를 이해하게 된다. 예를 들어 '개는 동물이지만, 강아지 인형은 동물이 아니다'라는 사실을 알게 되고 동물에도 다양한 종류가 많다는 것을 이해한다. 언어기술과 상징놀이, 자신의 행동을 조절하는 능력도 매우 향상된다. 다음은 유아기 인지발달에 필요한 중요한 경험들이다.

〈표 5-6〉 유아기 인지발달에 필요한 경험

영역	내용
적극적인 학습	• 모든 감각을 활용한 탐구하기 • 직접적인 경험을 통한 관계 발전 • 교재의 조작, 변형, 혼합 • 교재, 활동, 목적의 선택 • 도구 및 기구를 이용하는 기술 습득 • 대근육의 사용 • 자신의 필요를 스스로 충족시키기
언어	• 개인적으로 의미 있는 경험에 대해서 다른 사람에게 이야기하기 • 사물, 사건 및 이들의 관계에 대해 설명하기 • 감정을 말로 표현하기 • 자신이 말한 이야기를 글로 쓰거나 다시 읽기 • 언어를 이용한 재미있는 경험
경험 및 표현	• 소리, 감촉, 맛, 냄새를 통한 사물 인식 • 동작 및 소리 모방 • 모델, 사진, 그림을 실제의 장소 및 사물과 연결시키기 • 역할놀이 • 시범 보이기 • 그림 보이기 • 자신이 말한 단어가 쓰거나 읽을 수 있다는 사실하기 관찰
분류	• 사물의 속성에 대한 관찰 및 설명 • 사물이 어떻게 같고 어떻게 다른지 주의를 기울이고 설명하기 • 여러 가지 방법으로 사물을 활용하고 설명하기 • 사물이 소유하지 않는 특성이나 종류에 대해서 이야기하기 • 동시에 한 가지 이상의 속성을 생각하기 • "몇 개"와 "전부"를 구분하기
연속	• 비교하기 • 몇 개의 사물을 순서대로 나열하거나 이들의 관계를 설명하기 • 순서대로 정렬된 일련의 사물들을 시행착오를 통해서 다른 사물들에 끼워 넣기
수	• 양의 비교 • 두 집단의 사물들을 1:1 대응으로 구성하기 • 사물의 개수 세기
공간관계	• 사물들을 함께 모으고 서로 분리하기 • 사물의 재구성 및 재형성 • 여러 가지 공간적인 입장에서 사물들을 관찰하고 설명하기 • 사물의 위치, 방향, 거리를 경험하고 설명하기 • 자신의 신체에 대해서 경험하고 표현하기 • 교실, 학교, 이웃에서의 사물들의 장소 인식 • 그림, 사진의 공간적인 관계 표현을 해석하기 • 도형을 식별하고 설명하기

영역	내용
시간	• 신호에 맞추어 동작을 멈추고 시작하기 • 여러 가지 속도에 대해서 경험하고 설명하기 • 시간 간격을 경험하고 비교하기 • 계절의 변화를 관찰하기 • 시계 및 달력이 시간의 흐름을 나타내기 위해서 사용된다는 사실을 관찰하기 • 언어로 미래 사건을 예측하고 적절하게 준비하기 • 계획하고 자신이 계획한 것을 완수하기 • 과거 사건을 설명하고 표현하기 • 과거 및 미래 사건을 표현하기 위해서 전통적인 시간 단위를 사용하기 • 사건의 순서에 주의를 기울이고, 설명하고, 표현하기

출처: 이소현 역(2003). 장애 영유아를 위한 교육. p.634.

위의 다양한 경험들을 통해 유아들은 규칙이나 개념을 이해하여 행동하고, 사물을 인식하고 분류하게 되며, 지난 사건이나 상황을 기억하여 표현하게 된다. 읽기, 쓰기, 셈하기와 같이 학령기에 요구되는 학업기술의 기초가 되는 전학문적(preacademic) 기술에 대한 준비도 가능하게 된다. 예를 들어 읽기의 전 단계에 나타나는 그림이나 문자를 인식하는 전읽기(prereading) 기술이나 그림이나 도형, 선을 그리거나 모방하는 전쓰기(prewriting) 기술을 익히고 배우게 된다. 셈하기와 관련된 활동으로는 차례대로 줄을 세우거나 규칙을 파악하고 개수를 세거나 수를 읽는 등의 전수학(premath) 기술이 나타난다.

장애 영유아 보육교사는 연령에 따른 영유아들의 발달지표를 잘 알고 내가 지도하는 장애 영유아의 인지 발달 수준에 맞춰 지도해야 한다.

3) 장애 영유아의 인지기술 지도

(1) 일과 중심 지도

인지기술은 사물이나 놀잇감 및 사람들과의 상호작용 중에 가장 잘 학습될 수 있다. 따라서 치료실과 같은 분리된 공간에서 제한적인 자극을 제공하는 것보다는 풍부한 자극과 모델이 존재하는 어린이집과 같은 자연스러운 환경에서 지도하는 것이 더 효과적이다.

어린이집의 일과는 어린이집마다 조금씩 다르겠지만 보통 등원, 자유선택활동, 대집단 활동, 간식, 화장실 가기, 식사, 낮잠, 하원 등이 있다. 이러한 활동은 인지기술을 지도하기에 좋은 시간이다. 예를 들어 출석을 부르는 시간에 장애 유아에게 친구 얼굴사진이 있는 이름표를 찾아와 붙여보게 한다면 친구들 구별하는 기회가 될 것이다. 유아에 따라 '최윤희'하고 말을 따라 하도록 가르치거나 아직 말을 하지 못하는 경우에는 손으로 친구의 사진을 짚거나 친구를 찾아 옆에 앉도록 지도한다. 어린이집의 일과와 활동 중에 가르칠 수 있는 인지기술은 다음과 같다.

〈표 5-7〉 일과 중에 지도할 수 있는 인지기술

일과	활동	인지기술
등원	• 자신의 신발장을 찾아 신발 넣기	• 자신의 이름 읽기 • 자신의 사진 찾기 • 위, 아래, 옆 등 공간관계 • 수 세기(예: 신발 세기)
간식	• 간식 나누기 • 간식 접시에 빵 하나씩 올려놓기 • 간식 접시에 과자 3개씩 놓기 • 컵에 쥬스 따르기	• 크기 개념(크다/작다) • 일대일 대응 • 수세기 • 양 개념(많다/적다)
화장실	• 차례로 줄서기 • 손 씻기	• 먼저/나중 • 서수 세기(첫째, 둘째…) • 일의 순서 및 차례 인식
식사	• 수저 놓기 • 적당한 양의 밥 선택하기 • 여러 가지 반찬 먹기	• 일대일 대응 • 수 세기(하나, 둘) • 양 개념(많다/적다) • 다양한 맛 경험하고 이를 표현하는 말 알기
낮잠	• 친구와 나란히 누워 키 재보기 • 친구에게 베개 나눠주기 • 친구들의 수에 맞게 베개 가져오기	• 키가 크다/키가 작다 • 일대일 대응 • 수 세기(하나, 둘…)
하원	• 가방 속에 소지품 넣기 • 신발장에서 신발 꺼내기	• 위치 개념(안, 밖) • 자신의 이름 읽기 • 위치 개념

출처: 이수정(2005). 서울시 보육교사 보수교육. 한국보육진흥원. p.35.

자유선택활동 시간에 교사는 유아들의 놀이를 지도하면서 장애 영유아와 간단한 상호작용을 통해 다양한 기술을 지도할 수 있다. 예를 들어 미술영역에서 모루로 만든 모양 찍기 놀이를 하면서 크기 개념(크다, 작다), 색깔, 모양 변별, 분류(색, 모양에 따라 분류하기), 수 세기, 형태 학습 등의 인지기술을 지도할 수 있다. 한 활동에서 다음 활동으로 이동하는 시간에도 교사가 영유아의 주의를 집중시킨 다음 활동에 대한 그림 카드 등을 제시하여 유아가 반응할 기회를 제공할 수 있다.

(2) 강점 중심 지도

강점 중심의 지도란 발달적, 행동적으로 나타나기 시작하는 인지기술을 습득하고 정교화하여 일반화할 수 있도록 돕는 것을 말한다. 장애 영유아를 지도할 때 교사들은 유아의 강점을 활용해서 흥미를 유지시키고 성공률을 높임으로써 긍정적인 자존감을 촉진하고 좌절감을 낮출 수 있도록 노력해야 한다.

장애 영유아의 인지발달을 촉진하기 위한 목표 또한 영유아가 속한 환경의 적응과 참여를 위해 필요한 목표를 지도해야 한다. 다음은 장애 영유아의 강점을 고려하여 다양한 일과 중에 인지기술을 지도하기 위한 장단기 목표이다.

〈표 5-8〉 강점 중심의 인지기술 목표

이름(성별)	김재인	연령	만 4세 6개월	장애유형	발달지체
강점	• 학급 또래들의 얼굴 사진 보는 것을 좋아하며 출석 카드를 가지고 놀이하는 것을 좋아한다. • 5까지 기계적 수세기가 가능하다. • 자신의 신체부위(5개 이하)를 알고 손으로 가리킨다. • 한 개의 물건과 한 개의 같은 그림을 짝짓는다. • 자신이 선호하는 파랑색은 정확하게 구분하여 선택한다(파랑색이라고 말하고 그 색깔을 꺼냄)				
지도점	• 또래의 얼굴과 이름을 구별하지 못하여 친구 이름 호명에 주변에 있는 친구 아무에게나 손을 내민다. • 놓여있는 사물의 수와 관계없이 1~5까지 수를 센다(사물이 하나만 있어도 무조건 기계적으로 하나, 둘, 셋, 넷, 다섯까지 말함) • 사물의 크고 작은 것을 구별하여 지시를 수행하는 데 어려움을 보인다. • 자신이 좋아하는 파랑색만 선택하고 지시하는 색을 구별하지 못한다.				

이름(성별)	김재인	연령	만 4세 6개월	장애유형	발달지체
장단기 목표	1. 또래의 얼굴과 이름을 구별할 수 있다. 1-1.교실 내에 제시된 또래들의 사진을 보고 성인이 가리키는 사진의 또래에게 필요한 행동을 할 수 있다(놀잇감 주기, 같이 손잡고 이동하기 등). 1-2 성인이 이야기하는 이름의 또래에게 필요한 행동을 할 수 있다(놀잇감주기, 같이 손잡고 이동하기 등).				자유선택활동 실외놀이 전이, 이동 시
	2. 3 이하의 수와 양의 개념을 알고 개수에 맞게 사용할 수 있다. 2-1. 3 이하의 수만큼 사물을 손가락으로 하나씩 짚으며 셀 수 있다(하나, 둘, 셋). 2-2. 3 이하의 수에서 요구하는 수만큼을 상대방에게 사물을 세어 줄 수 있다.				자유선택활동 실외놀이 점심/간식시간
	3. 크기에 대한 지시를 듣고 수행할 수 있다. 3-1. 크기가 다른 같은 사물 두 가지 중에서 크기가 같은 것을 찾아 놓을 수 있다. 3-2. 크기가 다른 같은 사물 두 가지 중에서 큰 것 또는 작은 것을 달라고 요구하면 구분하여 줄 수 있다.				자유선택활동 실외놀이 정리 시
	4. 3가지 색(빨강, 파랑, 노랑)을 구분하여 색 이름을 말할 수 있다. 4-1. 보여 주는 3가지 색(빨강, 노랑, 파랑)과 같은 색깔을 찾아 가리킬 수 있다. 4-2. 3가지 색(빨강, 노랑, 파랑)의 사물들을 찾아 가리킬 수 있다.				자유선택활동 실외놀이

출처: 한국보육진흥원(2012). 장애아보육 운영 매뉴얼Ⅱ. -장애아보육 교사실무, p.78.

인지 발달의 지체를 보이는 유아가 대근육운동 기능상의 강점을 보인다면 그네를 타면서 '하나, 둘, 셋'을 세고 열 번씩 친구와 교대로 타기와 같은 규칙을 지도할 수 있다. 이와 같이 대근육운동 활동과 인지 교수를 통합하여 강점을 이용한 흥미로운 인지 교수 활동을 진행하는 것이 강점 중심의 지도이다.

(3) 가족중심지도

장애 영유아의 능력을 향상시키기 위해서는 가정에서 부모의 노력이 필요하다. 교사와 가족의 긴밀한 협조뿐만 아니라 발달의 중요한 환경인 부모-아동 간의 상호작용 관계를 개발하고 부모의 노력을 지지하고 지원해야 한다. 가정에서 부모가 자녀의 행동에 대해 어떻게 반응해야 하는지 다음과 같이 안내할 수 있다.

TIP

부모-자녀 상호작용 가정안내문

<학습 상황에서 자녀와의 상호작용 방법>

- 학습 시에 자녀의 행동은 바르게 반응한 경우와 그렇지 못한 경우로 나눌 수 있습니다. 바르게 반응한 경우에는 즉각적으로 음식물, 칭찬, 뽀뽀하기, 자녀가 좋아하는 텔레비전 보기나 놀이터 가기와 같은 활동의 기회를 제공합니다.
- 행동의 결과로 사용하는 강화제는 자녀가 좋아하는 것 중에서 효과가 좋은 것을 줍니다.
- 행동 후 바로 강화를 하는 것은 자신이 바르게 행동했음을 알려 주고 동시에 바르게 수행할 기회를 증가시키는 역할을 합니다.
- 바르지 못한 행동을 하는 경우, 가르치는 내용이 어렵기 때문일 수도 있습니다. 이 때는 과제의 수준을 낮추고 촉진을 하여 자녀가 과제를 바르게 수행할 수 있도록 도와줍니다.
- 만일 과제를 바꾸거나 쉽게 제시하지 않으면 바른 행동을 배울 기회가 없어지는 것입니다. 따라서 과제를 성공적으로 수행하여 자신감을 갖게 하는 것이 매우 중요합니다.
- 자녀의 올바르지 않은 반응에 대해 "___이 아니야", "네가 잘못한 거야" 등의 부정적인 말을 하기 쉽습니다. 이런 경우 자녀는 자신의 잘못된 점만 듣고 기억하여 실패감을 느끼거나 위축되어 배우려는 욕구가 없어지고 학습을 기피하게 됩니다.
- 자녀가 반응을 올바르게 하지 못하여 위축되거나 흥미를 잃기 전에 필요한 다양한 도움을 주고 해야 할 기술을 수정하고 쉽게 만들어서 스스로 할 수 있다는 생각을 갖도록 합니다. 쉬운 과제라도 자녀가 바르게 수행하면 칭찬하고 강화하여 성취감과 자신감을 느끼도록 하는 것이 매우 중요합니다.

4) 장애 영유아의 인지기술 지도를 위한 지침

(1) 인적, 사회적, 교육적 환경 점검

인지기술은 사물이나 놀잇감 및 사람들과의 상호작용 중에 가장 잘 학습될 수 있다. 장애 영유아의 주변에는 질문과 놀이를 통해서 유아의 행동에 반응해 주고 확장해주는 유능한 장애 영유아 보육교사가 되어야 한다.

① 자극이 풍부한 환경을 조성한다.

일반 유아에게 좋은 교수 환경은 장애 유아에게도 좋은 환경이 된다. 단지 장애 유아들은 이러한 환경과 더 많이 상호작용할 수 있도록 환경을 소개해 주고 환경을 이용할 수 있도록 교사와 또래들이 시범을 보이고 촉진을 해주는 것이 필요하다.

② 예측 가능한 일과를 구성하고, 활동의 시작과 끝을 알 수 있도록 한다.

일과의 예측 가능성을 장애 유아가 다음에 무슨 활동이 일어날 것인지 예측하고 이에 대한 인지적 준비와 한 단계 높은 의사소통적 상호 교환에 참여할 수 있는 능력을 촉진하는데 도움이 된다.

③ 자연스러운 활동 내에 가르칠 수 있는 기회를 삽입한다.

장애 영유아는 신중하고 체계적인 방법으로 지도해야 한다. 일과 활동 중에 장애 유아에게 인지기술을 가르치기 위해서는 무엇을 가르칠 것인지 목표기술을 확인하며, 현재 장애 영유아의 수준을 파악하고 이에 따라 적절한 목표 기술을 정할 수 있다. 또한 각각의 교수는 장애 영유아에게 집중적으로 제시되는 것이 아니라 활동 중간에 자연스러운 상호작용을 통해서 여러 차례에 걸쳐 지도할 수 있다.

④ 유아의 흥미에 기초하여 교수하고 아동이 현재 하고 있는 활동을 격려한다.

장애 영유아의 흥미를 고려하여 교수를 구성해야 하며 유아가 현재 하고 있는 활동을 이용하는 것이 가장 효과적이다.

⑤ 유아의 학습 단계를 고려하여 상호작용의 방법을 수정한다.

여러 번 반복하고 여러 가지 상황에서 교수를 실시하는 것이 중요하며 교수의 처음 단계에서는 교사의 충분한 시범보이기가 필요하다(예: 매일 등원시간에 사물장의 이름표를 가리키며 "김철수"하고 이름 읽어 주기).

(2) 유아-주도

① 안전하고 편안한 분위기를 형성하고 유지한다.

장애 영유아의 행동에 한계를 설정하여 되는 것과 안 되는 것의 기준을 명확히 하되 어려운 상황이 발생했을 때 바로 지원하고 도와준다.

② 영유아들의 상호작용과 놀이, 언어를 촉진한다.

장애 영유아를 관찰하고 무엇을 하고 있는지와 놀이에 참여하고 있는지를 살핀다. 영유아가 활동에 참여할 때 장애 영유아의 입장에서 의도를 이해하여 상호작용을 유지할 수 있도록 돕는다. 영유아를 격려하고 영유아가 현재 하고 있는 행동에 대해 대화를 진행하고 영유아들이 서로 대화하도록 격려하며 영유아가 하는 일을 완수하도록 충분한 시간을 제공한다.

③ 영유아가 스스로 결정을 내리고 선택하도록 도와준다.

장애 영유아가 활동과 교재를 선택할 수 있도록 몇 가지를 제공하고 결정할 수 있도록 설명한다. 영유아가 선택했을 때에는 자신의 선택을 알 수 있도록 반복하여 말해주고 하루 전체를 통해서 여러 번 선택할 수 있도록 한다.

④ 영유아들이 문제를 해결하고 독립적이 되도록 도와준다.

장애 영유아가 스스로 할 수 있는 일들은 도와주지 않되, 자신의 실수에 대한 자연적인 결과를 경험하도록 허용한다.

(3) 교수전략

장애 영유아 보육교사의 중요한 역할은 계획된 활동에 영유아들을 최대한 참여하게 하는 것이다. 이때 유용한 교수전략은 다음과 같다.

① 주의집중과 동기유발

장애 영유아들은 교사가 제시하는 활동이나 과제에 관심이 없는 경우도 많고, 관심을 기울이더라도 주의집중 시간이 짧아 한 가지 활동에 지속적으로 참여하는 것이 어렵다. 장애 영유아가 좋아하는 것을 알아내기 위해서는 어린이집에서의 일상생활 중에 세심하게 관찰해야 한다. 사람이나 음식, 사물, 교재, 활동 등을 하나씩 제시하면서 유아의 반응을 관찰하여 장애 영유아의 선호도를 파악해야 한다. 아래는 개별 유아의 선호도를 파악하기 위한 선호도 검사이다.

선호도 검사

사물/사람/활동	제시 후 반응	제거 후 반응
1. '포켓몬' 동영상	조용해짐	소리내어 울기
2. 그네 타기	미소짓기, 몸을 앞뒤로 흔들기	무반응
3. 어머니가 들어오심	팔을 뻗침	할머니가 나가자 울기 시작함
4. 변기에 앉기	소리내어 울기	울음을 멈춤
5. 딸기가 있는 요플레	손으로 밀어버림	옆에 놓여 있는 과자를 듦

[그림 5-17] 선호도 검사 방법

② 근접발달영역(zone of proximal development)의 적용

근접 발달 영역은 유아가 다른 사람의 도움을 받아 수행할 수 있는 범위를 말한다(Vygotsky, 1980). [그림 5-18]과 같이, 유아가 독립적으로 기능할 수 있는 영역 C와 너무 어려워서 성인의 완전한 도움 없이는 수행할 수 없는 영역 A 사이에 약간의 도움을 받으면 수행할 수 있는 영역 B가 있다. 근접 발달 영역인 B 단계에서 성인의 지원을 받게 되면 이러한 경험이 쌓이게 되어 나중에는 혼자서도 독립적으로 수행하는 C 단계로 올라가게 되므로 점차 좀 더 어려운 수준으로 독립적으로 수행할 수 있게 된다.

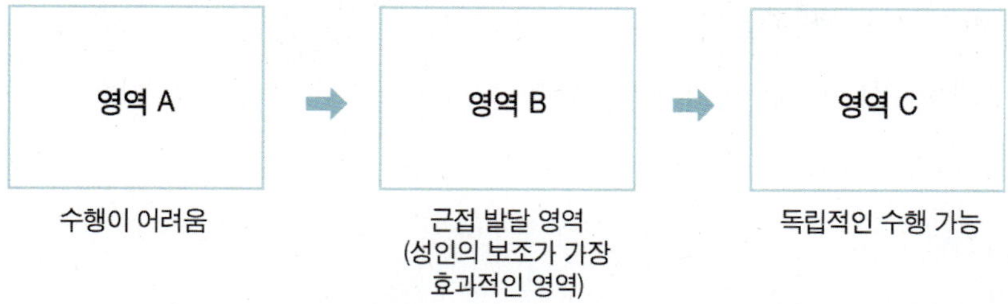

[그림 5-18] 근접 발달 영역의 개념

장애 영유아 보육교사는 유아들이 보이는 단서를 정확하게 이해하여 유아가 과제를 수행하는데 필요한 적절한 정도의 도움을 주고 유아의 수행 정도를 관찰하면서 점차적으로 그 양을 감소시켜 최종적으로는 유아 스스로 수행할 수 있도록 촉진해야 한다.

③ 반복과 규칙적인 일과

일관성 있고 예측 가능한 환경은 장애 영유아들에게 안정감을 가져오고 자신이 할 수 있는 기술이나 행동을 표현하기 쉽다. 그러나 예측 불가능한 환경은 유아들로 하여금 다음에 일어날 사건이나 활동이 무엇인지 알지 못하게 함으로써 불안감을 증가시키고 문제행동을 유발시키기 때문에 유아의 수행 능력을 떨어뜨릴 수 있다. 또한 활동의 반복은 친숙하기 때문에 편안함을 느끼게 해줄 뿐만 아니라 수행에 대한 자신감을 제공해 줌으로써 자아 개념의 발달에 긍정적인 영향을 미치게 된다(이소현 · 이창미 · 최윤희 · 김지영, 2007).

예를 들어 다양한 사물의 이름을 구별하는 것이 어려운 유아에게는 자유선택활동 시 영역마다 돌아다니며 교실의 여러 가지 사물 이름을 알려 주고 식사 시간에는 매일 반복하여 음식의 이름이나 숟가락, 포크와 같은 도구의 이름을 알려주고 찾아오게 하거나 말하게 하는 등 반복적으로 지도한다.

④ 과제분석에 의한 단계적 교수

일반 유아들에게는 단순해 보이는 기술도 장애 영유아에게는 어렵고 복잡할 수 있다. 이때에는 장애 영유아가 수행해야 할 기술이나 과제를 학습이 가능한 작은 단계로 나누어야 한다. 예를 들어, 다음과 같이 간식 후 치우기 활동을 작은 단계로 나누어 한 단계씩 지도할 수 있다.

TIP

'간식 후 치우기'의 과제 분석

1단계: 의자에서 일어난다(의자를 탁자 밑으로 밀어 넣는다).
2단계: 빈 접시 위에 컵과 포크와 냅킨 등을 올려놓는다.
3단계: 2단계의 접시를 들고 씽크대 앞의 쓰레기통으로 간다.
4단계: 냅킨이나 남은 음식물 등의 쓰레기를 쓰레기통에 버린다.
5단계: 싱크대 앞에 선다.
6단계: 설거지가 필요한 물건들(접시, 컵, 포크 등)을 싱크 안에 넣는다.
7단계: 화장실로 걸어간다.

유아의 능력에 따라 과제를 더 작은 단계로 나눌 수도 있다. 예를 들어 위의 '간식 후 치우기' 2단계에서 접시에 컵과 포크, 냅킨까지 올려서 치우는 것이 어려운 장애유아라면 한번에 물건 하나씩만 옮기도록 하는 것이 좋다. 과제분석 시 사진이나 그림을 이용하면 장애 영유아들을 좀 더 쉽게 지도할 수 있다. 아래 그림은 화장실 사용 기술을 지도하기 위해 그림을 이용한 과제분석의 예이다.

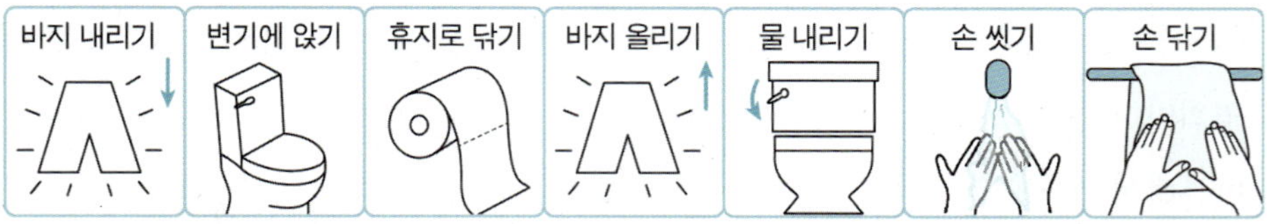

[그림 5-19] 화장실 사용을 위한 시각적 과제분석

⑤ 적절한 의사소통

성인의 의사소통 방식은 유아의 언어발달을 촉진할 수 있기 때문에 다음의 의사소통 전략은 유아와의 상호작용 시 꼭 지켜야 한다.

- 유아 주도에 따르기: 의사소통을 시도하는 유아의 행동에 반응하고 유아가 보이는 관심에 대해서 이야기하고 상호작용 하는 것이다.
- 점진적인 일치: 유아의 현행 수준보다 약간 어려운 수준의 언어 모델을 보여준다.
- 단어 말해주기와 설명하기: 특정 사물이나 활동이 의미하는 단어를 계속 설명해준다.
- 주요 단어 및 어절의 반복: 장애 영유아가 새로운 행동이나 단어를 학습할 수 있도록 반복해 준다.
- 적절한 속도: 장애 영유아는 대부분의 경우에 너무 빠른 속도로 말하는 경우 알고 있는 어휘가 있더라도 문장 속의 정보를 다 파악하지 못하는 경우가 많다. 특히 새로운 정보나 복잡한 정보를 제공할 때에는 천천히 말하여 이해력이나 관심을 증가시킬 수 있다.
- 반응 기다리기: 장애 영유아는 무엇을 말해야 하는지, 어떤 행동을 해야 하는지를 결정하는 데에도 어려움을 갖는다. 특히 유아가 반응할 수 있는 기회를 주지 않고 교사가 성급하게 대화나 활동을 주도하게 되면 수동적인 태도를 갖게 된다. 그러므로 장애 영유아 보육교사는 유아가 상대방의 언어를 이해하고 행동에 옮길 수 있을 만큼 충분히 기다려 주어야 한다.
- 의사소통의 기회 제공: 제한된 의사소통 능력을 보이거나 의사소통 기술을 전혀 보이지 않는 장애 영유아는 의사소통을 하고자 하는 동기를 제공해야 한다. 예를 들어, 좋아하는 놀잇감을 손이 닿지 않는 곳에 둠으로써 놀잇감을 얻기 위해 요구하는 행동을 유도할 수 있다. 이때 전혀 의사소통 시도를 보이지 않는 유아는 상황에 맞는 적절한 촉진과 단서를 제공해야 한다.

(4) 유의할 점

- 가능한 한 구체적이고 직접적인 조작이 가능한 교재를 사용하는 것이 좋다.
- 장애 영유아의 인지 능력에 맞게 활동의 난이도나 경험을 조절, 수정한다.
- 배운 기술을 다양한 상황에서 사용할 수 있도록 일반화시킨다.

〈표 5-9〉 일반화 촉진 전략

전략	방법
다양한 성인들이 참여한다.	보조 교사나 자원 봉사자 등의 다양한 성인들이 동일한 기술의 교수에 참여함으로써 유아가 여러 사람들을 대상으로 기술을 사용할 기회를 제공한다. 이때 참여하는 성인들 간에 일관성 있는 교수가 이루어질 수 있도록 의사소통이 잘 이루어져야 한다.
자연적으로 발생하는 활동에 기술을 삽입한다.	옷을 입고 벗는 기술을 교수할 때에는 실제로 옷을 입고 벗어야 하는 일과 중에 교수하고, 손가락을 이용해서 작은 물건을 잡는 기술을 교수할 때에는 간식 시간에 콩이나 작은 과자를 먹게 하거나 미술 활동 중에 구슬을 붙이게 하는 등의 자연적으로 발생하는 상황 중에 교수한다.
교수 활동을 가능한 한 일반 환경과 유사하게 구성한다.	교수 환경과 실제 환경이 다를수록 기술의 일반화가 어려워지기 때문에 교수 환경을 실제의 환경과 유사하게 구성해야 한다. 예를 들어서, 컵으로 흘리지 않고 마시기 기술을 학습하고 있는 유아가 가정에서도 동일한 기술을 보이기 위해서는 어린이집에서 사용하는 손잡이 달린 컵을 가정에서도 사용하게 함으로써 일반화를 촉진할 수 있다.
다양한 환경에서 교수한다.	목표 기술을 사용할 수 있는 장소나 활동, 대상자를 다양하게 하여 또 다른 환경에서 배운 기술을 사용할 수 있게 한다.

출처: 이소현(2003). 유아특수교육. p.447.

CHAPTER 06

행동 관찰과 지도

1. 장애 영유아의 행동 관찰과 기록

1) 행동의 관찰

어린이집의 일과 중에서 부적응행동을 보이는 유아를 세밀하게 관찰하는 것은 매우 중요하다. 특히 장애 영유아의 경우, 학습이나 발달상의 성취가 느리고 일반적인 행동 발달과는 다른 형태를 보일 수 있으므로 장애 영유아에게 필요한 지원과 요구를 파악하기 위해 개별적으로 관찰해야 한다.

관찰은 유아의 행동을 체계적으로 계획하여 보는 것으로 평가 도구를 통해 얻을 수 없는 다양한 정보를 얻을 수 있다. 실제 상황에서 영유아가 수행하는 행동을 관찰하여 기록하면 부적응행동이 발생한 상황을 정확하게 알게 되며 행동의 목적(의사소통적 기능)을 확인할 수 있다.

2) 행동의 기록

장애 영유아의 행동 관찰 후에는 수집한 관찰 자료를 정리, 요약하여 구체적으로 기록해야 한다. 기록은 객관적으로 관찰한 자료의 내용이 영유아의 어떤 특성을 나타내는 지를 설명하는 것이다. 진행되는 일과에 따라 유아의 행동을 기록할 수도 있는데 행동의 특성에 따라 서술식으로 기록하거나(예: 일화기록), 행동의 발생 유무, 빈도수, 지속시간 등을 기록하는(예: 체크리스트) 방법이 있다.

(1) 일화기록

일화기록이란 관찰 내용을 구체적이고도 간결하게 요약하여 기록하는 방법으로 사실 그대로는 기록하는 방법이다. 일화 기록의 중요한 목적은 유아의 발달이나 성취의 중요한 증거가 될 수 있는 행동과 사건을 사실 그대로 기록하는 것이므로 누가, 언제, 어디서, 무엇을, 어떻게 하였는지를 구체적으로 기록하여 사건이 발생한 맥락을 파악해야 한다.

〈표 6-1〉 잘못된 일화기록의 예

잘못된 예	잘못된 이유	바람직한 예
민성이는 자유선택 놀이 시간에 다른 친구들을 좋아하는 것 같다.	객관적인 사실이 아닌 관찰자의 주관적인 판단과 느낌을 기록하였다.	민성이가 자유선택활동 시간에 블록영역에 있는 윤호에게 가서 30초 정도 윤호를 쳐다보았다. 그러다가 윤호 옆에 앉아 윤호가 만든 구조물을 보며 비슷한 모양으로 만들었다.

〈표 6-2〉 올바른 일화기록의 예

일시	관찰 내용	교사 평가
2018년 5월 24일(금) 점심 식사 (12시~12시 30분)	국과 밥만을 주로 먹는다. 야채 반찬(시금치무침과 백김치)은 전혀 손을 대려하지 않는다. 옆에서 먹는 친구들을 쳐다보기는 하지만 교사가 먹을 것을 권해도 고개를 젓고 인상을 쓴다. 국에 말아서 겨우 밥을 반 정도 먹었다.	권하면 먹는 반찬의 종류를 조리방법을 고려하여 구체적으로 알아보고 가정과 연계하여 지도하여야 한다.

일시	관찰 내용	교사 평가
관련 정보	짜장밥 같이 야채가 검은 짜장에 숨어있으면 먹는다. 두부를 좋아하고 국수 종류를 좋아하는데, 조리법에 따라 같은 재료를 먹지 않기도 하고 먹기도 한다. 예를 들어 감자를 튀겨주면 먹는데, 볶아주면 안 먹는다. 과일은 거의 먹지 않고, 사과는 먹는다. 바나나 아이스크림은 좋아하는데, 진짜 바나나는 먹지 않는다.	집에서 엄마는 "이거 먹어야 7살 형아 되는 거야, 철수는 7살 되는데 민욱이는 이거 안 먹어서 7살 못돼"라고 했더니 할 수 없이 먹었다는데, 어린이집에서는 통하지 않는다. 다른 방법을 찾아보아야 겠다.

(2) 체크리스트

장애 영유아가 주로 생활하는 가정과 어린이집의 환경에 대한 물리적, 사회적 요소들을 관찰하기 위해 필요한 행동을 목록으로 작성하여 관찰하고 그 결과를 다양한 기호(예: √, ○, ×, △ 등)나 서술식으로 표시한다.

〈표 6-3〉 교육과정을 활용한 체크리스트

A. 식사									
1. 조금만 흘리고 적절한 도구를 사용하여 다양한 음식을 먹고 마시기									
1.1 씹는 느낌이 다양한 음식 먹기									
1.2 다양한 음식 선택하고 먹기									
1.3 포크와 숟가락으로 먹기									
2. 음식 준비하기와 식사하기									
2.1 음식 준비하기									
2.2 나이프 사용하기									
2.3 다양한 용기에 음료 따르기									
2.4 그릇에 음식 덜기									

1. 포크, 숟가락, 기타 도구를 사용하여 조금만 흘리며 다양한 음식을 먹고 마실 수 있는가?(참고: "예"나 "아니오"로 답한 경우, 아래의 a~c 중 할 수 있는 것에 표시해 주세요.)

_____a. 다른 씹는 느낌의 음식을 먹고 마실 수 있습니까?(A1.1)
예를 들어, 바나나, 음료(우유), 생야채처럼 딱딱한 것을 먹고 마시기
_____b. 유제품이나 육류, 과일과 같은 음식을 선택하고 먹을 수 있습니까?(A1.2)
_____c. 많이 흘리지 않고 포크나 숟가락으로 먹을 수 있습니까?(A1.3)

출처: 이영철 · 허계형 · 이상복 · 정갑순(2005). AEPS. 서울: 도서출판 특수교육

[그림 6-1] 질문지를 활용한 체크리스트

(어린이집) ○=1번 정도/●=여러 번/관찰행동: 소리지르기

시간	활동	월	화	수	목	금
9:00	버스 타기	○	○	●	●	●
9:30	자유선택활동	●	○	○	●	●
11:00	간식	○				○
11:30	미술활동		○	○		
12:15	점심	●	●	●	●	●

[그림 6-2] 부적응행동 빈도 분석지

대소변 훈련을 위한 관찰 일지

아 동 명:	생년월일: (만 세 개월)
관 찰 일:	관 찰 자:

* 밤잠시간: 전날 저녁 시 분 ~ 다음날 아침 시 분 (시간 분)
* 낮잠시간: 시 분 ~ 시 분 (시간 분)

* 식사 시간과 양

	식사 시간	먹은 음식과 양
아침	시 분 ~ 시 분	
점심	시 분 ~ 시 분	
저녁	시 분 ~ 시 분	
간식	시 분 ~ 시 분	

* 대변 시간: 시 분 ( )

* 소변 시간(변기에 눴으면 비고란에 ○, 옷에 실수를 한 경우에는 ×로 표시하세요)

횟 수	시 각	비 고
1	시 분	
2	시 분	
3	시 분	
4	시 분	
5	시 분	
6	시 분	
7	시 분	
8	시 분	
9	시 분	
10	시 분	
11	시 분	
12	시 분	
13	시 분	
14	시 분	

[그림 6-3] 특정 사건을 관찰하기 위한 체크리스트

아동이름: 권 ○ ○ 생년월일: 2016년 3월 6일

기술 습득정도?
\+ 예
/ 부분적
− 아니오
O 관찰되지 못함

평가자: 교사 최 윤 희 일시: 2018년 4월 7일

	내 용	평 가
신변처리기술	1. 물체를 잡는다.	+
	2. 스스로 마신다.	/
	3. 스스로 먹는다.	/
	4. 화장실 사용을 한다(변기사용, 손씻기).	/
	5. 휴지로 코를 스스로 닦는다.	/
	6. 스스로 이동한다.	/
일과참여	7.활동이 바뀌는 전이에 적절한 행동을 한다.	/
	8. 지시를 따른다.	/
	9. 규칙을 이해하고 지킨다.	/
	10. 이름을 인식한다.	+
	11. 과제에 집중한다.	/
	12. 도구를 적절하게 사용한다.	/
	13. 쓰레기를 휴지통에 버린다.	+
	14. 정리할 장소에 정리한다.	+
의사소통/사회성	15. 이야기하는 사람에게 집중한다.	/
	16. 요구를 표현한다.	/
	17. 다른 사함과 상호작용한다.	/
	18. 말로 문제를 해결한다.	−
	19. 결정을 내린다.	/
	20. 또래와 의사소통한다.	−
	21. 성인과 의사소통한다.	/
	22. 차례를 지킨다.	/
	23. 놀잇감이나 도구를 또래와 나누어 쓴다.	/
	24. 질문에 답한다.	/
	25. 도움에 반응한다.	/
	26. 또래를 방해하지 않는다.	+
	27. 활동에 적절한 목소리를 사용한다.	+

[그림 6-4] 영역별 수행도를 평가하기 위한 체크리스트

(3) 기타

체크리스트에 기록하거나 일화기록으로 서술하는 방법 외에도 비디오나 오디오를 활용하여 유아의 행동을 관찰한 후 평가할 수 있으며, 행동의 지속적인 변화 과정은 포트폴리오를 통해 수집할 수 있다.

3) 관찰과 기록의 계획

장애 영유아의 관찰과 기록은 체계적으로 이루어져야 하므로 구체적인 계획 하에 진행하는 것이 좋다. 〈표 6-4〉와 같이 관찰 일정과 내용, 방법을 사전에 계획하고 누가 관찰할 것인지, 어떤 장소에서 관찰할 것인지, 어떻게 자료를 수집하고 기록해야 하는지를 정한다.

〈표 6-4〉 관찰 계획의 예

일과	평가 영역	평가자	장소	방법
기저귀 갈기/ 옷 입기	적응	양육자	가정	일화기록
아침식사	적응	양육자	가정	
자유선택활동	사회-의사소통	보육교사, 장애 영유아 보육교사	어린이집 오전 프로그램	교육과정-중심 체크리스트, 사진, 동영상, 언어수집
계획 활동	인지, 소근육	보육교사, 작업치료사	어린이집 오전 프로그램	
실외활동	대근육	장애 영유아 보육교사, 물리치료사	어린이집 오전 프로그램	
이야기나누기	사회-의사소통	보육교사, 언어치료사	어린이집 오전 프로그램	

4) 관찰 결과의 활용

관찰결과물인 기록을 통해 장애 영유아가 어떤 특성을 나타내는지, 부적응행동의 원인과 기능을 결정할 수 있다. 장애 영유아의 행동에 대한 객관적 서술과 함께 행동의 원인과 당시 상황, 주변인들의 감정 등을 추측해 보는 추론의 과정(가설)이 필요하다. 행동 관찰 후 가설은 어떤 행동이나 사건의 원인, 동기, 행동의 목적을 설명하려는 시도로 실제로 보지 못한 이면에 대해 추측하는 것이다. 가설을 수립할 때 교사는 자신이 알고 있는 사전 정보나 발달이론에 대한 지식이 영향을 준다는 것을 인식하여 자신의 주관이 개입되지 않도록 신중해야 한다.

객관적인 관찰 결과는 다양한 교육활동에 이용되어야 한다. 유아의 어떤 행동이 적절한가 혹은 적절하지 않은가, 긍정적인가 아니면 부정적인가, 정상적인 발달을 하고 있는가 아니면 발달이 지체되어 있는가를 잘 판단해야 한다. 관찰한 것을 바탕으로 유아에게 필요한 교육활동을 준비하거나 교사의 교수법을 바꾸거나, 부모와의 의사소통에 이용하거나 유아를 다른 기관에 의뢰할 때 기초자료로 제공할 수 있다.

2. 긍정적 행동지원

1) 부적응행동의 관찰

(1) 부적응행동 발생 요인 점검하기

유아의 부적응행동은 여러 요인에 의해서 발생될 수 있는데 주로 물리적, 사회적, 인적 환경과 같은 외부 환경적 요인과 부모 요인, 생물학적 요인과 같은 내부 개인적 요인으로 구분된다.

부적응행동과 관련되는 장애 특성에 대한 이해, 발달지체에 대한 이해, 장애 영유아가 생활하고 있는 환경 전반에 대한 점검이 우선되어야 한다. 외부의 환경적 요인과 내부의 개인적 요인이 고려되지 않을 때 유아의 부적응행동 발생 가능성이 더 높아진다.

다음의 질문을 통해 부적응행동을 발생시키는 요인이 있는지 점검하고 관찰한다.

- 영유아를 돌보는 교사나 부모가 유아를 잘 돌보고 지켜보는가?
- 영유아 간 갈등 상황이 발생했을 때 어떻게 조정하고 감독하는가?
- 영유아의 행동에 대해 교사나 부모의 반응이 일관되는가?
- 현재 영유아에게 제시되는 활동이 유아의 발달 수준에 맞는가?
- 영유아가 자신이 접하는 환경에 접근하고 참여하는 것이 가능한가?

(2) 부적응행동의 정도와 형태 확인하기

장애 영유아의 부적응행동은 가정이나 어린이집의 자연적이고 구조화된 환경에서 관찰할 수 있다.

① 행동의 정도

행동의 정도가 장애 영유아의 발달을 방해하거나 일상생활에 지장을 주는 정도에 따라 부적응행동 유무를 판단한다.

- 행동의 빈도나 강도, 지속 시간이 지나치게 과도한가?
- 행동이 전혀 나타나지 않거나 지나치게 낮은 비율로 나타나는가?
- 부적절한 자극 조절로 인해 상황에 맞지 않는 행동을 나타내는가?

교사는 객관적 기준을 갖고 부적응행동의 여부를 판단해야 한다. 예를 들어 간식을 더 달라고 하루 종일 활동에 방해가 될 만큼 큰 소리로 운다면 이 행동은 강도와 지속시간이 과도한 행동이라고 할 수 있다. 반대로 교사가 아무리 재미있는 활동과 놀잇감을 제시하여도 쳐다보지도 움직이지도 않고 자리에 앉아만 있다면 이 유아의 행동은 빈도나 강도가 지나치게 낮은 행동이다. 또, 교사가 동화책을 읽어주고 있는데 혼자서 끊임없이 웅얼거리면서 혼잣말을 한다면 이 행동은 상황에 맞지 않는 행동이라고 할 수 있다. 따라서 유아의 행동 중에서 어떤 행동이 부적응행동인가는 행동의 빈도와 강도, 지속시간과 상황에 따라 판단해야 한다.

② 행동의 형태

장애 영유아의 부적응행동은 크게 두 가지 형태로 나눌 수 있다.

- 행동 관련 부적응행동: 친구를 놀리거나 때리고, 물건을 던지거나 소리를 지르고 욕을 한다.
- 학습 관련 부적응행동: 활동에 참여하지 못하고 주어진 과제를 완성하지 못하며 주의 집중이 어렵다.

2) 부적응행동 기록하기

부적응행동의 원인을 파악하기 위해서는 다양한 자료를 수집하여 기록해야 한다. 긍정적 행동지원(Positive Behavior Support: PBS)에서는 특정 행동을 관찰하고 행동이 발생하게 된 선행사건(A: Antecedent)과 후속결과(C: Consequence)를 분석해야 하는 등 관찰할 부적응행동(B: Behavior)을 구체적으로 정의한 후 기록하여 분석한다. 하루 종일 관찰하는 것이 어렵다면 등간 기록법(interval recording)을 통해 행동 발생을 기록할 수 있다(예: 매 1분마다 행동 발생 관찰). 만일 특정 시간에 발생하는 행동이라면 시간 표집법(time sampling)의 방법을 사용할 수 있다(예: 자유선택활동 시간 중 활동이 시작 한 처음 10분간 관찰). 하루 종일 관찰해야 한다면 비디오로 녹화한 후 영상을 보면서 관찰할 수도 있을 것이다. 부적응행동의 기록은 앞에서 소개한 행동의 기록을 참고하면 된다.

3) 부적응행동의 기능(목적)

인간의 행동은 대부분 목적을 가지고 있다. 사회-의사소통을 목적으로 하거나 감각적 기능을 목적으로 하는 경우가 대부분이다.

모든 유아는 자신의 요구를 행동(몸짓, 표정, 소리, 말)으로 표현하는데 부적응행동으로 나타나는 행동은 유아가 자신의 요구를 표현할 때 다른 유아처럼 보편적이고 일반적인 행동으로 표현하지 못하기 때문이다. 예를 들어, 화를 내거나 타인을 공격하려는 행동이 상대방의 관심을 끌기 위함일 수도 있고 자신의 요구를 해결하려는 행동일 수 있다.

따라서 유아의 부적응행동은 행동 자체만 볼 것이 아니라 어른이나 또래, 환경과의 관계 속에서 보아야 한다. 유아를 둘러싼 환경 속에서 행동을 관찰하고 분석해야 유아의 의도와 목적을 이해할 수 있다. 유아의 부적응행동 중 사회-의사소통의 기능을 가진 행동은 다음과 같다.

(1) 회피하기/저항하기/부정하기

자신이 원하지 않는 행동이나 상황에 대해 '싫어', '그만 할래', '너무 어렵다', '재미없다', '쉬고 싶다'등의 의미를 표현하기 위한 행동을 말한다. 예를 들어 "낮잠 잘 시간이다"라고 말하는데 갑자기 '울거나(낮잠 자기 싫어요)', 그림에 색칠을 하다가 말고 '옆의 친구를 물거나(하기 싫어요)', 이야기나누기 활동이 잘 진행되고 있는데 갑자기 교실 밖으로 '뛰어나가는(재미없어요)' 행동을 말한다.

(2) 관심끌기

특정한 사물이나 활동, 사람, 사건에 대한 자신의 관심을 상대방에게 보여주는 행동으로 '안녕', '반가워', '너랑 놀고 싶어', '나랑 얘기하자'등의 의미를 포함한다. 예를 들어 친구들이 멋지게 쌓아놓은 블록을 '밀어서 넘어뜨리거나(나도 너희랑 놀고 싶어)', 방에 들어오면서 옆에 있는 친구를 괜히 한번 '툭 치고 지나가거나(안녕)', 나들이 길에 친구들이 열심히 들여다보고 있는 '벌레를 발로 밟으며 친구들의 얼굴을 쳐다보는(나도 이 벌레 알아, 나를 쳐다봐 줘)' 행동을 말한다.

(3) 요구하기

음식물이나 놀잇감 등의 구체물이나 특별한 활동이나 놀이를 원하거나 계속하고 싶다는 표현을 말한다. 예를 들어 친구가 들고 있는 '자동차를 아무 말 없이 빼앗거나(내 꺼야)', 다른 아이들에게 동화책을 읽어주고 있는 교사에게 '놀잇감을 집어 던지거나(나도 책 읽어줘)', 간식 시간이 끝났는데도 '자리에 앉아서 일어나지 않는(간식 더 주세요)' 행동을 말한다.

(4) 감각조절하기

반복적으로 손을 흔들거나 다리를 떠는 행동, 손가락을 문지르거나 몸을 흔들고, 무의식적으로 물건을 돌리는 행동은 자신의 에너지를 조절하기 위한 방법이다.

(5) 놀이

너무 심심해서 놀이나 오락을 목적으로 무언가 해야 할 일을 찾을 때도 있다. 혀로 '똑딱' 소리를 내거나 자위행위 등을 하는 행동은 놀이나 오락을 목적으로 하는 행동인데 이러한 행동은 유아 자신의 주의집중을 빼앗는 경향이 있어서 다른 활동에 참여하거나 집중하기 어렵게 만들기 때문에 그만두기가 쉽지 않다.

〈표 6-5〉 기능에 따른 부적응행동의 예

기능(목적)	정의	행동의 예
회피하기	특정 과제나 상호작용을 회피하려고 할 때	• 잠 잘 시간이라고 말할 때 자기 싫어서 우는 행동 • 수업 중 활동을 중단하기 위해서 교사 손을 무는 행동 • 점심식사 후 양치질을 하라고 하면 소리를 지르고 바닥에 드러눕는 행동
관심끌기	다른 사람과 상호작용하거나 어떤 활동에 참여하고 싶을 때	• 교사와 함께 있을 때는 과제 수행을 잘하다가 교사가 다른 곳으로 가거나 다른 유아를 도와주면 우는 행동 • 소그룹 활동 시간에 교사가 다른 유아에게 과제를 지도 할 때 교사의 얼굴에 자신의 얼굴을 들이 밀어 교사의 시선을 끈 다음 자신의 손등을 물어뜯는 행동

기능 (목적)	정의	행동의 예
요구하기	원하는 것을 얻기 위해	• 자신이 좋아하는 놀잇감을 다른 친구가 갖고 놀 때 놀잇감을 달라고 우는 행동 • 먹고 싶은 반찬을 달라고 소리지르는 행동 • 좋아하는 활동을 중단하거나 끝났을 때에 더 하려고 책상을 두드리는 행동 • 자유놀이 시간이 끝나고 정리하는 시간에 놀잇감을 가지고 도망가는 행동 • 손에 항상 볼펜이나 칫솔과 같은 막대 종류를 쥐고 다니는데 이 이 행동을 못하게 하면 소리를 지르면서 자신의 손등을 물어 뜯는 행동
감각조절	자기 통제를 위해	• 반복적으로 손을 흔들기, 손가락 문지르기, 몸을 흔들기, 물건 돌리는 자기자극 행동(자신의 에너지를 조절하는 방법일 수 있음)
놀이	심심할 때	• 바닥이나 사물들을 손가락으로 반복적으로 계속 두들기는 행동 • 손톱을 물어뜯거나 다리를 계속 흔드는 행동 • 자위행동 • 침장난, 혀 차는 행동

4) 부적응행동지도

(1) 부적응행동 확인

유아가 왜 이런 행동을 하는지에 대한 목적을 밝히기 전에 행동을 정확히 관찰하여 명확하게 정의내리는 것이 첫 번째이다. 행동의 유형을 나누어 공격행동, 과잉행동, 우울행동과 같이 행동에 대한 표찰을 해서도 안 된다. 부적응행동을 확인하기 위해서는 유아를 주의 깊게 관찰하고 보이는 것을 그대로 기록해야 한다. 몇몇 행동이 동시에 발생하면 반드시 두 행동 모두를 기록한다.

(2) 우선순위 결정

부적응행동을 확인한 후에는 최대한 자세히 관찰 가능한 용어로 서술한다. 부적응행동이 여러 가지라면 우선 먼저 지도해야 할 행동을 결정한다. 〈표 6-6〉은 부적응행동을 유형별로 나누어 보았을 때 가장 우선적으로 지원해야 할 행동 유형을 나타낸 것이다. 자신이나 타인의 안전을 위협하는 '파괴행동'에 대한 지원이 가장 우선적이다. 분산행동의 경우 중재를 계획하지 않으나 사회적, 의사소통적, 자기 조절적 행동 등의 대체적인 행동을 지도하는 것이 필요하다.

〈표 6-6〉 부적응행동 지원의 우선순위

우선순위	부적응행동	부적응행동의 예
1	파괴행동	아동 본인이나 주위 사람의 건강이나 생명을 해칠 수 있는 행동(예: 물기, 때리기, 눈찌르기, 머리 흔들기, 긁기, 자르기, 아무거나 먹기)
2	방해행동	집, 어린이집, 지역사회에서의 일상생활 참여를 방해하고, 교실을 뛰어다니는 등의 학습을 방해하는 행동. 외향적인 행동 뿐 아니라 말 안하기, 울기, 남을 밀어제치기 같은 행동도 포함됨
3	분산행동	귀찮은 행동이지만 해가 되지 않는 행동(예: 공공장소에서 손을 계속 흔들기, 반향어 하기, 몸 흔들기, 책 찢기 등)

부적응행동 정의와 우선순위 결정

아동명: 작성일:

- 부적응행동을 가능한 자세하게 기록하세요(부적응행동이 어떤 상황에서 일어나는지, 정도가 얼마나 심한지, 얼마나 오래 전부터 계속 되어 왔는지 등).
- 가장 우선적으로 지도해야 할 부적응행동에 ○를 표시하세요.

부적응행동 설명 우선순위 수준

1.

______ ☐ 파괴적

______ ☐ 방해적

______ ☐ 주의분산

2.

______ ☐ 파괴적

______ ☐ 방해적

______ ☐ 주의분산

3.

______ ☐ 파괴적

______ ☐ 방해적

______ ☐ 주의분산

- 부적응행동에 대해 지금까지 했던 효과적인 중재방법에는 어떤 것이 있었는가?

- 부적응행동에 대해 지금까지 했던 방법 중 효과적이지 않았던 중재방법은 어떤 것이었나?

[그림 6-5] 부적응행동 조사지

출처: 한국보육진흥원(2013). <장애아동복지지원법>시행에 따른 직무교육과정(심화과정). p.272. 수정 발췌.

(3) 다양한 정보수집

① 배경 정보

영유아의 생육사, 건강, 또래와 성인과의 관계, 좋아하는 것과 싫어하는 것, 사회적 기술, 의사소통적 기술 등에 대한 정보를 다음과 같이 수집한다. 이때 부모에게서 얻는 정보는 매우 중요하다. 특히 유아의 행동문제가 어린이집에서만 발생하는지, 집에서만 발생하는지, 두 장소에 모두 관련된 것인지 조사해야 한다.

- 아동과 관계를 맺고 있는 조력자들
- 어린이집에서의 참여도
- 지역사회 생활 참여도
- 좋아하는 것(장소/사람/상황/활동 등)
- 선택하는 기회 여부: 스스로 행동하고 선택하는 경우는 언제인가?
- 과거에 효과적인 중재 방법
- 과거에 효과적이지 않았던 중재 방법
- 주된 의사소통 방법(관심을 끌기 위한 방법/도움을 요청하는 방법/음식, 음료수, 사물을 요청하는 방법/거절, 반항할 때에 상황과 행동)

② 환경 정보

부적응행동을 보이는 아동을 돕기 위해서는 행동에 영향을 주는 환경에 대한 이해가 필요하다. 다음의 사항에 대한 정보를 모으는 것이 선행되어야 한다.

아동명: 작성일: 부적응행동:

• 행동 발생 시 누가 있었는가?	• 행동이 거의 발생하지 않았을 때는 누가 있었는가?
• 행동 발생 시 무슨 활동을 하고 있었는가?	• 행동이 거의 발생하지 않았을 때는 무슨 활동을 하고 있었는가?
• 언제 행동이 발생하는가?	• 행동이 거의 발생하지 않았을 때는 언제인가?
• 어디서 행동이 발생하는가?	• 행동이 거의 발생하지 않는 장소는 어디인가?
• 부적응행동이 일어나면 어떤 일이 일어나는가?	• 부적응행동이 일어나지 않으면 어떠한가?

• 행동 발생 가능성을 높이는 배경사건은 어떤 것인가?

• 그 행동을 계속하게 하는 결과는 무엇인가?

• 행동 발생 평균
시간당 ________________ 하루에 ________________ 일주일에 ________________

• 행동의 평균 지속시간 행동이 시작되면 평균 ________________ 정도 지속된다.

• 추정되는 행동의 주요목적:

[그림 6-6] 환경 정보 수집

③ 일과 분석

가. 활동 분석

하루 일과 중 어떤 활동 시에 부적응행동이 일어나는 지에 대한 분석을 하면 어떤 활동부터 중재를 시작할 지에 대한 정보를 얻을 수 있다.

〈표 6-7〉 활동 분석 결과

[부적응행동: 소리지르기, 울기(어린이집에서)]

시간	활동	부적응행동	그룹	직업형태
9:30	자유놀이	+	대그룹	손작업 & 언어
10:00	이야기 나누기	+	대그룹	언어
11:00	간식	–	소그룹	손작업
11:30	미술활동	–	소그룹	손작업
12:15	점심	+	대그룹	손작업

[문제 행동: 소리지르기, 울기(집에서)]

시간	활동	행동	그룹	직업형태
1:30	낮잠	–	1:1	
2:00	놀이터	+	1:1 또는 소그룹	언어/손작업
3:00	간식	–	1:1	손작업
3:30	학습지 하기	+	1:1	언어/손작업
4:00	텔레비전보기	–	1:1	손작업

나. 빈도 분석

부적응행동이 시간대 별로 얼마나 자주 발생하는지 관찰한다.

〈표 6-8〉 빈도 분석 결과

(어린이집) ○=1번 정도/●=여러번

시간	활동	월	화	수	목	금
9:00	버스 타기	○	○	●	●	●
9:30	자유놀이	●	○	○	●	●
11:00	간식	○				○
11:30	미술활동		○	○		
12:15	점심	●	●	●	●	●

(가정) ○=1번 정도/●=여러번

시간	활동	월	화	수	목	금
1:30	낮잠					
2:00	놀이터	●	○	●	○	●
3:00	간식	○				
3:30	학습지 하기	●	●	●	●	●
4:00	텔레비전보기			○		

일과 분석을 통하여 어떤 활동에서, 어떤 상황에서 부적응행동 발생 빈도가 높아지는지에 대한 정보가 정리되면 다음에는 부적응행동 지원계획을 조금 더 구체적으로 세우기 위해 생태학적 분석의 단계로 넘어간다.

(4) 행동 발생(A-B-C)의 생태학적 분석

행동은 그 행동이 발생한 전후 상황의 영향을 받는다. 유아의 행동은 생리적인 상태와 아동이 경험하는 주변 사건이나 상황에서의 다양한 자극이 복합적으로 작용하여 발생하게 된다. 예를 들어 소리를 잘 지르는 5세 유아의 경우 오늘도 형에게 놀잇감을 빼앗기고 오후시간 내내 소리를 질렀다면 어린이집의 상황보다는 가정에서 형과의 놀이 상황이 원인일 수 있다. 특정 행동이 발생한 순간을 잘 살펴보면 행동과 관련된 바로 전의 상황을 관찰할 수 있는데, 이를 선행사건(Antecedent)이라고 한다. 선행사건은 행동 발생에 직접적인 영향을 미치는 자극으로, 위의 사례에서는 형이 놀잇감을 가져간 상황을 말한다. 이처럼 선행사건에는 좋아하는 물건이 사라졌거나 사회적 관심이 부족하거나, 지금 현재 유아가 필요로 하는 것이 포함될 수 있다.

행동(Behavior)이 발생한 직후에는 대부분 그 행동에 기능을 부여하여 행동을 유지시키는 사건이 있다. 이를 후속결과라고 하는데 여기서는 소리를 질러 형에게 놀잇감을 돌려받았기 때문에 이 유아에게는 놀잇감을 되찾은 것이 후속결과(Consequence)가 된다.

행동 발생 전 후의 선행사건과 후속결과 외에도 배경사건이 있을 수 있다. 배경사건이란 선행사건에 대한 반응 가치를 높임으로써 행동의 발생 가능성을 높이는 환경적 사건이나 상태와 자극으로 정의된다. 소리를 잘 지르는 위의 유아의 경우 바로 전에도 소리를 마구 질렀었는데 이 때문에 어머니에게 혼나고 기분이 몹시 나쁜 상태였으므로 어머니에게 혼난 것이 배경사건이 된다. 배경사건에는 피로감, 질병, 사회적 상호작용의 어려움, 약물 부작용 등이 포함된다.

행동은 위와 같이 행동이 발생하는 전후 상황, 배경사건과 관련되기 때문에 부적응행동이 발생할 경우 문제가 되는 행동만이 아니라 행동의 전후에 발생하는 선행사건과 후속결과를 생태학적으로 함께 고려해야 한다.

〈표 6-9〉 A-B-C분석의 예

선행사건(A)	문제 행동(B)	후속결과(C)
놀이 시간에 교실에서 친구들끼리 모여서 웃으면서 역할 놀이를 하고 있다. 민수는 함께 하는 친구가 없이 혼자 돌아다닌다.	민수는 재미있게 놀이를 하고 있는 친구들에게 다가가서 모자를 빼앗는다.	친구들이 놀이를 멈추고 '저리 가'하고 말하면서 민수 손에 있는 모자를 빼앗고 '우리 다시 가서 하자'하면서 다른 장소로 가 버린다.

여러 상황에서 선행사건-부적응행동-후속결과를 기록하는 것이 쉽지는 않지만 관찰을 통해서 부적응행동이 일어났을 때에 교사와 부모가 어떻게 부적응행동을 강화하고 있는지 알 수 있다. 구체적인 정보를 얻기 위해서는 하루 활동이 시작되기 전의 상황인 배경사건도 알고 있어야 한다.

〈표 6-10〉 A-B-C 분석의 기록 [부적응행동: 친구 놀이 방해]

배경사건	선행사건	부적응행동	후속결과
문제 발생에 영향을 주는 상황이나 사건이 있었는가?	부적응행동이 일어나기 전에 무슨 일에 있었는가?	아동이 무슨 일을 하였는가?	부적응행동이 일어난 후에 어떤 일이 있었나?
집에서 동생이 블록을 독차지하고 놀았다.	또래 3명 정도가 블록놀이를 함께 하고 있었다.	민수가 다가가서 블록으로 구성한 것을 무너뜨리고 블록을 집어 왔다.	친구들이 울면서 선생님에게 일렀다. 장애 영유아 보육교사가 와서 민수에게 친구들에게 미안하다고 말하라고 하고 교사가 남은 자유놀이 시간에 함께 활동을 했다.

(5) 가설 수립

가설은 관찰된 선행사건, 행동, 후속 결과 사이의 관계를 밝혀 준다. 아래의 질문에 답하면서 내가 세운 가설이 맞는지 확인해 본다.

① 왜 이 행동을 지속하는가?

② 어떤 선행사건이 문제 행동을 일어나게 하며 어떤 선행사건이 부적응행동을 일어나지 않게 하는가?

③ 부적응행동이 사용되는 목적이 무엇인가?

④ 행동 후에는 어떤 후속결과가 일어나는가?

〈표 6-11〉 A-B-C 분석에 따른 부적응행동의 가설 수립

배경사건	선행사건	부적응행동	후속결과	목적	가설문장
아침에 옷 입는 과정에서 엄마와 실랑이를 함	교사가 겉옷을 정리하라고 요구함	소리를 지르며 바닥에 앉음	교사가 정리해 줌	회피	• 지연이는 하기 싫거나 너무 어렵다고 생각되는 과제를 받으면(선행사건) • 소리를 지르며 행동을 멈추는 행동을 하는데(부적응행동) • 이는 과제를 하기 싫을 때이다(기능). • 특히, 아침에 자기가 하고 싶은 걸 못하게 제지당하면 더 심하다(배경사건).
지난 밤에 잠을 제대로 자지 못함	원하는 놀잇감을 친구가 가지고 놀고 있음	친구를 밀치고 억지로 놀잇감을 가지려고 함	친구가 우는 동안 바닥에 떨어진 놀잇감을 가짐	구체적 사물 얻기	• 밤에 잠을 충분히 자지 못한 날은(배경사건) • 원하는 놀잇감을 친구가 가지고 놀면(선행사건) • 억지로 친구를 밀치고 자기가 놀잇감을 가지려고(부적응 행동)하여 • 친구가 우는 동안 놀잇감을 가진다(기능).

5) 행동지원 계획

긍정적 행동지원 계획은 예방, 교수, 장기적인 효과에 초점을 맞추고 있기 때문에 전통적인 행동 관리 계획과는 달리 종합적이고 다양한 중재 또는 지원 전략으로 구성된다. 즉, 긍정적 행동지원 계획은 기능평가를 통해 얻은 정보에 기초하여 배경사건과 선행사건에 변화를 주어 부적응행동을 예방할 수 있다. 또한 부적응행동과 같은 효과를 내면서도 더 효율적인 대체행동을 지도함으로써 이미 발생한 부적응행동에 대해 적절하게 반응하게 한다. 더 나아가 바람직한 행동이 계속되도록 교육과정에 지원 계획을 포함시키고 나아가 사회적 또는 삶의 양식 변화시킨다.

ABC의 분석결과에 따라 다음 질문에 답을 하면서 행동지원 계획을 수립해 보자.

① 부적응행동이 일어나기 전에 어떤 상황이었는가? 혹시 가정에서도 이와 관련된 상황이 있는가?

② 장애 유아가 부적응행동을 통해 얻을 수 있는 것은 무엇인가?

③ 장애 유아의 요구를 해결해 주기 위해 바람직한 다른 행동을 지도한다면 어떤 행동이 필요한가?

④ 부적응행동 후에 선생님이 장애 유아에게 한 행동 외에 좀 더 바람직한 다른 행동은 무엇인가?

(1) 선행사건/배경사건 중재

선행사건이나 배경사건 중재는 예방적인 목적을 가진다. 교사는 가설을 통하여 선행사건이나 배경사건이 식별되면 그것을 제거하거나 수정하여 더 이상 부적응행동이 발생되지 않도록 해야 한다. 선행사건이나 배경사건 중재는 일시적인 해결책이 되기도 하지만 신속하게 부적응행동을 예방할 수 있다는 장점이 있다. 또한 새로운 기술이나 대체적인 기술을 학습할 수 있는 긍정적인 환경을 조성해주는 중요한 역할을 한다.

① 사람의 변화

- 교사의 변화: 교사의 수 조정, 교사 배치 조정
- 그룹 변화: 다른 아동과의 그룹, 그룹의 수 조정

② 활동의 변화

- 좀 더 기능적인 교수활동(재미있는 활동)으로 바꿈
- 난이도 변화(어렵지 않고 쉽게 수행)
- 활동 선택할 수 있는 기회를 제공한다.
- 아동이 실수를 하기 전에 올바른 반응을 할 수 있게 유도한다.
- 좀 더 환경을 구조화하고 구체적으로 제시한다.
- 시작과 끝을 분명하게 말한다.

  예 자 우리는 5개를 더 한 다음에 마칠 거예요
- 시각적인 촉진을 사용한다.

  예 시각적으로 볼 수 있는 시간표, 활동 과제 순서를 사진으로 나열하기 등
- 규칙, 과정, 매일 시간표, 활동 과제 등을 분명하게 설명한다.
- 쉽고 어려운 과제, 선호하는 과제 선호하지 않는 과제를 잘 균형 있게 맞추기
- 좌석 배치를 바꾸기
- 문제가 쉽게 일어나는 환경을 피하기(예: 큰 열려진 환경, 시끄러운 공간)

③ 부적응행동 기능에 따른 선행조건 변화

같은 형태의 행동이라도 부적응행동의 목적에 따라 지도방법을 달리 할 수 있다. 관심끌기, 회피하기, 요구하기와 같은 목적을 가진 행동이라는 것을 알게 되었다면 사전에 목적을 해결할 수 있도록 선행사건을 조작하여 문제 발생을 예방한다.

〈표 6-12〉 부적응행동의 목적에 따른 지원 방법

부적응행동의 목적(기능)	부적응행동	지도방법
관심끌기	선생님이 다른 아동을 도와주고 있을 때 옆의 친구를 때리거나 큰 소리를 내어 선생님이 자신 쪽으로 오게 함	• 도움이 필요할 때 손을 들거나 그림카드 사용하는 방법 알려주기 • 교사가 직접적인 관심을 보이지는 않더라도 유아 가까이에서 언제든 도와주기 • 선호하는 활동 제공하기
회피하기	그리기를 싫어하는 아동에게 스케치북과 크레파스를 주었을 때 종이를 찢거나 크레파스를 부러뜨리고 자리를 이탈함	• "도와주세요"라는 그림카드를 교사에게 보여주거나 건네는 방법 알려주기 • 과제나 활동의 난이도를 조정하여 성공가능성 높이기 • 기능적이고 의미있는 활동 제공하기 • 유아가 활동을 선택하게 하기 • 유아의 좋아하는 활동 제시하기 • 과제의 길이를 수정하거나 과제의 양을 적게 나누어 제시하기 • 과제에 필요한 교구와 자료 수정하기 • 교수방법 수정하기
요구하기	친구가 가지고 노는 물건을 뺏기 위해 그 친구를 때리거나 계속 따라다니면서 같은 말을 반복함	• 타이머 소리가 나면 갖고 놀던 놀잇감을 다음 친구에게 넘겨주는 학급 규칙을 수립하고 모든 아동에게 지도 • 좋아하는 물건 대신 조금 좋아하는 물건으로 놀면서 친구가 줄 때까지 기다리기 • 원하는 물건을 여러 개 준비하고 손이 닿는 곳에 두기
감각조절	거슬리는 소리나 많은 사람으로 인한 자극을 상쇄하기 위해 스스로 큰 소리를 지르거나 물체를 이용하여 큰 소리를 냄	• 유아의 감각 특성에 맞는 환경을 조성하고 일정 조정하기 • 대체할 수 있는 자극원 제공하기 • 선호하는 활동, 자극이 풍부한 활동 제공하기
놀이	아무런 과제, 활동, 교재, 타인과의 상호작용이 없는 상태일 때 스스로의 손톱을 물어뜯거나 다리를 계속 흔듦	• 유아가 선호하는 활동 제시하기 • 유아에게 의미있는 활동을 개발하고 일과에 포함시키기

〈표 6-13〉 선행사건 중재 계획

부적응행동(기능과 가설)	선행사건 중재
다은이는 하기 싫거나 너무 어렵다고 생각되는 과제를 받으면 소리를 지르며 물체를 던지는 부적응행동을 함으로써 과제를 회피하고자 하는데 아침을 먹지 않고 등원한 날은 선행사건이 부적응행동으로 이어질 가능성이 더욱 높다.	• 다은이가 좋아하는 활동을 먼저 할 수 있도록 하거나 활동의 단계를 줄여주고, 참여 시 칭찬을 해준다.
다은이는 원하는 사물을 얻기 위해 그 사물을 가지고 있는 자신의 또래를 꼬집거나 할퀴는 등의 부적응행동으로 공격하여 그 사물을 얻는다. 다은이가 수면부족 상태에서 등원했을 때는 행동발생 가능성이 더욱 높아진다.	• 다은이에게 먼저 놀잇감(블록)을 선택할 수 있는 기회를 제공한다.
놀이 시간에 혼자 돌아다니다가 친구 놀잇감을 빼앗는다. 원하는 놀잇감을 갖기 위한 행동이다.	• 2~3개 그림으로 놀이 시간에 놀 활동을 선택하게 한다.
자유놀이 시간이 거의 끝날 즈음에 등원하여서 놀잇감정리를 하지 않고 놀잇감을 가지고 자료실 방으로 도망간다. 늦에 등원하여 놀이를 못하면 놀기 위해 더 자주 도망간다.	• 엄마와 상의하여서 저녁에 일찍 자서 아침에 지각을 하지 않고 어린이집 버스를 타고 오게 하며 충분히 자유놀이를 하게 한다.

(2) 대체행동지도

대체행동지도는 유아에게 부적응행동을 대체하면서 사회적으로 적절한 기술을 가르치는 것으로 장기적인 효과를 가져다 준다. 예를 들어, 아동이 물을 마시고 싶은데 의사소통이 안 되어서 소리를 지른다면 제스처, 상징, 그림자료 등을 사용하여서 의사소통이 가능하게 대체행동을 지도할 수 있다.

대체행동은 ① 아동이 배우기 쉬워야 하고, ② 아동에게 언제, 어떻게 사용해야 되는 지를 구체적으로 지도해야 하며, ③ 부적응행동보다는 더 효과적인 방법이어야 한다. 다음은 부적응행동과 같은 효과를 내면서도 더 효율적인 대체행동을 지도하는 예이다.

〈표 6-14〉 대체행동지도의 예

부적응행동	대체행동
활동 중간에 하기 싫어서 크레파스를 던지거나 스케치북을 찢음	• 간단한 말 지도하기(예. 그만 할래요/조금 있다 할래요/나중에 할래요 등) • '도와 주세요'의 표현으로 손 들기
다른 친구와 있는 교사를 보고 소리를 지름	• 행동으로 표현하기(예. 교사 손 잡아끌기/고개 끄덕이거나 도리질하기 등) • 그림카드 사용하기(예. 싫어요/좋아요) • 줄임말 지도하기(예. 선~(생님)/여기요/도와~ 등)
갖고 싶은 물건이 있으면 손을 잡아당김	• 손가락으로 가리키기 • 그림카드 보여주기 • 소리로 표현하기

3. 모든 유아를 위한 학급 차원의 행동 지도

학급 전체 유아를 대상으로 교실 상황을 구조화하고, 교사의 교수 행동을 점검한다면 학급 분위기가 개선되고, 부적응행동을 보이는 장애 영유아를 포함한 모든 유아에게 긍정적으로 행동 지도를 할 수 있게 된다.

1) 행동 지도의 기본 원칙

(1) 교실환경 구조화하기

- 유아들에게 활동이나 상황이 모두 예측 가능하도록 계획한다.
- 교실의 모든 영역은 확실하게 표시되어야 한다.
- 매일 매일 이루어지는 스케줄은 일관성이 있어야 한다.
- 한 활동에서 다른 활동으로 넘어가는 전이 활동은 분명해야 한다.
- 교실에서 지켜야 할 간단한 규칙을 정하여 교실에 게시한다.
- 모든 유아가 안정감을 느낄 수 있는 환경인지 교실 환경을 수시로 점검한다.

- 부적응행동이 발생되는 요소를 발견하면 재빨리 해결한다(예. 소리에 민감한 장애 영유아가 있다면 교실 소음을 줄이기 위한 카펫 깔기)

(2) 교수 행동 점검하기

- 장애 영유아 보육을 하는 모든 교사들이 행동 지도 전략을 알고 있으며, 일관성 있게 적용해야 한다.
- 장애 영유아의 부적응행동에 대처하는 지도 전략은 시기와 정도, 일관성과 공평성이 매우 중요하다.
- 행동문제 전문가는 특정 행동의 원인을 분석하고 대처방안을 제시하는 데 도움을 줄 수 있으므로 필요한 경우는 전문가의 지원을 받는 것도 필요하다.
- 어떤 유아에게 벌이 되는 것이 어떤 유아에게는 강화가 될 수 있으므로 모든 행동관리 전략은 개별화되어야 한다.
- 모든 전략은 사회적으로 수용 가능한 방법이어야 한다.
- 행동 지도 전략은 문화, 환경, 유아의 연령을 고려하여 선택, 적용되어야 한다. 특히 유아의 인권을 침해하는 방법(예: 점심식사 안 주기, 낮잠 안 재우기, 지나치게 긴 타임아웃, 신체적 체벌 등)은 사용하지 말아야 한다.

〈표 6-15〉 학급 차원의 행동지도를 위한 점검

교실 환경 점검	① 교실 내 지켜야 할 규칙과 절차가 계획되어 있는가? ② 규칙과 절차를 따를 때 제공하는 긍정적인 후속결과가 정해져 있는가? ③ 규칙을 어기고 절차를 따르지 않은 행동에 제공되는 후속결과가 정해져 있는가? ④ 교실 내 활동이 중요하고 의미 있다고 느끼는 따뜻한 교실환경이 구성되어 있는가?
교수 행동 점검	① 활동 시간을 최대화할 수 있도록 매일의 교수 활동 계획이 있는가? ② 유아의 참여를 촉진하는 교수 활동을 진행하는가? ③ 유아들이 활동을 수행하기 위한 절차를 이해하고 있는가? ④ 유아와 긍정적인 관계를 만드는 방법을 사용하는가? ⑤ 모든 유아들의 학습과 사회적 행동의 진전을 체계적으로 점검하고 있는가? ⑥ 학부모와 협력적인 관계를 만드는 방법이 있는가? ⑦ 부적응행동과 부적응행동이 발생하는 시간과 장소, 조건을 파악하고 있는가? ⑧ 부적응행동에 적절한 대체행동을 지도하고 그 행동을 강화하는가?

2) 부적응행동의 예방

부적응행동이 일어나면 그에 대응하여 할 수 있는 방법은 매우 제한적이기 때문에 가능한 한 부적응행동이 일어나지 않도록 예방하는 것이 매우 중요하다. 부적응행동을 예방하는 방법에는 환경의 수정, 효과적으로 지시하기, 다양한 반응전략 사용하기가 있다.

(1) 환경 수정하기

일차적으로 간단한 환경 수정을 통해 부적응행동을 예방할 수 있다.

- 물건을 던지는 경우 던질만한 물건은 미리 상자에 넣어 둔다.
- 특정 상동행동이 있는 경우 그 상동행동을 유발할 수 있는 사물을 치운다.

(2) 효과적으로 지시하기

유아에게 지시를 효과적으로 하면 불필요한 힘겨루기를 줄이고 유아의 수행을 향상시킬 수 있다. 지시를 효과적으로 내리기 위해서는 다음과 같은 점에 유의해야 하다.

① 간결하게 지시하기

지시가 길어지면 듣는 사람의 주의가 떨어진다. 특히 의사소통이나 언어에 어려움이 있는 유아에게는 길게 설명하는 지시보다 간결하고 직접적인 지시가 효과적이다.

② 일관되게 지시하기

같은 말, 같은 행동을 비슷한 형태로 지시하는 것을 말한다. 지시 따르기가 어려운 장애 영유아에게는 길게 설명하거나 여러 가지 지시를 동시에 하는 것보다 간단하고 일관된 지시를 사용해야 한다.

③ 지시를 따르도록 도움 제공하기

일단 지시를 내렸으면 그 지시를 따르도록 만든다. 지시를 따를 수 있도록 신체적으로 돕거나, 말로 유도하거나 환경을 조작하여 지시 수행에 필요한 도움을 제공한다. 만약 지시를 따랐다면 거기에 대한 보상(예. 칭찬, 미소, 간식, 가벼운 신체접촉 등)이 제공되어야 하며, 유아가 지시를 무시하는 것에 익숙해지지 않도록 한다.

④ 지시를 반복하지 않기

같은 지시를 너무 많이 반복하여 내리지 말아야 하다. 만약 상대방이 세 번째 같은 지시를 내렸을 때에도 지시에 반응이 없다면 도움을 제공하여 지시에 반응하도록 해야지 반응이 있을 때까지 지시를 반복적으로 되풀이하는 것은 피해야 한다. 이는 상대방이 지시를 여러 번 되풀이해야만 따르도록 훈련하는 것이 되기 때문이다.

⑤ 중립적 표정 및 태도 유지하기

지시를 내릴 때에는 유아가 지시라는 것을 알 수 있도록 중립적인 태도를 보이는 것이 도움이 된다. 지시를 따르지 않는다고 강압적이거나 무서운 태도를 취하면 지시를 내린 사람에 대해 반항하게 되고 오히려 지시를 더 따르지 않을 수 있다.

(3) 다양한 반응전략 사용하기

부적응행동에 대한 효과적인 반응을 중재하기 위한 반응전략 중재는 매우 중요하다. 문제행동에 대한 잘못된 반응은 장애 영유아의 문제행동을 오히려 증가시키는 결과를 초래할 수 있다. 예를 들어, 과제를 회피하기 위해 소리를 지르거나 물건을 던지는 파괴행동을 한 장애 영유아를 따로 앉혀 두거나 학급 밖으로 내보낸다면 유아는 계속 과제 회피를 위하여 문제행동을 계속 하게 될 것이다. 따라서 장애 영유아의 부적응행동에 대한 기능을 잘 파악하여 반응하는 것이 중요하다. 이를 반응전략이라고 한다.

① 소거

소거는 부적절한 행동을 발생시키거나 유지시키는 강화를 제거하여 부적응행동을 감소시키는 방법이다. 예를 들어, 관심을 끌기 위해 소리를 지르는 유아의 부적응행동에 무시하기 반응은 소거 적용의 한 예이다. 이때 무시하기는 일관되게 계획적으로 사용해야 한다. 소거를 적용할 때 주의해야 할 점은 다음과 같다.

- 소거를 적용하기 위해서는 유아가 스스로 주어진 과제를 스스로 수행할 수 있는 능력이 있어야 한다.
- 소거는 문제행동을 감소시키기까지 시간이 걸리기 때문에 급격히 감소시켜야 하는 자해행동이나 공격행동에 사용하는 것은 바람직하지 않다.
- 소거 폭발을 주의해야 한다. 소거 폭발은 이전에 받았던 강화를 얻기 위하여 행동의 강도와 빈도가 심각해지는 것이다.

TIP

감각적 소거

감각적 소거는 반복적인 문제행동으로부터 비롯되는 감각적 피드백을 제거함으로써 문제행동을 감소시키는 중재방법이다. 예를 들어, 유아가 청각적인 자극을 얻기 위해 책상을 반복적으로 두드린다면 책상에 책상보를 씌워 유아가 원하는 소리의 자극을 받지 못하게 하여 책상을 두드리는 방해행동을 감소시키거나 제거할 수 있다.

② 차별강화

차별강화란 유아들이 적절한 장소와 시간에 적절한 행동을 보일 때는 강화하고 그렇지 않을 때는 강화하지 않는 것을 말한다.

- 차별강화는 바람직한 행동을 증가시키고 원하지 않는 행동을 감소시킬 수 있다.
- 유아가 반응을 통해 무엇을 얻을 수 있고 결과적으로 무엇을 이해할 수 있는지

등을 고려해야 한다.

- 장애 영유아가 선호하는 활동이나 물건을 제거하는 부적 처벌이나 원하지 않는 것을 더 제공하는 정적 처벌을 사용한다.
- 차별강화는 강화물의 선정, 강화 간격, 문제행동을 수정하고자 하는 동기에 달려 있다.
- 반응에 따라 부작용이 있을 수 있으므로 상황에 따른 반응의 적용가능성 및 수용가능성, 반응의 상황적 적합성을 고려한다.

4. 부적응행동에 대처하기

교실에서 장애 영유아의 부적응행동을 소거시키기는 매우 어렵다. 어떤 경우에는 교사가 유아의 부적응행동을 강화하는 역할을 하기도 한다. 다음 사례를 참고하여 장애 영유아의 부적응행동에 적극적으로 대처한다(국립특수교육원, 2016).

1) 반항적인 행동을 할 때

반항적인 유아는 흥분을 잘하고 과격하며 자기중심적인 경우가 많다. 반항적인 유아들은 대부분 관심을 끌기 위해 반항하는 행동을 하는 경우가 많다.

- 반항하는 행동이 관심을 끌기 위한 거라면 무시한다.
- 바람직한 말로 관심을 요구했을 때 보상을 해 주면 바람직한 행동이 증가한다.
- 놀이를 통해 감정을 분출하도록 돕는다.
- 놀이를 할 때는 규칙을 만들어 안전한 놀이가 되게 한다.
- 언어표현이 부족한 경우, 자기감정과 욕구를 연결하여 표현하는 방법을 지도한다.

2) 고집을 부릴 때

대체로 단순한 고집보다는 이해 부족으로 오는 결과일 때가 많으므로 원인을 분석하여 이해를 시켜야 한다.

- 이해시키기 어렵다면 강제적으로 고집을 꺾어야 하나 고집이 타당하면 기다려주어야 한다.
- 작은 일이라도 유아와 사전에 이야기하고 합의한다.
- 유아와의 약속은 꼭 지킨다.

3) 공격적인 행동을 할 때

공격행동은 다른 사람의 몸의 일부를 상해하거나 손상시키는 행위로 물기, 꼬집기, 때리기, 머리잡아당기기, 던지기 등의 행동을 말한다. 자기에게 요구된 과제의 내용이나 방법 혹은 자신이 지루하다고 느낄 때, 거부하거나 화가 났음을 알리는 표현으로 사용되는 경우가 있고, 다른 한편은 던지거나 부수었을 때 일어나는 변화 자체를 즐기는 경우에도 일어날 가능성이 있다. 지루하거나 화가 난 의사 표시일 때는 일단 아동을 몇 초 혹은 몇 분 간 아동이 원하는 방향으로 쉬게 한 다음, 다시 시작하거나 내용이나 방법을 바꾸어가며 지도하는 것이 효과적이다.

- 원인을 찾기 위해 행동을 관찰한다.
- 공격행동이 나타나면 힘껏 안아주어 진정시킨다.
- "친구를 때리면 아파요"라고 단호하고 분명한 어조로 행동에 대해 자세히 설명해준다.
- 일정 시간 격리시키거나 좋아하는 활동을 박탈하는 등 자신이 한 일에 대한 책임을 지도록 한다.
- 원하는 것을 바른 방법으로 표현하도록 가르치고 바르게 표현했을 때 크게 칭찬한다.

4) 자해행동을 할 때

자해행위는 자신에게 신체적 손상을 입히는 행위로 관심끌기나 분노, 거부 등을 나타내는 극단적인 자기표현의 일종이다. 손으로 자신의 머리를 때리거나 몸을 꼬집어 상처를 내고 머리를 마루나 벽에 부딪혀 상처를 내는 행동이다.

- 심각한 자해행동에는 화를 내거나 당황하지 말고 제지한다.
- 감정변화가 없는 침착한 표정으로 신속하게 제지한다.
- 제지한 후에는 야단을 치기보다 무시한다. 자행행동에 당황하거나 흥분하는 것이 강화가 될 수 있다.
- 심각한 자해가 아닌 경우에는 인내심을 가지고 무시하는 것이 좋다. 자해로 관심을 끌 수 없다는 것을 알려주기 위함이다.
- 자해행동이 일어나는 상황을 관찰하여 자해행동 대신 할 수 있는 말이나 행동을 지도한다.
- 일정 시간 교사와 함께 보내고 유아의 관심사에 관심을 기울임을 보여준다.
- 가능한 한 친구와 같이 놀도록 놀이 상황을 만든다.
- 긍정적인 행동으로 감정을 표현할 때 칭찬한다.
- 자해행동의 강도가 세거나 반복으로 상처가 염려될 때는 미리 대비한다.
- 자해행동을 지도할 때는 머리보호 헬멧을 씌우거나 벽에 스티로폼을 붙이고 두꺼운 양탄자를 바닥에 깔아두는 등 안전장치가 갖추어진 방에서 지도해야 한다.

5) 소리를 지르거나 우는 행동을 할 때

관심을 끌기 위해 말썽을 부리거나 자신의 뜻대로 되지 않을 때 소리를 지르기도 한다. 심하면 때와 장소를 가리지 않고 울기도 한다.

- 울음을 그칠 때까지 아무런 반응을 하지 않고 그대로 둔다.

- 다 울고 난 후 왜 울었는지 묻는다.
- 무작정 우는 것이 요구 해결에 전혀 도움이 되지 않는다는 것을 인식시킨다.
- 요구가 있으면 말이나 신체적으로 표현하도록 지도한다.
- 막 울기 시작하면 교사는 다른 유아와 재미있는 놀이를 시작하여 마치 우는 유아가 없는 듯이 행동한다. 울음이 그치면 그 유아와 아무 일 없었다는 듯이 놀이를 한다.

6) 상동행동을 할 때

몸을 앞뒤로 흔들기, 손가락 꼬기, 허공에 손가락 흔들기, 손뼉치기와 같은 반복행동을 상동행동이라 한다. 자기자극적 행동이므로 심심하거나 하는 일이 없을 때 더 증가하는 경향이 있다.

- 혼자 있는 시간을 줄이고 놀이나 과제 수행시간을 늘린다.
- 통 속에 구슬 넣기, 고리 끼우기 등 간단한 과제와 놀이를 지도한다.
- 유아가 좋아하는 놀이를 찾아서 함께 논다.
- 과제를 수행했을 때 좋아하는 활동으로 강화한다.

7) 반향어를 사용할 때

반향어는 의사소통을 위한 시도이며 자폐아의 경우, 반향어를 사용하는 것이 언어발달에 도움이 되기도 한다.

- 유아의 입장에서 말하는 방식으로 언어 모델을 보여준다.
- 유아가 좋아하는 노래를 많이 부른다.
- 유아가 말할 때 기다려주고 격려한다.
- 말할 수 있는 기회를 많이 제공한다.
- 일상생활 중에 질문과 대답을 연습한다.

8) 주의가 산만할 때

주의가 산만한 유아는 오래 앉아서 집중을 하지 못하며 누가 말을 해도 잘 듣고 있지 않은 듯 보인다. 주의산만은 불안이나 사회성 부족, 호기심으로 나타나기도 한다. 주의집중 훈련을 통해 점차 주의집중 시간을 늘린다.

- 쉬운 것부터 한 가지씩 하고 잘 했을 때는 칭찬한다.
- 유아에게 요구할 때는 한 번에 한 가지씩 이야기한다.
- 유아가 관심을 보이는 활동을 매일 일정하게 수행하면서 점차 시간을 늘린다.
- 유아가 몰두할 때마다 칭찬을 하여 집중하는 시간을 늘려 나간다. 예를 들어, 집중하여 퍼즐 맞추기를 지도하기 위해 '책상 위에서 4조각 퍼즐 맞추기(약 5초 과제)-책상 밑에서 기차놀이(30초 선호하는 놀이)'를 매일 반복하면서 퍼즐 맞추기를 수행하도록 한다. 5초를 집중하게 되면 조금 더 시간이 필요한 과제로 대체한다.
- 유아가 선호하는 활동과 해야 할 활동을 교대로 하여 과제를 하면 좋아하는 활동이 보상이 되도록 지도한다.

9) 특정 사물이나 상황에 집착할 때

집착은 영아기에 나타나는 자연스러운 행동이나 유아기까지 사라지지 않는다면 모자관계가 불안정하거나 성향의 문제일 수 있다. 자폐아의 경우에는 특성 중의 하나이다.

- 집착하는 사물이나 상황에 변화를 주어 점차적으로 관심 영역을 확대해 준다.
- 집착하는 것이 광고문구나 상표, 숫자나 문자 등 학습과 관련되는 경우, 학습에 활용하여 지도한다.
- 의도적으로 사물과 글자를 연결시켜 지도한다.
- 친구와 놀이하는 경험을 통해 놀이의 즐거움을 알게 한다.

10) 이상한 물질을 먹거나 물고 있을 때

먹을 수 있는 것과 먹을 수 없는 것을 분명히 구분하지 못할 때 일어날 수 있다. 이 경우에는 어떤 것이 먹을 수 있는 것이며, 어떤 것은 먹을 수 없는 것이라는 훈련을 구체적으로 지도한다.

- 이식증과 같은 병리적인 문제가 있는지 확인하여 치료한다.
- 유아의 영양 상태를 감독하고 철 결핍과 납 중독을 확인하여 치료한다.
- 바른 음식 섭취 시에는 칭찬을 해 주고 이식증인 경우에는 단호한 태도를 보인다.
- 통 속에 블록 넣기, 고리 끼우기 등의 간단한 과제나 장난감 돌리기, 누르기, 퍼즐 맞추기 등의 놀이 활동을 지도하고 보상한다.
- 점차 흥미있게 참여하는 활동 시간을 늘려 이상한 물질을 잊도록 한다.

11) 쉴 새 없이 이야기하고 물어보는 것을 반복할 때

관심과 인정을 받고 싶어 하거나 주변 상황을 인식하지 못하고 그때그때 떠오르는 생각을 참지 못하고 이야기하는 경우이다.

- 요구카드를 만들어 말 대신 카드를 내밀도록 지도한다.
- 물어보는 시간과 횟수를 정하고 잘 지키면 칭찬한다.
- 규칙을 정하여 스스로 자기관리를 하도록 지도한다.

12) 과제나 활동에 이탈할 때

주로 이야기 나누기 시간 중간에 집단에서 이탈하여 놀이 영역으로 가거나 교사의 책상을 뒤지는 등 자기가 하고 싶은 행동을 하는 경우이다.

- 적절한 행동을 할 때마다 강화를 한다.
- 활동을 함께 하거나 도와주는 또래에게 "○○가 같이 하니까 참 좋다"라고 칭찬을 하면서 유아의 참여를 유도한다.
- 활동이나 과제의 난이도를 낮추거나 줄여서 활동에 최대한 참여할 수 있도록 활동을 수정한다.
- 유아가 스스로 약속을 정한다. 예를 들어, 사진으로 앨범을 만들고 문장으로 적어 활동 전에 교사와 "○○는 그림책 볼 거예요"라고 행동 약속을 하게 한다.
- 활동을 마친 후에는 선호하는 사물로 강화를 받을 수 있게 한다.

CHAPTER 07

건강과 안전지도

1. 장애 영유아 건강과 안전지도의 필요성

건강과 안전은 발달기에 놓여 있는 장애 영유아에게 매우 중요한 요소이다. 올바른 영양 섭취와 바른 식습관을 통해 영유아는 건강하게 발달해 가며, 위험한 상황을 인식하고, 자신을 주변의 위험으로부터 보호함으로써 안전한 발달을 이루게 된다. 건강하고 안전한 유아는 일상생활을 즐겁게 지내며, 활발하게 활동하고, 연령 수준에 맞는 순조로운 발달을 한다. 장애로 인한 제한과 결함을 가진 영유아를 위해 교사는 청결지도, 식생활과 일상생활 지도, 그리고 질병예방 지도를 하며, 이를 통해 영유아의 환경을 건강하게 조성한다. 또한 안전한 환경 구성과 지도를 위해 놀이안전과 재난안전 교육을 하며, 이를 통해 영유아는 비상시 대처 방안을 놀이를 통한 일상적 경험으로 습득하게 된다.

건강과 안전은 무엇보다도 예방이 먼저 강조되어야 하며, 이를 위해 교사는 하루 일과를 예측 가능할 수 있도록 구성하고, 일상생활을 통해 건강과 안전에 대한 지도를 반복적이고 경험적이 될 수 있도록 가르친다.

- 장애 영유아는 일반적으로 정상 발달을 보이는 유아에 비하여 상황 판단 능력이 떨어지므로 직접적이고 구체적인 안전 행동에 대한 지도가 필수적이다.
- 감각 기관을 통합하고 적절히 반응하는데 독특한 특성을 보이는 경우 특정 자극에 대하여 민감하거나 둔감한 반응을 나타낼 수 있다(예: 물 자극을 좋아하는 경우 물을 보면 바로 만지려고 함).
- 환경에 대한 충분한 탐색과 경험의 부족으로 새로운 물건이나 사람, 동물, 장소 등에 지나치게 경계하거나 혹은 조심하지 않을 수 있으며, 이는 과보호되거나 방치되는 극단적인 양육태도가 원인이기도 하다.
- 신체적 제한이나 결함으로 유해한 환경에 노출되기 쉬우며 자기 조절력이 부족하여 자신을 보호하는 능력이 떨어진다.
- 언어 표현력이 떨어지는 경우 필요한 도움을 줄 사람과의 적절한 의사소통이 어려워 평상시 도움을 청하는 방법을 지도하여야 한다.
- 부적응 행동이나 자해 행동 등 자신과 또래를 위협할 수 있는 행동 상의 특성을 가지고 있는 경우 안전사고에 대한 노출이 더 많다.
- 특히 약을 복용하고 있는 경우나 특정 음식에 대한 알레르기 반응이 있는 경우 투약과 음식물 제공에 유의한다.
- 지체 장애의 경우 자세지도에 유의하여야 하며 필요한 도구나 장비 시설을 갖추어야 하고, 도움을 주는 방법이나 신체적인 보조의 형태를 전문가로부터 전달받아야 한다(의사, 물리치료사 등).
- 갑작스런 간질(경련)을 일으키는 경우 적절한 대처방안을 사전에 알아두고 대비하여야 한다.
- 병력이나 양육 과정, 가정환경 등 필요한 정보를 부모(보호자)와의 상담을 통하여 정확하게 얻도록 하여야 한다.
- 활동 중심의 체험 학습을 통하여 반복 지도하고 개별 안전 교육프로그램을 마련하여 심화 지도하여야 한다.

2. 장애 유형별 특성을 고려한 지도

1) 자폐성장애

- 사회적 상호작용과 눈맞춤에 어려움을 보이며, 사람보다 사물에 대한 관심이 많고 집착이 강한 경향이 있다.
- 언어의 부재 또는 부적절하고 비기능적인 언어 사용으로, 반향어 사용이나 똑같은 음절과 어구의 반복적 사용 등의 특성이 있다.
- 소리나 촉감에 대한 과민반응이나, 소리나 촉감을 피하거나 도망가는 성향을 보이고, 특정 감촉을 거부하고, 특정 소리에 민감하여 소리를 지르거나 귀를 막고, 일반인들은 듣지 못하는 작은 소리에도 반응한다.
- 일정이 변경되거나 물리적 환경이 변화되었을 때 불안한 모습을 보이며, 반복적이고 자기자극적 행동, 놀잇감 차바퀴를 계속 돌리기 등과 같은 행동에 집착하는 모습을 보인다.
- 규칙적이고 일관된 일과 구성과 교수를 통해 영유아가 예측 가능할 수 있도록 지도한다.

2) 시각장애

- 주변 환경에 대한 정보를 얻기 위해서 특별한 지원과 관심을 필요로 한다.
- 걷기와 같은 동적인 활동은 느린편이며, 안정적인 보행이 어렵다.
- 시각적 감각자극이 제한됨에 따라 방향감각이나 움직임(이동성)에 대한 특별한 지도가 요구된다.

3) 청각장애

- 청력의 손실과 청력 기관의 손실 유형에 따라 신체 균형 잡기에 제한이 있다.
- 폐활량이 적어 운동능력이 다른 사람들에 비해 다소 지체되어 있다.
- 가능한 교사, 스피커, 악기 등과 같은 음원 가까운 곳에 자리를 배치하고 비행기, 전화벨 소리, 에어컨 소리와 같이 흥미를 유발할 수 있는 환경을 활용하여 청능 훈련을 지원한다.
- 시각적, 촉각적 단서를 활용하여 단서를 제공함으로써 청각장애 영유아의 언어 이해력을 높이는 데 도움을 준다.

4) 지체장애

- 골격, 신경, 근육의 질병이나 외상으로 인한 기능장애로 운동장애, 감각장애 및 이동장애를 보인다.
- 장애에 따른 개별적 특성을 고려한 자세 유지 등의 재활 지원이 필요하다.

5) 건강장애

- 만성적인 질병으로 인해서 사회적인 고립을 초래하고 정상적인 생활경험을 방해한다.
- 신체적인 제한으로 활동수준이 감소되어 있다.
- 사람들과의 상호관계를 잠정적으로 중단시켜, 사회·정서적 적응을 방해할 수 있다.
- 질병으로 인해서 나타나는 이상의 여러 가지 부정적인 영향들로 인해서 신체적인 위험뿐만 아니라 심리·정서적인 손상을 입을 수 있음을 이해하고 교사들의 특별한 관심과 보호가 필요하다.

6) 의사소통장애

- 기능적인 사용의 측면에서 언어경험을 충분히 할 수 있도록 배려한다.
- 사물과 행동에 적합한 단어 사용하며, 영유아의 발달적 수준에 맞도록 사물이나 사건의 특징을 묘사하여 지도한다.
- 중증 의사소통 장애 시 보완대체 의사소통을 통해 자신의 의사를 정확하고 신속하게 표현할 수 있도록 지도한다.

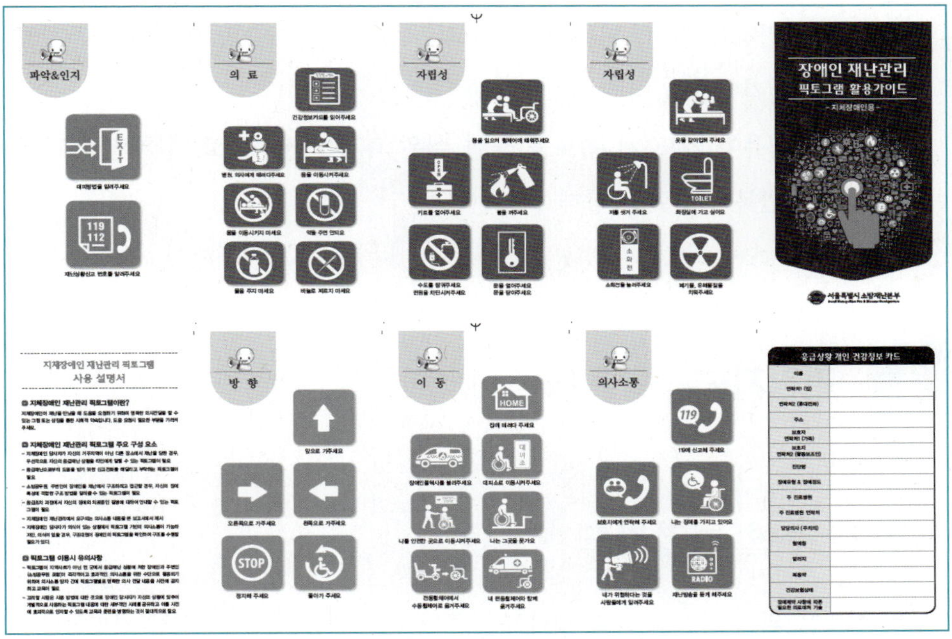

[그림 7-1] 장애인 재난관리 픽토그램 활용 가이드

출처: 서울특별시 소방재난본부(2014). 장애인 재난위기관리 매뉴얼. pp.63-71.

[그림 7-2] 도움 요청을 위한 다양한 픽토그램

- 장애인 재난관리 픽토그램은 도움을 요청하기 위하여 명확한 의사전달을 할 수 있는 그림 또는 상징을 통한 사회적 약속으로 도움 요청 시 필요한 부분을 가리킬 수 있도록 지도한다.

7) 지적장애

- 지적 기능과 동시에 그와 연관된 적응적 제한성이 두 가지 혹은 그 이상의 실제 적응기술영역들, 즉 의사소통, 자기관리, 가정생활, 사회성 기술, 지역사회 활용, 자기지시, 건강과 안전, 기능적 학업효과, 여가, 작업기술의 영역에서 존재하는 것으로 특징지어진다.
- 지적장애 영유아 지도 시 속도를 늦춰 쉬운 과제를 제공하고, 단계별로 나누어 가르치며, 반복과 참여를 통해 지도한다.

3. 건강지도

1) 몸과 주변 청결지도

질병 예방을 위해 자신의 몸과 생활하는 주변을 깨끗이 할 수 있도록 지도한다. 일상 보육활동 속에서 스스로 손을 씻기, 양치하기, 몸단장하기 등 청결지도의 구체적인 반복 교육을 통해 바른 습관을 가질 수 있도록 지도한다. 이러한 위생과 청결 관리는 장애 영유아가 또래 관계를 형성하는데 긍정적인 요인으로 작용할 수 있다.

스스로 손씻기를 지도하기 위해 일상생활에서의 반복적인 지도가 중요하며, 장애 영유아의 개별적 특성을 고려하여 개인 손씻기 일정표, 손씻기 그림, 세정제와 손닦기 도구 제공 등 개인 청결 유지를 할 수 있도록 지도 한다. 세정제(손비누, 물비누 등)의 선택 시에는 감각 자극과 장애 특성을 고려하여 선택하도록 한다. 예를 들어 손놀림이 자유롭지 않는 지체장애 영유아에게는 물비누를 제공하여 지도할 수 있다.

- 양치질 지도는 구강의 상태와 선호를 고려하여 지도하며, 취학 전 정기적인 구강 관리를 통해 올바른 영양을 습득할 수 있도록 한다.
- 칫솔과 치약의 선택은 장애 영유아의 구강 발달 단계에 따라 선택하며, 칫솔에 대한 감각적 자극으로 인해 양치질을 거부하는 영유아에게는 칫솔질을 하기 전 손가락을 이용한 구강 자극이 도움이 된다.
- 뇌변병 영유아의 경우 빨기, 씹기, 삼키기에 어려움을 보이고, 침 흘리기와 구음 장애 등을 보이며, 또래 유아에 비해 유치가 더 많이 썩어있는 경향이 있다. 건강한 구강관리를 위해 식이조절과 바른 잇솔질, 그리고 정기적인 불소도포와 구강검진 등을 통해 관리할 수 있도록 지도한다.

TIP

건강한 치아를 관리하기 위한 식이 조절

① 끈끈하고 당분이 든 음식 섭취를 줄인다.
② 음식은 가능한 한 식사 때만 먹는다.
③ 야채 위주의 식단이 좋다(야채가 칫솔질의 역할을 한다.).
④ 식후에 꼭 물로 입 헹구기를 해준다.

바른 잇솔질을 위해 다음과 같이 지도한다.

① 두 손과 입 운동이 가능하며, 보호자가 도와주는 경우는 회전법으로 닦는다.
- 우선 칫솔을 잇몸 깊숙이 집어넣는다(칫솔모는 치아와 평행하게 위치).
- 이와 잇몸의 경계부위까지는 칫솔을 가볍게 마사지하듯이 내려주다가 이와 잇몸의 경계부위에서 손목에 힘을 가하여 칫솔을 돌려준다.
- 같은 방법으로 바깥쪽을 닦는다.
- 앞니의 안쪽은 칫솔을 세워서 각각의 치아를 큰 원을 그리듯이 훑으면서 닦아준다.
- 씹는 면은 약간의 힘을 가하여 앞뒤로 싹싹 닦아준다.

- 마지막으로 혀도 안에서 밖으로 3~4회 쓸어내리면서 닦아주고 입천장도 닦아준다.

② 한손 운동만 가능하며, 보호자가의 도움이 없을 때는 위의 방법이 어려울 시 칫솔을 치아 옆면에 갖다 댄 후 원을 그리듯이 돌려서 닦는다.

③ 두 손 모두 운동이 안 되며, 보호자의 도움이 없는 경우는 입 헹구기 연습을 많이 하고 식후에 입 헹구기를 할 수 있도록 지도한다.

④ 누워 있는 상태의 칫솔질은 90° 정도의 앉은 자세 유지하여 칫솔질 후 기도로 양치액이 넘어가는 것을 방지하기 위해 바로 눕히지 말고 15분 정도 앉은 자세 유지한다.

⑤ 입을 안 벌리는 경우는 장애 영유아의 등 뒤에 앉아서 약간 기대게 한 후 한 손에 나무젓가락, 다른 한 손엔 칫솔을 들고 위, 아랫니 사이에 나무젓가락을 넣어 입을 벌리게 한 후 칫솔을 이용하여 최대한 빠르게 닦는다. 단, 입안이 다치지 않도록 너무 무리하여 입을 벌리지 않도록 한다.

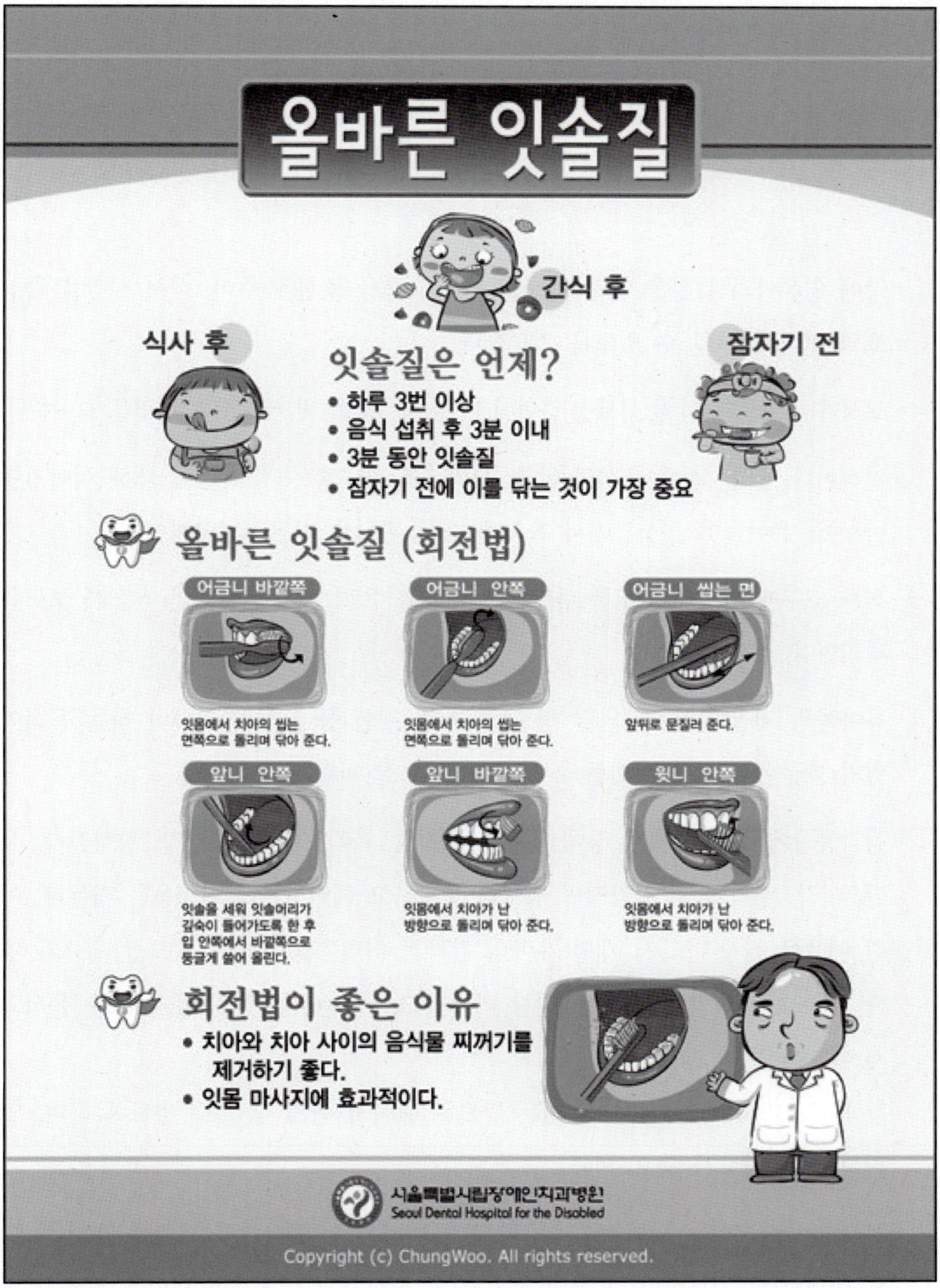

[그림 7-3] 올바른 잇솔질

출처: 서울특별시 장애인 치과병원(www.sdh.go.kr)

2) 바른 식생활 지도

음식을 골고루 적당량을 먹고 몸에 좋은 음식에 관심을 갖고 구별할 수 있도록 지도하며, 바른 식사예절과 태도를 알고 실천할 수 있도록 지도한다.

- 장애 영유아의 특성을 고려하여 양과 크기 등을 조절해 주어, 식사 시간을 즐겁고 편안하게 느낄 수 있도록 지도한다.
- 교사가 유아들과 함께 식사를 하면서 바른 식사방법 및 태도의 모델링을 보여준다.
- 간식이나 점심시간에 음식의 이름, 모양, 색, 맛, 혹은 경험 등에 대해 이야기를 나누어, 유아들이 실생활에서 음식에 대해 관심을 가질 수 있게 한다.
- 식사 도구에 관심을 갖도록 다양하게 준비해 주고, 젓가락 사용을 시도해 보도록 격려한다.
- 유아들의 체질이나 신체발달 정도 및 이전 경험 등에 따라 피해야 하는 음식이 있기 때문에 교사는 유아들의 개별 신상을 잘 파악하도록 한다.
- 감각통합에 문제가 있는 장애 영유아는 청각, 촉각, 자기수용감각, 평형감각, 시각, 미각, 후각 등의 감각적인 정보를 조작하고 해석하는데 어려움을 겪는다. 이런 이유로 식사지도 시 개별 유아의 감각적 어려움을 토대로 지도할 필요가 있다. 선호하는 색깔, 냄새, 맛, 질감 외에는 거부하는 경우가 있어, 새로운 음식의 제시가 매우 어렵다.
  음식의 크기와 양은 삼킬 수 있는 양으로 줄여서 쉽게 삼킬 수 있도록 하며, 일관성 있는 지도가 필요하다.
- 시각장애 영유아는 먹기 전, 제공된 밥과 반찬의 이름과 그릇 위치를 알 수 있도록 안내하며, 지도한다. 유아의 손을 잡고 식도구를 이용하여 테이블 위를 시계방향으로 안내한다.

- 뇌병변 영유아는 신체조절의 어려움으로 인한 섭식기능의 발달단계를 정확하게 진단하고 그 발달단계에 맞게 지도를 한다. 식사 전 구강 마사지를 통해 입과 혀의 움직임을 자극시킨다.

편안한 환경과 식기구를 준비하여, 적합한 자세를 취할 수 있도록 지도하는데, 일반적으로 영유아는 몸을 바닥에서 45° 정도까지 일으켜주면 음식을 스스로 씹어 삼키기 쉬워진다. 그러나 영유아 몸의 경직 및 근 긴장 정도에 다양한 차이가 있으므로 가족 상담과 관찰을 통해 전문가(물리치료사, 작업치료사 등)에 의해 제시된 식사 자세, 호흡, 속도, 한입에 들어가는 양 및 섭식 관련 반사의 내용 등을 확인할 필요가 있다.

입 움직임이 어려운 영유아들은 식사를 할 때 양육자가 손으로 머리와 턱을 받쳐 주어서 입의 움직임을 조절하게 하며, 씹기를 촉진시켜 주기 위해서는 음식을 어금니 안쪽으로 넣어주어 식사지도를 한다.

섭식지도를 위한 상담 및 관찰

아 동 명:	생년월일: (만 세 개월)

상 담 일:	상 담 자:

- 식사 시 걸리는 시간 –
- 먹는 양 –
- 아동이 좋아하는 음식의 질 –
- 사용하는 도구(식기, 숟가락, 컵의 모양이나 크기 등) –
- 식사 시 나타나는 구강 운동(숟가락 먹이기, 컵으로 마시기) –

(사진)	(사진)	(사진)

관 찰 일:	관 찰 자:
부모가 아동에게 먹이는 모습을 직접 관찰 아동과 부모에게 익숙한 식사 모습을 관찰	
식사 시 취하는 자세	
속도	
상호작용	

섭식과 관련된 반사	관 찰 자:
구토반사	
물기 반사	
빨기, 삼키기 반사	
씹기 반사	

[그림 7-4] 뇌병변 유아의 섭식지도를 위한 상담 관찰 기록지

TIP

음식물을 삼키지 않고 오랫동안 물고 있어요.

한 번에 입에 들어가는 음식의 크기나 질감을 낮추어 주세요. 음식을 먹는 횟수가 늘어나면 음식의 크기와 질감을 천천히 늘립니다. 그리고 쉽게 삼키지 못할 경우 마실 것을 조금(한 모금이나 한 숟가락) 주시거나, 아이가 좋아하고, 질감이 낮은 음식을 조금 더 주어서 입에 물고 있는 음식을 한 번에 삼키도록 도와주는 방법도 있습니다. 이 음식은 아이가 자주 물고 있는 음식을 줄 때 같이 입에 넣어 줄 수도 있고, 음식을 입에 물고 있을 때 더 줄 수도 있습니다.

출처: 양육길라잡이(국립특수교육원).

식품안전과 알레르기 관리 실태 위한 설문지

반 명: **이 름:**

■ 원아의 알레르기 여부를 체크하여 주세요.

( )아니오 (예: 아래 부분에 체크하여 주세요)

종류	아토피피부염	천식	두드러기	식품알레르기	알레르기비염	아나필락시스

( )아니오 ( )예 ⇒ 아래 종류는 무엇입니까?

알레르기 원인 식품	식품 알레르기로 인한 증상
☐ 계란	☐ 아토피피부염 ☐ 두드러기 ☐ 얼굴, 눈 또는 입술이 붓는다 ☐ 구토, 설사, 복통 ☐ 천식증상(기침, 쌕쌕거림) ☐ 호흡곤란, 청색증 ☐ 의식저하 ☐ 기타
☐ 우유	☐ 아토피피부염 ☐ 두드러기 ☐ 얼굴, 눈 또는 입술이 붓는다 ☐ 구토, 설사, 복통 ☐ 천식증상(기침, 쌕쌕거림) ☐ 호흡곤란, 청색증 ☐ 의식저하 ☐ 기타
☐ 콩	☐ 아토피피부염 ☐ 두드러기 ☐ 얼굴, 눈 또는 입술이 붓는다 ☐ 구토, 설사, 복통 ☐ 천식증상(기침, 쌕쌕거림) ☐ 호흡곤란, 청색증 ☐ 의식저하 ☐ 기타
☐ 땅콩	☐ 아토피피부염 ☐ 두드러기 ☐ 얼굴, 눈 또는 입술이 붓는다 ☐ 구토, 설사, 복통 ☐ 천식증상(기침, 쌕쌕거림) ☐ 호흡곤란, 청색증 ☐ 의식저하 ☐ 기타

☐ 밀	☐ 아토피피부염 ☐ 구토, 설사, 복통 ☐ 호흡곤란, 청색증	☐ 두드러기 ☐ 천식증상(기침, 쌕쌕거림) ☐ 의식저하	☐ 얼굴, 눈 또는 입술이 붓는다 ☐ 기타
☐ 메밀	☐ 아토피피부염 ☐ 구토, 설사, 복통 ☐ 호흡곤란, 청색증	☐ 두드러기 ☐ 천식증상(기침, 쌕쌕거림) ☐ 의식저하	☐ 얼굴, 눈 또는 입술이 붓는다 ☐ 기타
☐ 육류 (소고기, 닭고기, 돼지고기)	☐ 아토피피부염 ☐ 구토, 설사, 복통 ☐ 호흡곤란, 청색증	☐ 두드러기 ☐ 천식증상(기침, 쌕쌕거림) ☐ 의식저하	☐ 얼굴, 눈 또는 입술이 붓는다 ☐ 기타
☐ 깨	☐ 아토피피부염 ☐ 구토, 설사, 복통 ☐ 호흡곤란, 청색증	☐ 두드러기 ☐ 천식증상(기침, 쌕쌕거림) ☐ 의식저하	☐ 얼굴, 눈 또는 입술이 붓는다 ☐ 기타
☐ 견과류 (호두, 아몬드, 잣 등)	☐ 아토피피부염 ☐ 구토, 설사, 복통 ☐ 호흡곤란, 청색증	☐ 두드러기 ☐ 천식증상(기침, 쌕쌕거림) ☐ 의식저하	☐ 얼굴, 눈 또는 입술이 붓는다 ☐ 기타
☐ 갑각류 (새우, 게, 가재, 굴 등)	☐ 아토피피부염 ☐ 구토, 설사, 복통 ☐ 호흡곤란, 청색증	☐ 두드러기 ☐ 천식증상(기침, 쌕쌕거림) ☐ 의식저하	☐ 얼굴, 눈 또는 입술이 붓는다 ☐ 기타
☐ 과일(복숭아, 메론, 수박, 키위, 바나나, 망고, 토마토 등)	☐ 아토피피부염 ☐ 구토, 설사, 복통 ☐ 호흡곤란, 청색증	☐ 두드러기 ☐ 천식증상(기침, 쌕쌕거림) ☐ 의식저하	☐ 얼굴, 눈 또는 입술이 붓는다 ☐ 기타
☐ 채소(샐러리, 당근, 겨자, 마늘, 브로콜리, 감자, 양파, 후추 등)	☐ 아토피피부염 ☐ 구토, 설사, 복통 ☐ 호흡곤란, 청색증	☐ 두드러기 ☐ 천식증상(기침, 쌕쌕거림) ☐ 의식저하	☐ 얼굴, 눈 또는 입술이 붓는다 ☐ 기타
☐ 생선류(고등어 등)	☐ 아토피피부염 ☐ 구토, 설사, 복통 ☐ 호흡곤란, 청색증	☐ 두드러기 ☐ 천식증상(기침, 쌕쌕거림) ☐ 의식저하	☐ 얼굴, 눈 또는 입술이 붓는다 ☐ 기타

[그림 7-5] 식품 알레르기 조사표

■ 식품알레르기 치료를 위하여 제한식이를 하는 경우가 있으십니까?

(　)아니오　(　)예 ⇒ 제한식이를 하는 식품 종류는 무엇입니까?
☐ 계란 ☐ 우유 ☐ 콩 ☐ 땅콩 ☐ 밀 ☐ 메밀 ☐ 소고기 ☐ 닭고기 ☐ 돼지고기 ☐ 깨 ☐ 견과류(호두, 아몬드, 잣 등) ☐ 갑각류(새우, 게, 가재, 굴 등) ☐ 과일(복숭아, 메론, 수박, 키위, 사과, 오렌지, 바나나, 망고, 토마토 등) ☐ 채소(샐러리, 당근, 겨자, 마늘, 브로콜리, 감자, 양파, 후추 등)
☐ 기타(구체적으로 기입하세요:　　　　　　　　　　)

■ 최근 1년 사이 아동의 식품알레르기(식중독은 제외)로 인한 증상을 경험한 적이 있으십니까?

(　)아니오　　(　)예(중복응답 가능): 있으면 아래 사항을 표시해 주세요.

알레르기 원인 식품	횟수	식품 알레르기로 인한 증상
☐ 계란		☐ 아토피피부염 ☐ 두드러기 ☐ 얼굴, 눈 또는 입술이 붓는다 ☐ 구토, 설사, 복통 ☐ 천식증상(기침, 쌕쌕거림) ☐ 호흡곤란, 청색증 ☐ 의식저하 ☐ 기타
☐ 우유		☐ 아토피피부염 ☐ 두드러기 ☐ 얼굴, 눈 또는 입술이 붓는다 ☐ 구토, 설사, 복통 ☐ 천식증상(기침, 쌕쌕거림) ☐ 호흡곤란, 청색증 ☐ 의식저하 ☐ 기타
☐ 콩		☐ 아토피피부염 ☐ 두드러기 ☐ 얼굴, 눈 또는 입술이 붓는다 ☐ 구토, 설사, 복통 ☐ 천식증상(기침, 쌕쌕거림) ☐ 호흡곤란, 청색증 ☐ 의식저하 ☐ 기타
☐ 땅콩		☐ 아토피피부염 ☐ 두드러기 ☐ 얼굴, 눈 또는 입술이 붓는다 ☐ 구토, 설사, 복통 ☐ 천식증상(기침, 쌕쌕거림) ☐ 호흡곤란, 청색증 ☐ 의식저하 ☐ 기타
☐ 밀		☐ 아토피피부염 ☐ 두드러기 ☐ 얼굴, 눈 또는 입술이 붓는다 ☐ 구토, 설사, 복통 ☐ 천식증상(기침, 쌕쌕거림) ☐ 호흡곤란, 청색증 ☐ 의식저하 ☐ 기타
☐ 메밀		☐ 아토피피부염 ☐ 두드러기 ☐ 얼굴, 눈 또는 입술이 붓는다 ☐ 구토, 설사, 복통 ☐ 천식증상(기침, 쌕쌕거림) ☐ 호흡곤란, 청색증 ☐ 의식저하 ☐ 기타
☐ 육류 (소고기, 닭고기, 돼지고기)		☐ 아토피피부염 ☐ 두드러기 ☐ 얼굴, 눈 또는 입술이 붓는다 ☐ 구토, 설사, 복통 ☐ 천식증상(기침, 쌕쌕거림) ☐ 호흡곤란, 청색증 ☐ 의식저하 ☐ 기타
☐ 깨		☐ 아토피피부염 ☐ 두드러기 ☐ 얼굴, 눈 또는 입술이 붓는다 ☐ 구토, 설사, 복통 ☐ 천식증상(기침, 쌕쌕거림) ☐ 호흡곤란, 청색증 ☐ 의식저하 ☐ 기타
☐ 견과류 (호두, 아몬드, 잣 등)		☐ 아토피피부염 ☐ 두드러기 ☐ 얼굴, 눈 또는 입술이 붓는다 ☐ 구토, 설사, 복통 ☐ 천식증상(기침, 쌕쌕거림) ☐ 호흡곤란, 청색증 ☐ 의식저하 ☐ 기타
☐ 갑각류 (새우, 게, 가재, 굴 등)		☐ 아토피피부염 ☐ 두드러기 ☐ 얼굴, 눈 또는 입술이 붓는다 ☐ 구토, 설사, 복통 ☐ 천식증상(기침, 쌕쌕거림) ☐ 호흡곤란, 청색증 ☐ 의식저하 ☐ 기타
☐ 과일(복숭아, 메론, 수박, 키위, 바나나, 망고, 토마토 등)		☐ 아토피피부염 ☐ 두드러기 ☐ 얼굴, 눈 또는 입술이 붓는다 ☐ 구토, 설사, 복통 ☐ 천식증상(기침, 쌕쌕거림) ☐ 호흡곤란, 청색증 ☐ 의식저하 ☐ 기타
☐ 채소(샐러리, 당근, 겨자, 마늘, 브로콜리,		☐ 아토피피부염 ☐ 두드러기 ☐ 얼굴, 눈 또는 입술이 붓는다 ☐ 구토, 설사, 복통 ☐ 천식증상(기침, 쌕쌕거림)

감자, 양파, 후추 등)		☐ 호흡곤란, 청색증 ☐ 의식저하 ☐ 기타
☐ 생선류(고등어 등)		☐ 아토피피부염 ☐ 두드러기 ☐ 얼굴, 눈 또는 입술이 붓는다 ☐ 구토, 설사, 복통 ☐ 천식증상(기침, 쌕쌕거림) ☐ 호흡곤란, 청색증 ☐ 의식저하 ☐ 기타

■ 부모님께서는 식품알레르기관련 원아들의 급, 간식 관리를 어떻게 하시길 원하십니까?

( ) 개인 도시락, 간식을 지참하도록 한다.
( ) 식단에서 해당 알레르기 식품(반찬)을 제거하고 제공해 주길 원한다.
( ) 식품 알레르기 우려되는 식품재료를 메뉴게시판 및 월별 식단표를 통해 알려 준다.
( ) 기타 (직접 써 주세요:)

[그림 7-6] 식품 알레르기 조사표

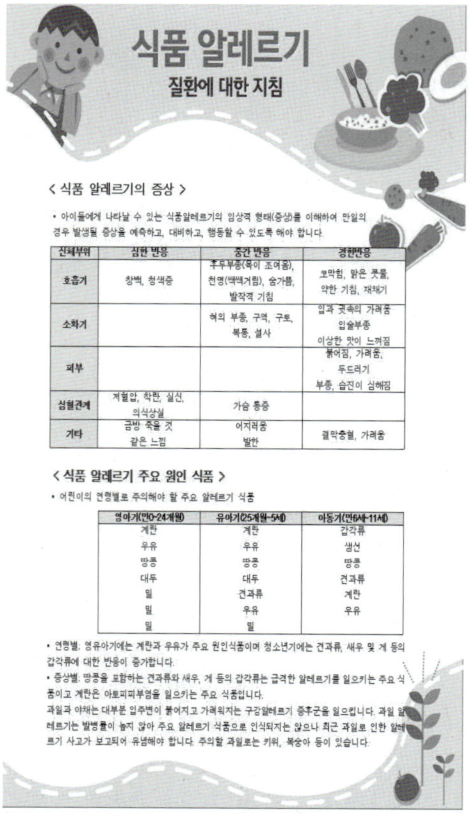

식품 알레르기
질환에 대한 지침

< 식품 알레르기의 증상 >

• 아이들에게 나타날 수 있는 식품알레르기의 임상적 형태(증상)를 이해하여 만일의 경우 발생될 증상을 예측하고, 대비하고, 행동할 수 있도록 해야 합니다.

신체부위	심한 반응	중간 반응	경한반응
호흡기	창백, 청색증	후두부종(목이 조여옴), 천명(쌕쌕거림), 숨가쁨, 발작적 기침	코막힘, 맑은 콧물, 약한 기침, 재채기
소화기		혀의 부종, 구역, 구토, 복통, 설사	입과 귓속의 가려움 입술부종 이상한 맛이 느껴짐
피부			붉어짐, 가려움, 두드러기 부종, 습진이 심해짐
심혈관계	저혈압, 착란, 실신, 의식상실	가슴 통증	
기타	금방 죽을 것 같은 느낌	어지러움 발한	결막충혈, 가려움

< 식품 알레르기 주요 원인 식품 >

• 어린이의 연령별로 주의해야 할 주요 알레르기 식품

영아기(만0-24개월)	유아기(25개월-5세)	아동기(만6세-11세)
계란	계란	갑각류
우유	우유	생선
땅콩	땅콩	땅콩
대두	대두	견과류
밀	견과류	계란
밀	우유	우유
밀	밀	

• 연령별: 영유아기에는 계란과 우유가 주요 원인식품이며 청소년기에는 견과류, 새우 및 게 등의 갑각류에 대한 반응이 증가합니다.
• 증상별: 땅콩을 포함하는 견과류와 새우, 게 등의 갑각류는 급격한 알레르기를 일으키는 주요 식품이고 계란은 아토피피부염을 일으키는 주요 식품입니다.
과일과 야채는 대부분 입주변이 붉어지고 가려워지는 구강알레르기 증후군을 일으킵니다. 과일 알레르기는 발병률이 높지 않아 주요 알레르기 식품으로 인식되지는 않으나 최근 과일로 인한 알레르기 사고가 보고되어 유념해야 합니다. 주의할 과일로는 키위, 복숭아 등이 있습니다.

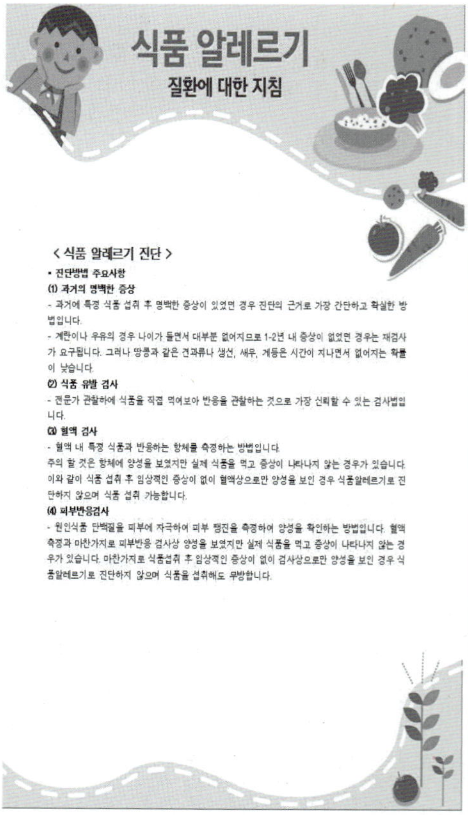

식품 알레르기
질환에 대한 지침

< 식품 알레르기 진단 >

• 진단방법 주요사항

(1) 과거의 명백한 증상
- 과거에 특정 식품 섭취 후 명백한 증상이 있었던 경우 진단의 근거로 가장 간단하고 확실한 방법입니다.
- 계란이나 우유의 경우 나이가 들면서 대부분 없어지므로 1-2년 내 증상이 없었던 경우는 재검사가 요구됩니다. 그러나 땅콩과 같은 견과류나 생선, 새우, 게등은 시간이 지나면서 없어지는 확률이 낮습니다.

(2) 식품 유발 검사
- 전문가 관찰하에 식품을 직접 먹여보아 반응을 관찰하는 것으로 가장 신뢰할 수 있는 검사법입니다.

(3) 혈액 검사
- 혈액 내 특정 식품과 반응하는 항체를 측정하는 방법입니다.
주의 할 것은 항체에 양성을 보였지만 실제 식품을 먹고 증상이 나타나지 않는 경우가 있습니다. 이와 같이 식품 섭취 후 임상적인 증상이 없이 혈액상으로만 양성을 보인 경우 식품알레르기로 진단하지 않으며 식품 섭취 가능합니다.

(4) 피부반응검사
- 원인식품 단백질을 피부에 자극하여 피부 팽진을 측정하여 양성을 확인하는 방법입니다. 혈액 측정과 마찬가지로 피부반응 검사상 양성을 보였지만 실제 식품을 먹고 증상이 나타나지 않는 경우가 있습니다. 마찬가지로 식품섭취 후 임상적인 증상이 없이 검사상으로만 양성을 보인 경우 식품알레르기로 진단하지 않으며 식품을 섭취해도 무방합니다.

[그림 7-7] 식품 알레르기 질환에 대한 지침

3) 건강한 일상생활지도

규칙적이고 반복적인 일상생활의 수면과 휴식, 배변 훈련을 통해 장애 영유아가 즐겁게 생활할 수 있도록 지도한다.

- 계획된 보육과정과 함께 일상생활에서 규칙적이고 지속적이며, 예측 가능하도록 지도한다.
- 하루일과를 균형있게 계획 · 운영하고, 안정감을 느끼고 편안하게 쉴 수 있도록 아늑한 환경(예: 햇빛과 소음 차단, 적절한 온도, 놀잇감이나 인형 제공, 조용한 음악 들려주기, 동화책 읽어주기 등)과 개별 낮잠 습관을 수용한 휴식 및 낮잠 지도를 한다.
- 수면 전 전이활동(잠옷 갈아입기, 화장실 사용, 낮잠 매트 깔기, 잠자리 동화책 보기 등)을 규칙적인 일과로 구성하여 지도하며, 수면 일과를 제공한다.
- 시각장애 영유아의 경우, 잠자기 전에 '일상생활의 간단한 용품을 가지고 이름 말하게 하기'는 또래 영유아의 잠자리 동화와 같은 효과가 있다.
- 배변 시간을 놓칠 수 있으므로 교사는 유아의 표정이나 행동을 살펴 배변의 패턴을 파악하여, 하루일과 동안(활동의 전이시간이나 실내에서 실외로 이동하기 전 등)에 화장실 가기를 규칙적으로 안내하며 지도한다.
- 뇌병변 영유아의 경우, 운동적 결함으로 인해 배변을 돕는 섭식이 충분치 않고 대소근육을 이용한 운동량이 적어 장운동이 원활하지 않아 변비의 위험성이 있다. 이에 배변관리 지도에 각별한 주의를 요하기도 한다. 배변 지도를 하기 위한 장운동 지도는 다음과 같다.
  ① 아침 식전에 냉수 한 컵을 마신다.
  ② 하루 총 2000cc 이상의 수분을 섭취한다.
  ③ 식간에 차나 음료를 마시고 매일 생야채를 먹는다.
  ④ 규칙적인 운동을 한다.
  ⑤ 매일 같은 시간에 변기에 앉아 배변을 시도한다.

⑥ 손바닥으로 복벽을 마사지한다.

⑦ 장갑 낀 손가락에 글리세린을 바르고 항문 안에 집어넣어 항문 벽을 둥글게 돌아가며 꾹꾹 눌러준다.

⑧ 배변 후 제2일에 배변을 못하면 완화제(변비약) 투약, 제3일에 배변을 하지 못하면 좌약 삽입, 좌약을 넣어도 효과가 없을 경우 글리세린 관장을 시행한다.

- 유아들이 배변 실수를 하는 경우에 수치심을 느낄 수 있으므로 독립된 공간에서 처리해주고 정서적으로 위축되지 않도록 배려해 주어야 한다.

4) 질병 예방지도

전염병에 대한 면역력이 약하므로, 날씨와 상황에 맞게 옷을 조절하여 입게 함으로써 체온을 조절할 수 있도록 일상생활을 통해 지도한다.

- 유아들의 질병관리를 위해 실내의 습도 및 온도를 적절하게 유지한다.
- 전문 업체에 의뢰하여 정기적으로 공기 질 검사를 실시하고, 복도 및 교실의 창문을 수시로 열어 환기시킨다.
- 질병에 걸린 유아가 등원할 경우 회복이 느릴 뿐 아니라 다른 유아들에게 전염될 수 있으므로 해당 유아는 가정에서 휴식을 취하도록 권장한다.
- 유아들 중 기관에서 활동하기에 부적절한 옷(예: 드레스, 정장, 구두 등)을 입고 오는 경우, 때와 장소에 알맞은 옷차림에 대해 알아보고 상황과 장소에 맞는 옷을 선별하여 입을 수 있도록 지도한다.
- 질병 예방하기는 가정과의 연계가 중요하므로 정기적인 부모교육을 통해 그 중요성과 내용 및 방법을 안내하고 함께 지도하도록 한다.
- 출생 후 영유아 건강검진 시기는 〈표 7-1〉과 같으며, 검진항목에 따른 검진 내용은 〈표 7-2〉와 같다.

〈표 7-1〉 영유아 건강검진 시기

검진시기		검진내용	검진항목
1차	4~6개월	건강검진	문진 및 진찰, 신체계측, 건강교육
2차	9~12개월	건강검진	문진 및 진찰, 신체계측, 발달평가, 건강교육
3차	18~24개월	건강검진	문진 및 진찰, 신체계측, 발달평가, 건강교육
	18~29개월	구강검진	구강문진 및 진찰, 구강보건교육
4차	30~66개월	건강검진	문진 및 진찰, 신체계측, 시력검사, 발달평가, 건강교육
5차	42~48개월	건강검진	문진 및 진찰, 신체계측, 시력검사, 발달평가, 건강교육
	42~53개월	구강검진	구강문진 및 진찰, 구강보건교육
6차	54~60개월	건강검진	문진 및 진찰, 신체계측, 시력검사, 발달평가, 건강교육
	54~65개월	구강검진	구강문진 및 진찰, 구강보건교육
7차	66~71개월	건강검진	문진 및 진찰, 신체계측, 시력검사, 발달평가, 건강교육

출처: 국민건강보험공단 건강in(hi.nhis.or.kr).

〈표 7-2〉 영유아 검진 항목 및 방법

검진항목	검진 방법
문진 및 진찰	문진표(출생력 포함), 청각 및 시각문진, 시력검사
신체계측	키, 몸무게(체질량지수), 머리둘레
발달 평가 및 상담	K-DST(한국영유아발달선별검사) 도구를 통한 평가 및 상담
건강교육	안전사고, 영양, 수면, 대소변가리기, 정서 및 사회성, 개인위생, 간접흡연교육, 취학준비) 등 교육
구강검진	구강문진표, 진찰 및 상담, 구강보건교육

출처: 국민건강보험공단 건강in(hi.nhis.or.kr).

4. 안전지도

1). 안전하게 놀이하기

실내외 여러 가지 놀이기구나 놀잇감, 도구를 안전하게 사용하도록 지도하며, 안전한 장소에서 놀이하며, 전자미디어를 안전하게 사용하는 데 필요한 지식, 기능, 태도를 형성하도록 지도한다.

- 유아들이 사용하는 놀잇감과 도구의 위험요소(예: 날카로운 면, 부서진 놀잇감 등)를 일과 활동 후 매일 점검한다.
- 교사는 활동의 특성 및 놀이 공간의 규모를 고려하여 적절한 인원을 배치하여 안전사고를 예방하도록 한다.
- 시각장애 영유아의 경우 바닥의 물건을 치우고 경계에 명암(책상 모서리나 계단 끝, 벽면 끝에 대비되는 색깔로 테이핑 처리)를 하여 잔존 시력을 사용할 수 있는 영유아의 이동 지도를 한다.
- 시설 · 설비 안전 점검표를 활용하여 놀잇감, 놀이기구, 시설물 등의 안전상태를 확인하는 등 안전점검을 주기적으로 실시하고 관리한다.
- 일상생활에서 지속적이고 구체적인 안전 교육을 통해 유아 스스로 자신의 안전을 지킬 수 있도록 지도한다.
- 유아의 연령별 특성을 고려한 이야기나누기, 동화, 사례에 대한 토의 등의 활동을 통해 안전의 중요성을 알고 실천하도록 한다.
- 장애 영유아의 경우 위험한 상황 시 도움을 표현할 수 있는 구체적인 방법(예: '도와주세요' 말하기, 손잡아 이끌기, '아!' 위험 소리치기, 요구판 제시하기 등)을 개별화하여 지도한다.

<일별 점검표>

① 급식 분야

(점검상태 : 양호○, 보통△, 불량×)

구분	점　검　항　목	점검결과						조치사항
		/	/	/	/	/	/	
		월	화	수	목	금	토	
위생관리 및 식재료관리	• 작업 전 건강상태를 확인한다.(감기, 설사, 손 상처자 등 조리금지)							
	• 위생복, 위생화, 앞치마, 위생모를 착용하고, 배식시에는 배식 전용기구, 마스크, 위생장갑을 사용하고 있다.							
	• 유통기간 확인 및 선입선출을 준수하고 있다.							
	• 식재료 보관실은 항상 청결을 유지하고 있다.							
	• 보존식 보존 및 관리기준을 준수하고 있다(배식 직전 소독된 전용용기에 100g이상 채취하여 144시간 냉동 보관)**							
	• 어류·육류·채소류를 취급하는 칼·도마는 각각 구분하여 사용하고 있다.							
	• 식기류 및 조리기구의 세척, 소독을 철저히 하고 있다.							
	• 세제, 소독제, 살충제에 라벨을 부착하고 분리보관하고 방충, 방서 등을 위한 정기적인 방역 소독필증을 보관 하고 있다.							
	• 식재료의 입고날짜를 기록한 라벨을 부착하여 관리하고 있다.							
	• 식재료 검수일지를 작성하고 보관하고 있다.**							
작업관리	• 조리 후 2시간 이내 배식하고 있다.							
	• 영양사가 작성한 식단을 사용하고 있다.							
	• 농수산물 및 그 가공품(쇠고기 등 16종)을 조리하여 제공하는 경우 식단표에 그 원산지를 기재하여 공개하고 있다.**							
	• 영양사나 교사는 검식 후 검식일지 작성 및 배식 점검을 하고 있다.							
시설설비관리	• 조리장 바닥과 배수로에 물고임 및 냄새역류가 없도록 관리하고 있다.							
	• 후드, 환풍기를 청결하게 관리하고 있다.							

※ '**'가 표시된 점검사항은 집단급식소 미신고 대상시설에서 반드시 준수할 사항은 아님

[그림 7-8] 어린이집 통합 안전점검표(급식 분야)

출처: 보건복지부(2017). 보육사업 안내(부록). p.284.

② 안전 분야

(점검상태 : 양호○, 보통△, 불량×)

구분	점검항목	점검결과 / 월	/ 화	/ 수	/ 목	/ 금	/ 토	조치사항
실외 환경	• 어린이집 보호벽 및 주변의 관리 상태는 양호한가?							
	• 실외놀이 공간 주변의 돌, 유리조각, 요철, 녹이 슨 부분, 벗겨진 페인트, 돌출된 모서리가 방치되어 있지는 않은가?							
	• 놀이터 바닥에 오물, 방치된 물 웅덩이가 없는가?							
실내 환경	• 문과 창문 등의 추락 위험은 없는가?							
	• 바닥에는 다칠 수 있거나 미끄러운 곳이 없는가?							
	• 복도, 계단, 비상계단, 미끄럼대 등에 방치된 물건이 없어 피난계단, 미끄럼대 등을 사용하기에 양호한가?							
	• 보육용품이나 비품 유리창 등에 날카로운 모서리 등이 없는가?							
놀잇감 및 놀이 기구	• 망가져 날카롭고 위험한 것 또는 부품이 빠지거나 작은 볼트 등이 빠진 것은 없는가?							
	• 유해 색소가 칠해진 놀잇감은 없는가?							
	• 영유아가 삼킬만한 작은 놀잇감이나 부품은 없는가?							
	• 놀잇감 및 놀이기구의 수납 상태가 양호한가?							
화장실·세면대	• 화장실내 세제나 락스 등 위험한 물건이 영유아들의 손이 닿는 곳에 방치되어 있지 않는가?							
전기·화기·위험물·	• 콘센트는 안전덮개로 보호되어 있는가?							
	• 화기에 의한 안전사고 위험은 없는가?							
	• 위험물에 의한 안전사고 위험은 없는가?							
	• 가스밸브와 가스중간밸브 잠금은 양호한가?							

[그림 7-9] 어린이집 통합 안전점검표(안전 분야)

출처: 보건복지부(2017). 보육사업안내(부록). p.285.

2) 교통안전 규칙 지키기

유아가 교통안전 규칙의 중요성과 자동차 사고의 위험을 알고 사고의 위험으로부터 자신을 보호하기 위해 필요한 지식, 기능, 태도를 형성하는 내용이다.

- 유아가 안전한 보행이나 도로 횡단 등의 각종 안전 규칙을 숙지하여 지킬 수 있도록 지도한다.
- 등·하원과 현장학습 등의 차량 이용의 활동을 통해 '자동차를 탈 때 안전하게 뒤쪽에 앉기', '안전띠를 매고 운전에 방해되지 않게 앉아있기' 등의 규칙을 구체적으로 알려주고 지킬 수 있게 한다.
- 교통안전 교육에 대한 부모교육을 실시하여, 가정에서도 교통안전 규칙에 대한 적절한 보호와 지도가 병행될 수 있도록 한다.
- 어린이통학버스 운전자 및 동승보호자를 위한 표준 매뉴얼은 다음과 같다.

〈표 7-3〉 운전자 매뉴얼

구분	내용
공통	• 어린이는 뛰어다니는 경향이 있으므로 항상 주위를 살핀다. • 어린이는 몸이 작아 잘 보이지 않고, 작은 충격으로도 큰 피해를 입을 수 있으니 항상 속도를 줄여 운행한다.
승차시	• 차량 주위에 어린이가 있는지 확인한다. • 보도나 길가장자리구역 옆에 안전하게 정차한다. • 동승보호자가 어린이를 차례대로 승차시키는지 확인한다. • 동승보호자가 어린이를 좌석에 앉힌 후 안전띠를 매는지 확인한다. • 모두 승차하고 동승보호자가 문을 닫으면 출발을 알린다. • 광각실외후사경 등을 확인 차량 주위에 어린이가 있는지 확인한다. • 다른 어린이가 있는 경우 동승보호자를 통해 안전한 곳으로 이동 시킨다. • 안전하게 서서히 출발한다.
운행중	• 어린이가 안전띠를 풀고 있지 않은지 수시로 확인한다. • 어린이 안전띠가 풀어진 경우 서행하면서 동승자에게 즉시 안전띠를 매도록 한다. • 어린이가 차창 밖으로 손, 물건 등을 내밀거나 장난치지 않도록 수시 확인한다.

구분	내용
하차시	• 차를 보도나 길가장자리구역 옆에 안전하게 정차한다. • 기어를 주차(수동일 경우 중립)에 놓고, 사이드브레이크를 올린 후 동승보호자에게 알린다. • 동승보호자에게 오토바이나 자전거가 오는지 뒤쪽을 살피도록 한다. • 동승보호자가 문을 열고 먼저 내리도록 한다. • 한 명씩 안전하게 하차시켜 보호자에게 인계하는 것을 확인한다. • 하차한 어린이가 안전한 장소에 도착한 것을 확인한다(어린이가 반대편으로 길을 건널 경우 동승보호자가 함께 건너도록 한다). • 차량에 남아있는 아동이 없는지 차량 맨 뒷좌석까지 확인한다. • 차문을 닫고 서서히 출발한다.

출처: 안전공제회(2016). 어린이집 안전관리 백과 통학차량과 등하원. pp.43-44.

〈표 7-4〉 동승자 매뉴얼

구분	내용
공통	• 어린이는 뛰어다니는 경향이 있으므로 항상 주위를 살핀다. • 어린이는 몸이 작아 잘 보이지 않고, 작은 충격으로도 큰 피해를 입을 수 있으니 항상세심한 주의를 기울여야 한다.
승차시	• 차량이 보도나 길가장자리구역 옆에 안전하게 정지한 것을 확인한다. • 어린이를 차례대로 승차 시킨다. • 좌석에 앉힌 후 안전띠를 매준다. • 주변에 다른 어린이가 있는지 다시 확인한다. • 모두 승차하면 문을 닫는다. • 운전자에게 알려 서서히 출발하도록 한다.
운행중	• 어린이가 안전띠를 풀고 있지 않은지 수시로 확인한다. • 어린이 안전띠가 풀어진 경우 즉시 매준다. • 어린이가 차창 밖으로 손, 물건 등을 내밀거나 장난치지 않도록 한다.
하차시	• 차량이 보도나 길가장자리구역 옆에 안전하게 정지한 것을 확인한다. • 어린이 안전띠를 풀어준다. • 오토바이 · 자전거가 오는지 뒤쪽을 살피고, 먼저 하차한다. • 어린이를 한 명씩 안전하게 하차시켜 보호자에게 인계 한다. • 하차한 어린이가 안전한 장소에 도착하는 것을 확인한다.(하차한 어린이가 반대편으로 길을 건널 경우 동승보호자가 함께 건넌다.) • 차량에 남아있는 아동이 없는지 차량 맨 뒷좌석까지 확인한다. • 차문을 닫고 운전자에게 알려 서서히 출발하도록 한다.

출처: 안전공제회(2016). 어린이집 안전관리 백과(통학차량과 등하원). p.47-48.

영유아 안전수칙

출발 전

- 차가 완전히 멈출 때 까지 타려고 뛰어가지 않는다.
- 앞사람을 밀지 않고 차례로 줄을 서서 차를 탄다.
- 물건이 떨어져도 차 밑으로 손을 넣지 않는다.
- 손잡이를 잡고 통학차량에 올라탄다.
- 선생님이 안전벨트를 해줄 때까지 바르게 앉는다.

운행 중

- 큰소리로 떠들거나 심한 장난을 치지 않는다.
- 창문을 열고 손, 얼굴을 내밀지 않는다.
- 도움이 필요할 때는 선생님에게 도움을 요청한다.

도착 시

- 목적지에 도착하여 차에서 내리기 전까지 안전벨트를 계속 착용한다.
- 통학차량에서 내리면 보호자에게 바로 달려가지 않고 좌 · 우를 살핀 후 걸어서 간다.

[그림 7-10] 차량운행 시 영유아 안전수칙

출처: 안전공제회(2016). 어린이집 안전관리 백과(통학차량과 등하원). p.50.

3) 비상 시 적절히 대처하기

학대, 성폭력, 실종, 유괴상황과 재난 및 사고 등의 비상상황을 알고 적절하게 대처함으로써 자신을 보호하는 데 필요한 지식, 기능, 태도를 형성하도록 지도한다.

- 유아의 안전을 위협하는 여러 가지 비상 상황에서 믿을 만한 성인이나 교사에게 도움을 요청하는 방법('도와주세요.' 말하기, 손을 이끌기 등)을 구체적으로 지도한다.
- 개인적인 안전과 보호에 대한 지식을 형성하도록 지속적인 정보 제공과 교육을 실시하며, 점차 위험한 상황을 인식하고 스스로 자신을 보호할 수 있는 방법을

알도록 지도한다.

- 사회에서 보편적으로 가지고 있는 선입견이나 편견(예: 낯선 사람은 모르는 사람이거나 무섭게 생겼다. 어른의 부탁을 거절할 경우 나쁜 어린이다 등) 혹은 교사의 주관적인 생각들이 그대로 전달되지 않도록 다양한 유형과 상황에 대해 안내한다.
- 재난 대피 훈련을 처음 실시할 경우 소리와 빛에 예민한 영유아는 사이렌 소리와 시각 경보기 빛에 놀라거나 당황하는 경우가 있다. 소방훈련 동화책 등을 통해 예정된 훈련 시간과 대피 장소에 대해 미리 안내하여, 실제 훈련을 통해 이동이 가능할 수 있도록 지도한다.
- 이식증은 영양분이 없고 음식이 아닌 하나 이상의 물질을 먹는 행동으로 종이, 비누, 천, 페인트 등 나이에 따라 섭취하는 비음식 물질이 다양하다. 이식증은 비영양적이며, 사회·문화적으로도 수용되기 어려우며, 환경적 방임이나 지도 감독의 부재, 발달 지연 등이 이식증 위험을 증가시킨다. 가정에서의 양육 환경으로 인해 잘못된 식습관을 지도할 사람이 없는 경우인지, 영유아의 심리적 요인인지를 먼저 확인 후, 환경치료, 행동치료, 가족상담 등의 전문가 치료가 필요하다. 이식증은 부모의 관심과 돌봄이 매우 중요하며, 비음식을 먹는 경우, 제거하거나, 이동보관 관리하여 지도한다.
- 장애 영유아의 약물 복용은 동반 증상의 정도와 빈도에 따라 투약이 결정된다. 동반되는 증상은 유아의 자기 관리 및 또래와의 관계를 어렵게 하는 경우가 있으며, 이는 가정이나 학교 등의 환경에서 장애 영유아를 돌보기 어려운 이유가 되기도 한다. 치료를 위한 약물로는 집중력 강화제, 항우울제, 항정신병 약물 등이 있으며, 약물치료의 과정은 다음과 같다.
  ① 약물치료가 필요한 목표 증상의 설정
  ② 적절한 약물의 종류 및 용량 선택
  ③ 약물치료 효과에 대한 피드백(기록 및 공유)
- 투약 시 교사가 확인해야 할 사항은 다음 〈표 7-5〉와 같다.

〈표 7-5〉 투약 시 확인사항

구 분	내 용
부모에게 약을 받을 때	• 투약 의뢰서에 적힌 유아의 이름과 약을 확인하여 약병에 이름을 적는다. • 약을 먹일 시간과 복용량을 유아의 이름과 함께 적어 놓는다. • 약의 이름을 확인한다. • 약을 복용하는 이유를 안다. • 동시에 복용하면 안 되는 것인지에 대한 유·무를 확인한다. • 약 복용 시 금해야 하는 음식이나 음료를 확인한다. • 약을 언제, 어떻게 복용해야 하는지를 안다. • 얼마나 오랫동안 복용해야 하는지를 안다.
약을 먹일 때	• 약을 먹이기 전에 반드시 이름과 복용량을 재확인한다. • 우유, 요구르트, 주스 등은 약의 효과에 영향을 미칠 수 있으므로 약과 함께 먹이지 않고 1컵 이상의 물로 먹이는 것이 좋다.
약을 먹이고 난 후	• 투약 의뢰서에 약의 복용 유·무를 확인한다. • 빈병은 보관하였다가 부모에게 전달한다. • 복용 후 발진, 구토, 현기증 증상 등이 나타나면 의사 또는 부모에게 알린다.
약의 보관	• 약의 변질을 막기 위하여 직사광선을 피해 서늘하고 건조한 곳에 보관하며 냉장 보관을 요하는 약은 냉장고에 넣어 보관한다. • 모든 약은 약병이나 약 봉투에 보관하는 것이 좋다 • 모든 약은 어린이의 손에 닿지 않는 곳에 보관한다.

1. 투약의뢰서

금일 아래 아동의 투약을 의뢰합니다.

아 동 명	(남/여)
반 명	반
증상 및 병명	
약의 종류 및 투약 용량	□ 물 약 ( )
	□ 가루약 ( )
	□ 연 고 ( )
	□ 기 타 ( )
투약 시간	□ 오 전 ( )
	□ 점 심 ( )
	□ 오 후 ( )
	□ 저 녁 ( )
약품 보관	□ 실온 □ 냉장

의 뢰 자	(인)
아동과의 관계	□ 아버지 □ 어머니
	□ 기타 ( )
의 뢰 일	년 월 일
비 고	
※ 투약으로 인한 책임은 어린이집에서 지지 않습니다.	

투 약 자	(인)
직 책	□ 담임교사
	□ 기타 ( )
※ 의뢰하신 내용에 따라 투약하였습니다.	

○○어린이집

[그림 7-11] 투약의뢰서

출처: 어린이집안전공제회(2016). 어린이집 안전관리 백과(건강·환경·위생·급식). p.114.

• 다양한 약의 종류에 따른 투약법을 제시해 보면 다음과 같다.

〈표 7-6〉 투약법

구 분		내 용
물약		• 영아인 경우에는 돌보미의 무릎 위에 영아의 머리를 가슴보다 높게 눕힌 후 두 볼을 엄지와 검지 손가락을 가볍게 눌러서 입을 벌리고 스포이드 또는 차 숟가락으로 몇 방울씩 천천히 약을 떨어뜨려 먹는다. • 유아 이상의 연령의 경우 한 숟가락에 단번에 먹인다.
가루약		• 반드시 물에 완전히 개서 죽 상태로 만든 다음 먹인다(완전히 개지 않으면 가루가 폐에 들어가 기침이 나서 약을 토할 수 있다). • 가루약을 잘 먹지 못하는 경우에는 설탕이나 잼 등을 섞어 먹인다.
알약		• 만 3세 이전의 영아는 알약이나 캡슐약을 삼키지 못하는 경우가 많으므로 알약은 갈아서 물에 개어 먹인다.
좌약		• 깨끗한 비닐장갑을 낀 후 좌약의 한쪽 끝을 잡는다. • 유아의 엉덩이를 벌려 좌약을 뾰족한 부분을 항문 속에 집어 넣는다. • 유아의 엉덩이를 두 손으로 오므로 좌약이 항문 밖으로 나오지 않게 한 후 약 30분 정도 누워 있게 한다.
방울약	콧속	• 돌보미는 무릎에 유아 또는 영아를 눕히고 머리를 뒤로 젖힌다. • 유아의 콧구멍에 약을 떨어뜨린다. • 약이 콧구멍 속의 점막을 적시도록 5분 정도 눕혀 둔다. • 영아인 경우 콧속에 약을 넣으면 코가 막혀서 불편하므로 수유시간이나 음식 먹기 20분 전에 투약한다.
	눈	• 눈에 질병이 있을 때는 안 연고나 방울약을 넣는데 유아들이 몹시 두려워하므로 약을 넣는 이유에 대해 충분히 설명한다. • 돌보미의 무릎에 편안히 눕히고 두 손과 머리를 꼭 붙든다. • 눈꺼풀 위로 올리고 적당한 양을 눈에 넣는다. • 약을 눈에 넣으면 일시적으로 시야가 희미해지고 불편하여 우는 경우가 많으나 잠시 후에 시야가 정상으로 돌아온다.
	귀	• 돌보미의 무릎이나 침대에 머리를 한쪽으로 돌려 눕힌다. • 귓구멍에 용량대로 약을 넣고 그 자세대로 5분 정도 가만히 있게 한다.

• 뇌전증으로 약을 먹고 있는 유아가 경기를 하고 쓰러졌을 때

① 당황하지 않는다.

② 주변의 위험한 물건들을 치워서 다치지 않게 한다.

③ 손발을 꽉 잡거나 주무르는 것과 같은 자극을 주지 않는다.

④ 옷을 벗기고 시원하게 하여 준다.

⑤ 입안의 내용물이 배출될 수 있도록 고개를 한쪽으로 돌려준다.

⑥ 3분 이상 경기가 계속되면 119 신고 후 응급실에 간다.

- **음식물이나 사탕, 놀잇감 등으로 기도가 막혔을 때(의식이 있는 경우)**

① 유아의 뒤쪽에서 양 겨드랑이 사이로 팔을 넣어 배를 감싼다.

② 유아의 키가 작은 경우 시행자가 무릎을 꿇거나 유아를 의자에 앉혀 시행자의 가슴이 유아의 등에 닿도록 한다.

③ 배꼽과 명치 사이에 주먹을 대고 다른 손으로 주먹을 감싼다.

④ 유아의 머리를 숙인 상태에서 위쪽, 안쪽으로 힘차게 밀친다.

⑤ 5회 시행 후 기도를 막았던 이물이 빠져 나왔는지 확인한다.

⑥ 이물질이 제거되지 않았으면 의식을 잃을 때까지 계속한다.

- **구토를 할 때**

① 심한 구토(예: 분출성 구토, 혈액 섞인 구토)가 아니면 우유를 제외한 맑은 음료를 소량씩 자주 준다.

② 설사가 없는 구토에는 차지 않은 물이 가장 좋은 음료이다.

③ 거품이 있는 음료는 위를 팽창하게 하여 계속 토하게 할 수 있다.

④ 구토 없이 8시간이 지나면 정상 식사로 돌아갈 수 있다.

⑤ 다음과 같은 증상일 때에는 바로 병원에 간다.

- 반복적으로 심하게 하는 구토
- 머리를 아파하고 목이 뻣뻣하거나 고개를 뒤로 젖히는 증상이 동반되었을 때
- 주기적으로 배를 아파하고 잘 달래지지 않을 때
- 탈수 증상이 동반되었을 때(소변량 감소, 혀가 마르고 울어도 눈물이 나지 않음, 영유아가 쳐져있음)

- 토사물의 색깔이 진한 녹색이거나 피가 섞인 것으로 보일 때
- 1~2일 이내에 심하게 머리를 다친 적인 있는 경우

• 치아가 빠지거나 부러졌을 때

① 치아를 찾아 생리 식염수 혹은 우유에 담가서 30분 이내로 가까운 치과로 가지고 가야 한다.

② 치아에 흙이나 더러운 것이 묻었다고 빡빡 닦으면 안 된다.

③ 사고 난 주변이 흙바닥인지 녹이 나는 철물주변인지 알아 치과의사에게 알린다.

• 호흡이 없을 때

① 발견 즉시 발바닥을 자극하여 의식과 호흡 및 심정지 여부를 확인한다.

② 주변에 상황을 알리고 도움을 요청한다.

③ 심폐소생술을 한다.

♦ 똑바로 눕힌 후 의식 유무를 확인과 동시에 주변 사람에게 119 신고를 요청

☞ 흉부 압박점을 찾아 가슴압박을 1분당 100회 이상의 속도로 빠르게 30회 압박

☞ 한 손으로 턱을 들어 올리고 다른 손으로 머리를 뒤로 젖힌 후 기도 개방

☞ 머리를 젖힌 손의 엄지와 검지로 코를 막은 후 인공호흡으로 숨을 불어넣기 2회

☞ 119 도착 시까지 무한반복

PART 03

장애아 보육실습 실무

CHAPTER 08

일지 작성

보육실습일지는 실습생이 어떠한 실습을 진행하였나를 이해하고, 보육실습기관에서 보육 실습지도가 충실히 이루어졌는가를 파악할 수 있는 공식문서이다. 일반적으로 보육실습일지는 실습생의 출근부, 보육실습 기관 현황, 보육실습 일정, 어린이집의 실내외 환경구성, 연간 월간 주간 교육계획안, 식단표, 보육 실습일지, 보육실습 평가 등으로 구성된다(한국보육진흥원, 2013; 2017).

보육실습일지는 실습전반을 파악할 수 있는 공식문서인 만큼 증빙될 수 있도록 문서를 정리하여야 한다. 양성교육기관에서 해당 양식의 문서를 제공해줄 경우 양식에 맞추어 자료를 정리하면 된다. 양식을 제공해 주지 않은 경우, 파일을 구입하여 정리할 수 있어야 한다.

TIP

보육실습일지 파일 정리하기

♧ 파일은 어떤 것으로 준비하나요?

양성교육기관에서 보육실습일지 자료집을 제공해줄 경우 해당 양식을 사용하면 됩니다. 별도로 제공되지 않을 경우, A4 사이즈의 클리어 파일을 준비하도록 합니다. 3개나 5개의 구멍을 끼울 수 있는 파일로 실습 횟수와 실습기간 동안 나올 문서의 양을 고려하여서 파일의 두께를 결정하도록 합니다. 해당 문서의 양 만큼 비닐 속지를 준비하여 기록한 문서를 앞뒤로 끼워서 정리하여야 합니다. 종이문서에 구멍을 뚫어 정리할 경우, 종이가 찢어지거나 차곡차곡 정리되지 못할 수 있으므로 비닐 속지에 끼워서 정리하는 것이 바람직합니다.

♧ 어떤 순서로 정리하나요?

매일매일 점검하는 출근부를 제일 앞에 정리하고, 보육시설 기관현황, 실내외 환경구성 순으로 정리하고, 연안, 주안, 월안, 식단표 등을 정리합니다. 매일 매일의 보육실습일지는 시간순서에 따라 끼워서 놓도록 합니다. 제일 마지막에는 실습생 평가서를 정리하도록 합니다. 그 외에는 보육실습 기간 동안 제공 받은 자료가 있다면 파일에 끼워서 정리하도록 합니다.

1. 표지

표지는 각 대학에서 제공되는 양식이 있는 경우, 그것을 사용하도록 한다. 제공되는 특별한 양식이 없는 경우, 파일을 구입하여 표지 제목을 쓰고 실습기관명, 소속, 학번, 이름을 기재하여 자신의 것임을 나타낸다.

20○○년도

실습일지

학 년	
학 번	
이 름	
실습기관명	
지도교사	
실습기간	

○○ 대학교

[그림 8-1] 보육실습일지 표지 예시

2. 출근부

출근부는 매일 매일의 출근을 증명하는 서류이다. 따라서 출근한 당일에 받는 것이 바람직하다. 지도교사와 원장의 사인은 실습생이 출석했다는 것을 확인했다는 의미이다. 출근부에는 출근과 퇴근 시간이 기재되어야 하며, 지각 및 결석 출근 여부의 내용은 실습평가 시 중요한 기준이 되므로 매일 매일 신경 써서 확인을 받도록 한다.

결석, 조퇴 및 지각 사유가 발생할 경우 양성교육기관의 담당자와 어린이집의 시설장과 사전논의를 통해 결석한 날 만큼 보충하여 보육실습 기간 및 시수를 충족시키도록 하여야 한다. 출근부에는 실습생 자신의 사인을 미리 한 후 지도교사나 시설장의 사인을 받는다. 모든 공문서의 서명은 검정색 펜으로 하되, 연필이나 색깔이 있는 펜은 사용하지 않도록 한다. 출근부는 실습일지 파일 맨 앞에 첨부하여 증빙할 수 있도록 한다.

출근부

소속 :		학번 :	이름 : ○○○
보육실습기관	○○○어린이집	○세 ○○반	보육실습 지도교사 : ○○○
보육실습 기간	20 . . ~ 20 . . (총 주간)		

구 분	월	화	수	목	금
보육실습생	□	□	□	□	□
보육실습 지도교사	□	□	□	□	□
날짜	월 일 시 분부터 시 분까지	월 일 시 분부터 시 분까지	월 일 시 분부터 시 분까지	월 일 시 분부터 시 분까지	월 일 시 분부터 시 분까지
보육실습생	□	□	□	□	□
보육실습 지도교사	□	□	□	□	□
날짜	월 일 시 분부터 시 분까지	월 일 시 분부터 시 분까지	월 일 시 분부터 시 분까지	월 일 시 분부터 시 분까지	월 일 시 분부터 시 분까지
보육실습생	□	□	□	□	□
보육실습 지도교사	□	□	□	□	□
날짜	월 일 시 분부터 시 분까지	월 일 시 분부터 시 분까지	월 일 시 분부터 시 분까지	월 일 시 분부터 시 분까지	월 일 시 분부터 시 분까지
보육실습생	□	□	□	□	□
보육실습 지도교사	□	□	□	□	□
날짜	월 일 시 분부터 시 분까지	월 일 시 분부터 시 분까지	월 일 시 분부터 시 분까지	월 일 시 분부터 시 분까지	월 일 시 분부터 시 분까지
보육실습생	□	□	□	□	□
보육실습 지도교사	□	□	□	□	□
날짜	월 일 시 분부터 시 분까지	월 일 시 분부터 시 분까지	월 일 시 분부터 시 분까지	월 일 시 분부터 시 분까지	월 일 시 분부터 시 분까지

* 결석 · 지각 · 조퇴는 불가하며, 불가피할 경우 위의 기재된 보육실습 기간 중 법적 이수 시간(240시간)을 채운다.

[그림 8-2] 출근부 예시

출처: 한국보육진흥원(2017). 양성교육기관에서의 보육실습지도. p.98.

3. 보육실습 기관 현황

보육실습이 이루어질 어린이집의 정보는 아이사랑 보육포탈(http://www.childcare.go.kr) 사이트에서 '어린이집→어린이집 찾기'의 메뉴를 통해서 확인할 수 있다. '아이사랑 포털 사이트'에서는 원장명, 설립 유형, 설립 년일, 관할 행정기관, 전화번호, 홈페이지, 운영시간, 주소, 제공 서비스, 반 및 아동 수, 교사 현황 등의 정보를 얻을 수 있다.

실습 어린이집을 검색 후 해당 정보화면을 키보드 자판 오른쪽 위의 프린트 캡처(Prt Sc)를 눌러 화면에 복사한 후 프린트 하여 파일에 정리할 수 있다.

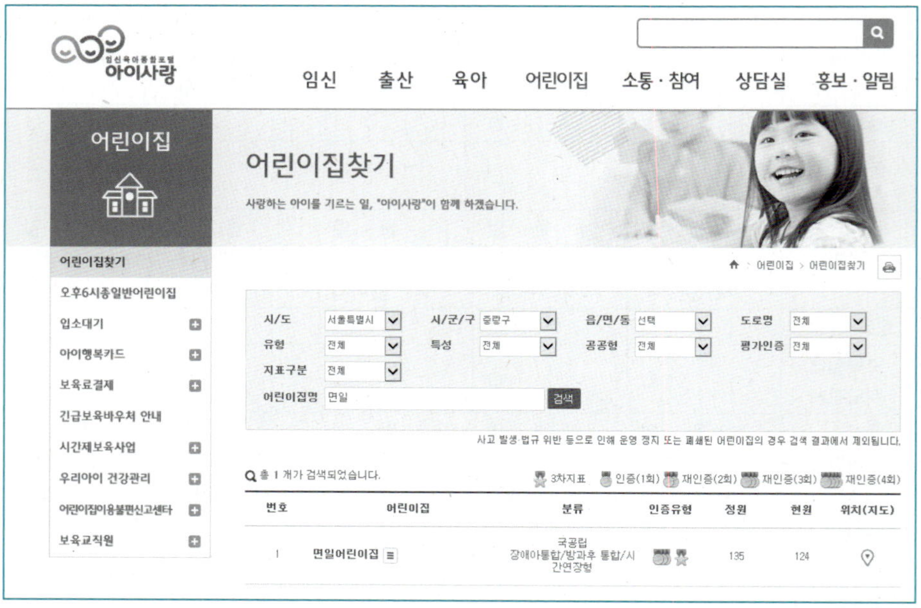

[그림 8-3] '아이사랑 포털 사이트' 기관 검색하기

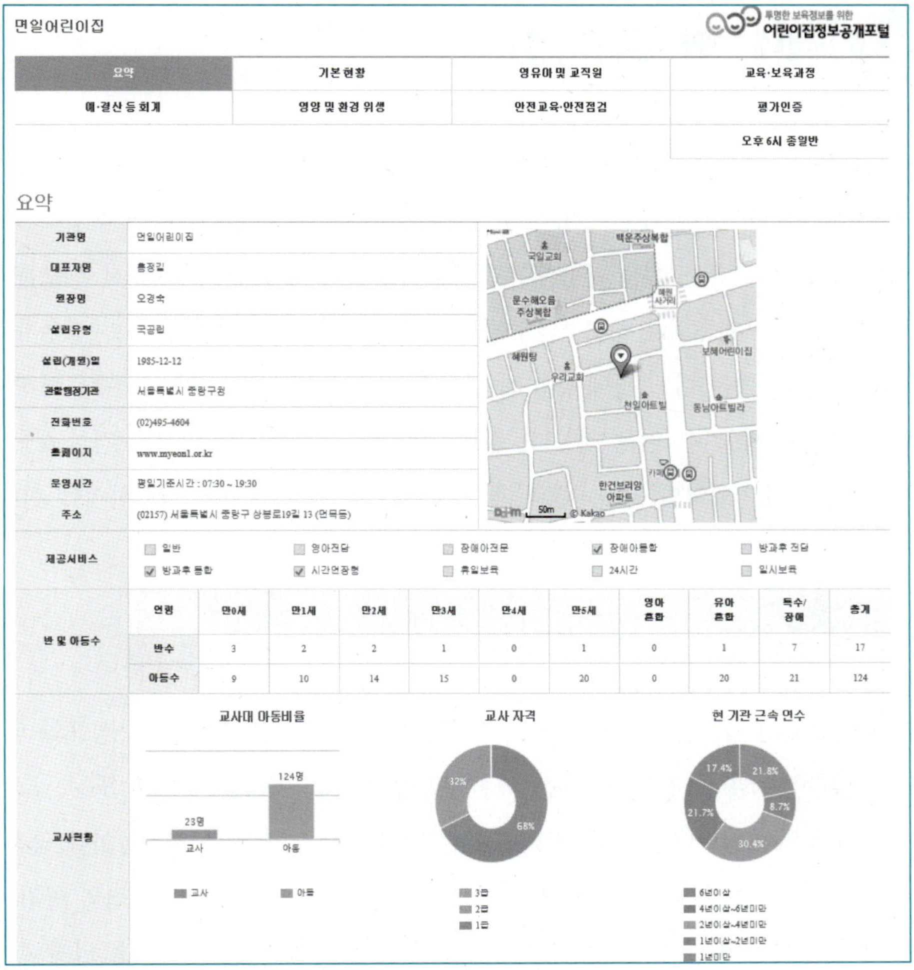

면일어린이집

투명한 보육정보를 위한 어린이집정보공개포털

요약	기본 현황	영유아 및 교직원	교육·보육과정
예·결산 등 회계	영양 및 환경 위생	안전교육·안전점검	평가인증
			오후 6시 종일반

요약

기관명	면일어린이집
대표자명	홍정길
원장명	오경숙
설립유형	국공립
설립(개원)일	1985-12-12
관할행정기관	서울특별시 중랑구청
전화번호	(02)495-4604
홈페이지	www.myeon1.or.kr
운영시간	평일기준시간 : 07:30 ~ 19:30
주소	(02157) 서울특별시 중랑구 상봉로19길 13 (면목동)
제공서비스	☐ 일반 ☐ 영아전담 ☐ 장애아전문 ☑ 장애아통합 ☐ 방과후 전담 ☑ 방과후 통합 ☑ 시간연장형 ☐ 휴일보육 ☐ 24시간 ☐ 일시보육

반 및 아동수

연령	만0세	만1세	만2세	만3세	만4세	만5세	영아 혼합	유아 혼합	특수/장애	총계
반수	3	2	2	1	0	1	0	1	7	17
아동수	9	10	14	15	0	20	0	20	21	124

[그림 8-4] 어린이집 현황 정보 조회의 예

4. 실내 · 외 환경 구성

실습생은 본인이 근무하게 될 어린이집의 실내 · 외 환경이 어떻게 구성되어 있는지 실습초기에 파악하는 것이 필요하다. 실습생은 해당 반의 담임교사의 수업이 원활히 진행될 수 있도록 도움을 제공해야 한다. 예를 들어 실습생은 전이 시 장소를 이동하는데 도움을 제공해야 하고, 필요한 자료 등을 교실로 가져와야 하는 경우가 있다. 이때에 시설들이 어느 곳에 위치해 있는지 사전에 파악하고 있다면 수월하게 자신의 역할을 수행할 수 있을 것이다. 실내 · 외 환경으로는 어린이집의 건물구성 및 배치, 교실의 흥미영역의 구성, 실외 환경의 구성 등으로 나누어 작성하여야 한다.

1) 건물구성표 및 배치도

어린이집의 전체적인 규모와 환경을 파악하기 위하여 실습생은 건물구성표와 배치도를 작성할 수 있다. 건물구성표는 어린이집의 층별로 어떠한 시설물 또는 공간이 있는지 표로 작성한다(〈표 8-1〉 참조). 시설 배치도는 각 층별로 시설물이나 공간이 어린이집의 어디에 위치하는지 작성하는 것이다. 시설 배치도는 어린이집의 공간 구성에 대한 정보를 제공하기 때문에 안전사고에 대비한 대피방법도 알 수 있게 한다. 시설배치도는 층별로 작성하는데, 수기로 작성할 경우 자를 이용하고, 워드프로그램을 사용할 경우 해당 워드프로그램의 그림편집 방법에 따라 칸을 그린다. 그려진 칸 위에는 각 시설의 명칭을 적는다([그림 8-5] 참조).

〈표 8-1〉 건물구성표의 예

층	시설명
1층	원장실(사무실), 보건실, 보육실 1, 보육실 2, 성인 화장실, 유아 화장실, 휴게공간, 기계실, 자료실
2층	보육실 3, 보육실 4, 유아 화장실, 성인 화장실, 식당, 교사실
3층	보육실 5, 보육실 6, 유아 화장실, 성인 화장실, 유희실

층	시설명
4층(실내)	강당, 유아용 화장실
4층(실외)	실외 복합 놀이시설

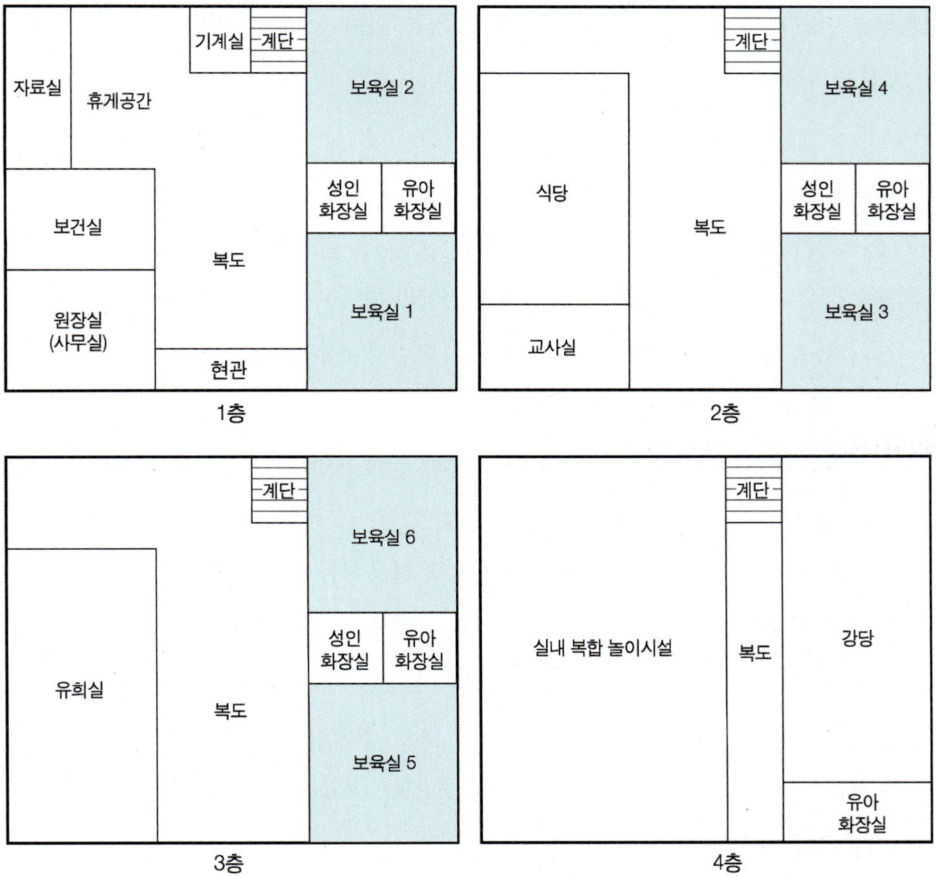

[그림 8-5] 시설 배치도의 예

2) 교실 흥미영역 구성도

교실 흥미영역 구성도는 특별히 지도교사가 이야기 하지 않는 경우에는 실습생이 들어가는 보육실의 실내 환경을 그리면 된다. 흥미영역 구성도를 그리기 위해서는 교실의 전체 배치(문, 화장실, 창문의 위치, 교구장 책상 의자 등의 배치 등)를 먼저 파악하여야 한다. 보다 수월하게 흥미영역 구성도를 그리기 위해서는 사진을 찍어 참고하여 작성하면 좋다. 먼저 교실 문에서 전체 환경이 한 번에 보이도록 사진을 찍은 후, 각 영역별로 사진을 찍어 놓는다. 단, 사진을 찍을 경우에는 지도교사에게 허락을 구한 후 찍어야 하고, 허락을 받았다 하더라도 영유아들의 초상권 등의 문제가 될 수 있으므로, 영유아들이 모두 하원한 후에 찍도록 한다. 교실 흥미영역 구성도를 그리는 방법은 다음과 같다.

- 세로와 가로 비율을 맞추어 전체적인 교실의 모양을 그린다.
- 문과 화장실, 창문의 위치를 표시한다.
- 교구장을 직사각형으로 표시하여 각 영역의 해당 위치에 그려 넣는다. 교구장의 크기가 같으면 직사각형을 같은 크기로 그린다. 직사각형으로 그려진 교구장 안에는 해당하는 영역을 적어 넣는다.
- 교구장 이외에 가전제품(TV, 컴퓨터, CD 플레이어 등), 책꽂이, 인형극장 등을 그려 넣는다.
- 책상을 그린다. 일반적으로 어린이집에서 사용하는 책상의 모양은 원, 반원, 직사각형 모양이다. 책상을 그려 넣을 때는 책상의 모양에 맞추어 그려 넣어야 한다. 이때에도 크기가 같은 책상은 같은 크기로 그려 넣는다.
- 의자를 작은 원 모양으로 그려 넣는다. 책상 중에서 높은 책상의 경우에는 의자를 함께 놓아두게 되므로 놓인 의자의 개수에 맞추어 해당 위치에 작은 원을 그린다.
- 카펫이 놓인 영역(쌓기영역, 언어영역 등)이 있다면 카펫의 위치를 전체 구성도의 비율에 맞추어 그려 넣는다.
- 각 흥미영역의 가운데에 흥미영역의 명칭을 적는다.

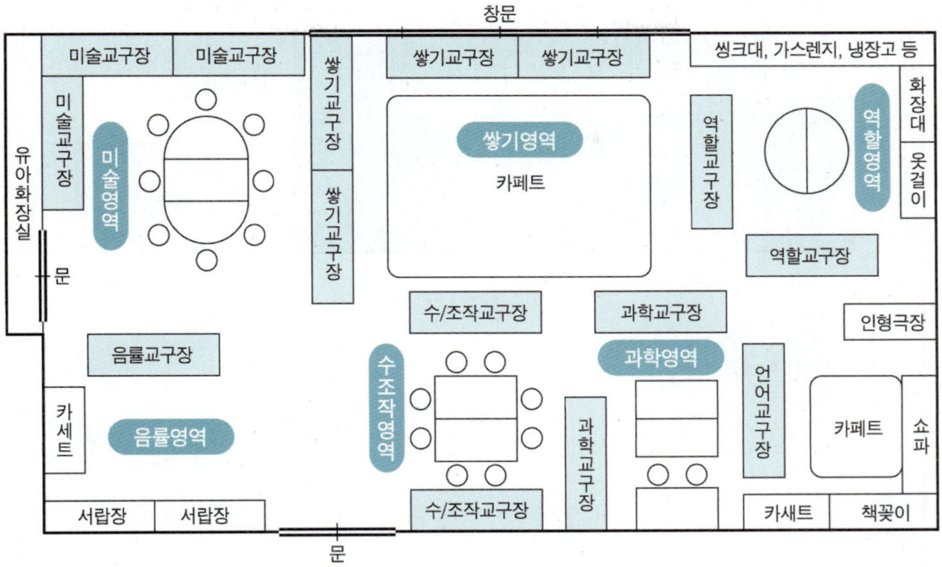

[그림 8-6] 교실 흥미영역 구성도의 예

3) 실외 환경 구성도

어린이집의 실외 환경 및 바깥놀이 영역구성에 대해 알기 위하여 실외 환경 구성도를 그린다. 실외 환경 구성도는 시설 배치도와 마찬가지로 수기나 워드프로그램을 이용하여 그릴 수 있다. 실외 환경 구성도를 그릴 때에는 먼저 실외 환경의 전체 공간을 가로 세로 비율을 맞추어 그린 후, 비중이 큰 공간부터 차례로 그려 넣으면서 어린이집 실외 환경 구성이 전체적으로 파악될 수 있게 그린다.

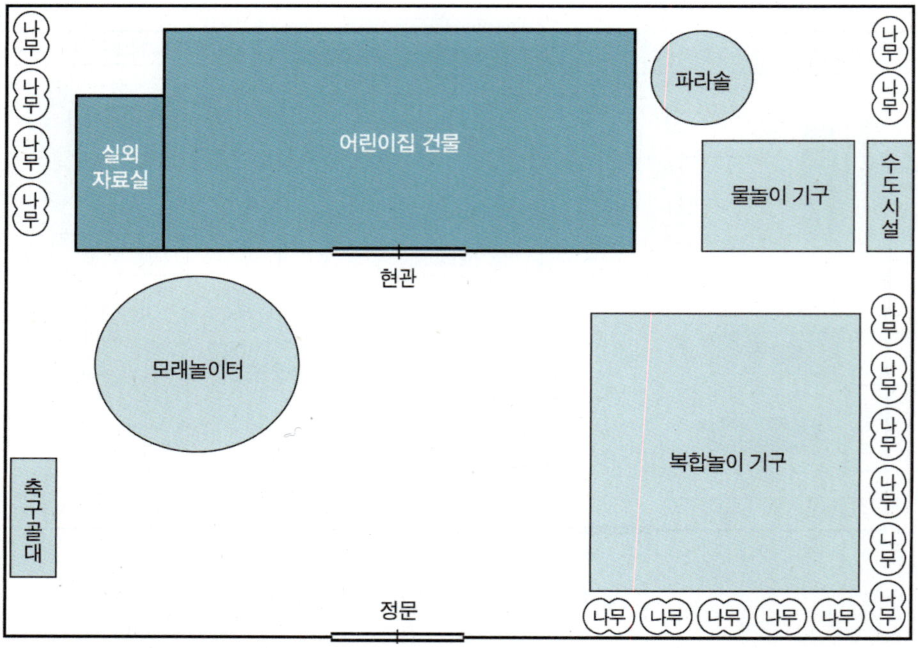

[그림 8-7] 실외 환경 구성도의 예

5. 연간, 월간, 주간 교육 계획안

어린이집은 보육과정의 영역별 목표와 내용에 맞추어 연령별 보육계획을 편성하고 운영 한다. 연령별 보육계획은 일반적으로 연간, 월간, 주간, 일일교육계획안의 위계로 편성한다. 이러한 이유로 실습생은 본인이 들어가는 해당학급의 연간, 월간, 주간 교육이 어떻게 이루어져 있는지 알 필요가 있다. 특히 실습생이 작성하게 되는 일지는 해당학급의 연간, 월간, 주간계획안의 수업 계획에 맞추어 작성해야 한다. 이를 위해 실습생은 어린이집에 출근 첫 날 지도교사에게 연간, 월간, 주간계획안을 받아 일지 작성 시 참고하여야 하고 일지에도 철하여 두어야 한다. 기관에 따라서는 연간, 월간, 주간계획안을 실습생에게 모두 제공하는 곳이 있을 수도 있고 월간 계획안이나 주간 계획안만 실습생에게 제공할 수도 있다. 그러므로 기관의 형편에 맞추어 지도교사에게 교육 계획안을 요청해야 한다.

〈표 8-2〉 연간 보육계획안의 예(만4세)

월	생활주제	소주제
3	어린이집과 친구	어린이집의 환경
		어린이집에서의 하루
		어린이집에서 만난 친구
		함께 만드는 어린이집
4	봄	봄의 변화
		봄의 풍경
	동식물과 자연	동물과 우리생활, 궁금한 동식물
		식물과 우리생활, 궁금한 동식물
5		자연과 더불어 사는 우리
	나와 가족	나의 몸과 마음
		소중한 나
		소중한 가족
		가족의 생활과 문화
6	우리 동네	우리 동네 모습, 우리 동네 생활
		우리 동네 사람들
		우리 동네 전통과 문화
	건강과 안전	즐거운 운동과 휴식, 깨끗한 나와 환경
7		맛있는 음식과 영양
		안전한 놀이와 생활
	여름	여름의 날씨와 물놀이
		여름 풍경
	교통기관	여러 가지 육상 교통기관
8		고마운 육상 교통기관
		항공/해상 교통기관
		즐거운 교통생활
	우리나라	우리나라 사람들의 생활

월	생활주제	소주제
9	우리나라	우리나라의 놀이와 예술
		우리나라의 역사, 우리나라의 자랑거리
	세계 여러 나라	세계 여러 나라 사람들의 생활
		세계 여러 나라의 문화유산
10		세계 여러 나라와의 교류, 세계의 자연과 사회현상
	가을과 열매	가을 풍경
		가을의 변화
		풍성한 가을
		추석과 놀이
11		가을 나들이
	환경과 생활	물과 우리생활
		돌·흙과 우리생활
		바람·공기와 우리생활
12		빛과 우리생활, 소리와 우리생활
	겨울과 놀이	겨울 날씨
		겨울 풍경
		감사와 사랑을 나누어요
1		건강한 겨울나기
		신나는 겨울놀이
	생활도구	다양한 생활 도구
		생활도구를 움직이는 힘
		생활도구로서의 미디어, 미래의 생활도구
2	형님이 되어요	많이 컸어요
		동생들에게 알려 주어요
		형님이 될 준비를 해요
		즐거웠던 우리 반

출처: 보건복지부(2013). 4세 누리과정에 기초한 어린이집 프로그램 ①. pp.13~14.

〈표 8-3〉 월간 보육계획안의 예(만4세)

<table>
<tr><th colspan="2">주제</th><th colspan="4">어린이집과 친구</th></tr>
<tr><td colspan="2">소주제</td><td>어린이집의 환경</td><td>어린이집에서의 하루</td><td>어린이집에서 만난 친구</td><td>함께 만드는 어린이집</td></tr>
<tr><td rowspan="16">자유선택활동</td><td rowspan="2">쌓기 놀이 영역</td><td>여러 가지 블록 놀잇감</td><td>어린이집 오는 길</td><td rowspan="2">친구와 사이좋게 지내기</td><td rowspan="2">블록으로 어린이집 만들기</td></tr>
<tr><td>놀잇감 도미노</td><td>블록 높이 쌓기</td></tr>
<tr><td rowspan="2">역할 놀이 영역</td><td>선생님 되어보기</td><td rowspan="2">어린이집 버스에서는</td><td rowspan="2">친구 초대하기</td><td>어린이집 가족 놀이</td></tr>
<tr><td>어린이집 놀이</td><td>어린이집 생일 축하 파티</td></tr>
<tr><td rowspan="3">언어 영역</td><td>새로운 이름</td><td>어떤 놀이를 좋아하니?</td><td>칭찬 놀이</td><td>달라진 것을 찾아요</td></tr>
<tr><td>놀잇감이 사라졌어요</td><td>실수야, 실수</td><td>친구의 표정 속에 담긴 마음은?</td><td>친구 이름 알기</td></tr>
<tr><td>놀잇감 수수께끼</td><td>함께하는 건 재미있어</td><td>뭐라고 해야 하지?</td><td>오! 나의 친구</td></tr>
<tr><td rowspan="2">수·조작 영역</td><td rowspan="2">안전하게 놀이해요</td><td>어린이집에서 편한 옷차림 코디하기</td><td>○○반 친구들 모여라</td><td>사진 속에서 친구 찾기</td></tr>
<tr><td>즐거운 하루 보내기</td><td>사이좋은 친구 빙고게임</td><td>어린이집 행복한 모습 퍼즐 만들기</td></tr>
<tr><td rowspan="2">과학 영역</td><td rowspan="2">신기하고 재미난 안경놀이</td><td>신기한 돋보기</td><td rowspan="2">얼마나 늘어날까?</td><td rowspan="2"></td></tr>
<tr><td>채소 샐러드 밥 만들기</td></tr>
<tr><td rowspan="3">미술 영역</td><td>약속 액자 만들기</td><td>나만의 사인 만들기</td><td>우리 반 친구 나무 만들기</td><td>몸으로 함께 표현하는 우리들의 나무 이야기</td></tr>
<tr><td>색종이 오려 여러 가지 모양 꾸미기</td><td rowspan="2">주세페의 그림기법으로 그림을 표현해요</td><td>자연의 색과 무늬로 친구의 옷 꾸미기</td><td rowspan="2">자랑스러운 어린이집 병풍 만들기</td></tr>
<tr><td>어린이집에 계시는 분 OHP 필름에 그리기</td><td>친구 얼굴 그리기</td></tr>
<tr><td rowspan="2">음률 영역</td><td rowspan="2">즐거운 음률영역</td><td>어린이집에서 음악 감상</td><td>친구와 함께 고무줄로 모양 표현해요</td><td>악기연주하며 원가 부르기</td></tr>
<tr><td>캐스터네츠 말 리듬 놀이</td><td>딱 하나만 빼고</td><td>어린이집 생일 몸으로 표현하기</td></tr>
</table>

주제		어린이집과 친구			
대·소집단활동	이야기 나누기	어떻게 하면 좋을까요? 어린이집에서 함께 지내는 분들을 알아봐요	자유선택활동은 스스로 계획–놀이–평가해요	친구와 나의 같은 점과 다른 점을 찾아요	어린이집을 나타내는 그림이에요 행복한 어린이집 만들기
	동화·동시·동극	이리와		만약 친구가 없다면	
	음악	내 마음이 행복해져	어린이집에서 나는 할 수 있어	친구야 쉿!	우리들의 연주회
	신체	점토가 되어 보아요	등원 길 따라 리듬 맞춰 걷기	친구하고 마주보고	
	게임		'약속의 말' 듣고 행동하기	릴레이 기차놀이	행복나무 약속열매
	요리				생크림 크레페 만들기
	미술				
	현장체험	어린이집 돌아보기			
바깥 놀이 활동		사진 속에 담은 우리 어린이집 놀이시설 이용하기	루페로 바깥놀이터의 자연물을 관찰해요 어린이집 주변 산책하기	둘이 짝이 되어 캐치볼 주고받기 친구와 함께 징검다리 건너기	어린이집의 나무 탐색놀이
기본생활 습관		신발 벗어 제자리에 넣기	내 소지품 바르게 사물함에 넣기	실내에서 걸어 다니기	어린이집 주변 공원이나 숲 산책놀이

출처: 보건복지부(2013). 4세 누리과정에 기초한 어린이집 프로그램 ①. pp.46~49.

○월 ○주 주간보육계획안

<table>
<tr><td colspan="2">반 이름</td><td colspan="2">○○반 (만 4세)</td><td>시 기</td><td colspan="2">20○○년 ○월 ○주</td></tr>
<tr><td colspan="2">생활주제</td><td colspan="2">환경과 생활</td><td>주제</td><td colspan="2">물과 우리생활</td></tr>
<tr><td colspan="2">목표</td><td colspan="5">• 물놀이를 통해 즐거움을 가진다.
• 물을 이용하는 방법을 안다.
• 물 보호에 관심을 갖고 실천한다.</td></tr>
<tr><td colspan="2">날짜/요일</td><td>○/○ (월)</td><td>○/○ (화)</td><td>○/○ (수)</td><td>○/○ (목)</td><td>○/○ (금)</td></tr>
<tr><td colspan="2">소주제
활동</td><td colspan="2">물놀이 공원 구성하기</td><td colspan="2">물 이용하기</td><td>물 보호하기</td></tr>
<tr><td rowspan="7">자유
선택
활동</td><td>쌓기놀이
영역</td><td colspan="2">물놀이 공원 구성하기</td><td colspan="3">목욕탕 만들기</td></tr>
<tr><td>역할놀이
영역</td><td colspan="2">물놀이하기</td><td colspan="3">목욕하기
(샴푸, 세제 적게 사용하기)</td></tr>
<tr><td>언어 영역</td><td></td><td>얼음 속 글자
찾기</td><td colspan="2">물은 어디에 있을까? 작은 책
만들기</td><td>‘더러운 물
때문이야’
막대인형놀이</td></tr>
<tr><td>수·조작
영역</td><td colspan="2">수영장 퍼즐 맞추기</td><td colspan="2">깨끗한 물이 우리 집에
오기까지(판게임)</td><td>물을 아껴요</td></tr>
<tr><td>과학 영역</td><td colspan="2">물을 잘 흐르게 하려면</td><td>어떤 물을
마셔야 할까?</td><td>물에 넣으면
어떻게 될까?</td><td>물이 깨끗해
졌어요</td></tr>
<tr><td>미술 영역</td><td colspan="2">물놀이 공원 이용권 만들기
튜브 꾸미기
신윤복의 ‘뱃놀이’ 감상하기</td><td colspan="2">나의 수족관</td><td></td></tr>
<tr><td>음률 영역</td><td>쇼팽의 ‘빗방울’
감상하기</td><td></td><td>물 드럼치기</td><td></td><td></td></tr>
<tr><td colspan="2">대·소집단
활동</td><td>〈이야기 나누기〉
즐거운 물놀이
경험 나누기</td><td>〈신체〉
시냇물
사방치기</td><td>〈미술〉
빗방울
그림으로
표현하기</td><td>〈요리〉
레몬쥬스 만들기</td><td>〈동화〉
더러운 물
때문이야</td></tr>
<tr><td colspan="2">실외활동</td><td>페트병 분수놀이</td><td>수로 만들기
(물레방아)</td><td></td><td>이젤 물감그림
그리기</td><td>빨래(손수건)를
해요</td></tr>
</table>

[그림 8-8] 주간 보육계획안의 예(만4세)

출처: 보건복지부(2013). 4세 누리과정에 기초한 어린이집 프로그램 ⑦. p.21

6. 식단표

실습일지를 작성할 때에는 영유아들에게 제공된 오전·오후 간식, 점심의 메뉴를 넣어야 한다. 실습생의 입장에서 모든 메뉴의 명칭을 알기 어려우므로 교육계획안과 마찬가지로 실습 첫날 지도교사에게 요청하여 받아두는 것이 좋다. 지도교사로부터 받은 식단표는 일지에 철해 둔다.

2017 8월 영유아 식단표

	월요일	화요일	수요일	목요일	금요일	토요일
		1 일	2 일	3 일	4 일	5 일
오전 간식		오곡씨리얼, 우유	과일, 치즈	유기농쿠키, 미숫가루+우유	과일, 두유	야채스틱, 우유
점심		발아현미밥 유부다시마국 소장조림 숙주무침 깍두기	현미밥 애호박새우젓국 두부구이+양념장 데친브로콜리+소스 배추김치	찹쌀밥 열무된장국 멸치볶음 구이김 깍두기	차수수밥 감자양파국 돈장조림 시금치무침 배추김치	오색볶음밥 팽이버섯국 배추김치
오후 간식		수박화채	꿀떡, 차	찐 감자, 주스	롤케이크, 우유	
	7 일	8 일	9 일	10 일	11 일	12 일
오전 간식	과일, 우유	떠먹는 야쿠르트 +견과류	당근스프	과일, 치즈	양배추된장죽	과일, 두유
점심	쌀밥 근대콩나물국 닭살바베큐소스조림 마늘쫑새우볶음 배추김치	보리밥 두부김칫국 돈육청경채볶음 비름나물무침 깍두기	유산슬덮밥 열무된장국 물만두 과일 배추김치	기장밥 양송이버섯들깨국 코다리조림 비트무새콤달콤무침 배추김치	찹쌀밥 닭곰탕 마파두부 참외생채 깍두기	삼겹살김치볶음밥 감자달걀국 깍두기 (단무지)
오후 간식	냉파스타	흑미설기떡, 차	찐옥수수, 야쿠르트	궁중떡볶이	밤식빵, 우유	
	14 일	15 일	16 일	17 일	18 일	19 일
오전 간식	과일, 우유		과일, 치즈	쇠고기버섯죽	과일, 두유	오곡씨리얼, 우유
점심	쌀밥 호박시래기국 메추리알케찹볶음 감자간장조림 배추김치	광복절	수수밥 돼지감자탕 두부스테이크 +카레소스 우엉견과류조림 깍두기	흑미밥 호박잎된장국 가자미구이 콘슬로우샐러드 배추김치	현미밥 김계란국 돈육폭찹 가지파프리카조림 깍두기	오징어덮밥 맑은우동국 깍두기
오후 간식	메밀국수		무지개떡, 차	찐 고구마, 우유	머핀, 우유	
	21 일	22 일	23 일	24 일	25 일	26 일
오전 간식	과일, 우유	감자베이컨스프	오곡씨리얼, 우유	과일, 치즈	표고버섯야채죽	과일, 두유

점심	쌀밥 아욱국 닭메추리알조림 애호박볶음 배추김치	차조밥 쇠고기숙주국 아몬드멸치볶음 마카로니샐러드 깍두기	흑임자밥 팽이버섯국 돈가스+소스 그린샐러드 깍두기	찰보리밥 순두부맑은국 오징어떡볶음 깻잎순볶음 배추김치	수수밥 감자미역국 돼지보쌈 상추무침 (데쳐서 하기) 깍두기	하이라이스 두부된장국 깍두기 (단무지)
오후간식	김치해물스파게티	호박편, 우유	찐옥수수, 주스	만두찜, 요구르트	애플파이(or 꽈배기)우유	
	28 일	29 일	30 일	31 일		
오전간식	과일, 우유	모닝빵, 미숫가루	과일, 두유	부추달갈죽		
점심	쌀밥 어묵국 삼색달걀찜 참나물무침 배추김치	찰보리밥 콩나물국 당면소불고기 양배추무침 깍두기	치즈알밥 유부다시마국 츄러스 짜요짜요 깍두기	흑미밥 열무된장국 삼치무조림 버섯볶음 배추김치		
오후간식	볶음우동	송편, 차	삶은 달걀 +지리멸치 주스	크림빵, 우유		

[그림 8-9] 식단표의 예

출처: 서울특별시 육아종합지원센터(http://seoul.childcare.go.kr)

TIP

실습지도 선생님께서 일지 작성에 필요한 교육 계획안이나 식단표를 주시지 않아요. 지도 선생님에게 어떻게 요청 하면 좋을까요?

기관에서 실습생에게 교육 계획안이나 식단표를 제공하는 것이 필수사항은 아닙니다. 하지만 교육 계획안이나 식단표를 미리 받아두면 실습생이 앞으로 실행하게 될 학습 내용에 대해 알 수 있고, 일지 작성 시 하루 일과의 내용을 수월하게 작성할 수 있으므로 실습지도교사가 실습생의 편의를 도모하기 위해 제공해 주는 것입니다. 그러므로 실습 첫날 지도교사에게 공손하게 교육 계획안과 식단표를 미리 받을 수 있는지 여쭈어 보고 지도교사가 제공한다면 감사한 마음으로 실습일지 작성 시 참고하면 됩니다. 만약 실습생이 지도교사가 제공하는 것이 어렵다고 이야기 하면, 활동명과 식단 메뉴 등을 매일 매일 꼼꼼하게 메모해 두어 실습일지 작성 시 어려움이 없도록 해야 할 것입니다.

7. 보육실습일지

보육실습일지를 작성한다는 것은 실습생이 들어간 학급에서 하루 동안 어떠한 교육(보육)이 이루어졌는지를 정리하고 하루 동안의 교사의 역할에 대해서 반성하고 평가하는 시간을 갖는 것을 의미한다.

1) 작성 지침

보육실습 일지는 일반적으로 일과 운영의 시간 흐름에 따른 보육내용을 작성한다. 작성되는 내용은 기관에 따라서 달라질 수도 있으므로 지도 교사의 지도에 따라서 작성하는 것이 중요하다. 실습일지는 미루거나 미리 작성하지 않고 일과 종료 후에 즉시 작성하여야 한다. 보육실습일지 작성방법은 양성기관에서 제공하는 보육실습 일지 양식(보통 책으로 묶어서 제공됨)에 수기로 작성하는 방법과, 워드프로그램을 이용하여 작성하는 방법이 있다. 이는 실습 기관의 특성에 따라 달라질 수 있으므로, 실습 첫날 지도교사에게 작성형태에 대해 물어보는 것이 좋다. 보육실습일지 작성 시 주의해야 할 점은 다음과 같다.

- 담임교사의 수업 내용을 메모할 수 있는 작은 수첩과 펜을 준비한다. 수첩은 너무 크지 않아야 하며 앞치마 주머니에 들어갈 수 있는 크기로 준비하여 자신의 손에 익숙한 펜을 수첩 첫 장에 꽂아두면 펜을 잃어버리지 않고 편리하게 사용할 수 있다.

- 보육실습일지를 작성하기 위해서는 하루 동안 담임교사의 수업을 잘 관찰하여 이때의 교사의 역할과 영유아들의 반응을 잘 메모해야 한다. 담임교사의 수업 내용을 모두 메모하는 것은 불가능한 일이므로 중요한 수업내용의 키워드를 중심으로 간단히 작성한다. 보통 보육실습일지는 하루 일과의 흐름에 따라 작성하게

되므로 하루 일과를 수첩에 미리 적어두고 내용을 작성할 빈칸을 비워둔 후 실제 수업 시간에 교사의 활동을 관찰하여 빈 곳을 채워나가면 편리하다.

- 어린이집에서 보육실습일지를 작성할 시간을 줄 경우에는 퇴근 전에 작성하지만, 보육실습일지를 작성할 시간을 따로 주지 않는 경우에는 퇴근 후 집에서 작성하게 된다. 수업 내용의 메모를 미리 적어두기는 하지만, 키워드를 중심으로 간단히 작성한 것이므로 시간이 지나면 수업 내용을 잊어버려 보육실습일지 작성이 어려워진다. 그러므로 보육실습일지는 밀리지 않고 퇴근하자마자 바로 작성해야 한다. 기관에 따라서 보육실습일지는 매일 매일 검사하기도 하고, 일주일에 한 번 검사하는 경우도 있다. 일주일에 한 번 검사하는 경우에도 보육실습일지는 밀리지 않게 매일 매일 작성해야 한다.

- 보육실습일지 검사를 받을 때에는 실습생 본인의 사인을 먼저 한 후 제출하여야 한다.

- 수기로 보육실습일지를 작성해야 하는 경우에는 연필이나 색깔 펜을 사용하지 않고 검정색 펜으로 작성해야 한다. 워드프로그램으로 작성하는 경우 이미 작성되어 있는 보육실습일지 위에 덮어 씌워서 작성하는 경우가 많다. 이때에는 날짜, 날씨, 주제, 식단 내용 등을 수정하였는지 꼭 확인하여야 한다.

- 보육일지의 기술방법은 지도교사마다 다를 수 있다. 기술 방법에 따라 실습생이 중요하게 관찰하고 기록해야 하는 부분이 다를 수 있기 때문에 사전에 지도교사와 상의하는 것이 필요하다.

보육실습일지는 반명, 일시, 날씨, 결석 영유아, 주제, 소주제, 일과 운영에 따른 보육내용, 보육실습생 소감, 지도교사 조언 등으로 구성되어 있다. 2013년과 2017년에 한국보육진흥원에서 개발한 「어린이집에서의 보육실습지도」, 「양성교육기관에서의 보육실습지도」 내용 중 보육실습일지의 기록 방법을 정리하면 다음과 같다.

(1) 결재, 반명

보육실습일지는 공문서 이므로 사실에 기반을 두어 작성되는 것을 원칙으로 한다. 이를 증명하기 위하여 실습생, 지도교사, 원장이 날인하는 결재란이 필요하다. 보육실습일지를 작성한 후에는 수기로 실습생 결재란에 사인하여야 한다. 반명은 실습생이 들어가는 학급명을 적어 넣는다. 드문 경우이기는 하나 실습생이 두 개의 학급에 들어가는 경우 학급명이 바뀌지 않도록 유의해야 한다.

(2) 일시, 날씨

일시를 적는 칸에는 실습이 이루어진 날짜와 요일을 기록한다. 날씨를 적는 칸에는 실습이 이루어진 날의 비, 구름, 바람, 기온 등과 같은 기상상태를 작성한다. 일시와 날씨는 일과 운영과 깊은 연관이 있기 때문에 정확히 작성하여 보육 내용과의 관련성을 파악한다. 예를 들어 한파나 폭염, 미세먼지 주의 경보가 뜬 날에는 실외놀이를 삼가야 하므로 하루 일과를 변경하게 된다. 또한 기온이 높은 경우에는 실외놀이를 비교적 기온이 낮은 등원 직후에 실시하는 경우도 있다. 이러한 일과의 수정사항을 파악하는데 일시와 날씨는 중요한 역할을 한다.

(3) 결석 영유아

결석 영유아를 적는 칸에는 실습 일에 결석한 영유아명을 쓰고, 가능하다면 결석한 이유를 간략하게 기록해 두는 것이 좋다.

(4) 주제와 소주제

주제와 소주제를 적는 칸에는 실습생이 들어가는 학급의 연간, 월간, 주간보육활동계획안에 나와 있는 주제와 소주제의 내용과 동일하게 작성한다. 보육활동계획안은 앞서 설명한 것처럼 실습 첫날 지도교사에게 부탁하여 받을 수 있다.

(5) 일과 운영에 따른 보육내용

보육실습일지는 실습생이 보육실습 기간 동안 경험한 보육실습 내용을 기록하고, 반복적으로 읽어보며 정리하고, 자기 평가를 통한 반성적 사고를 하는 공간이다. 그러므로 실습생은 본인이 들어가는 학급의 해당 일의 일과 운영에 참여하면서 경험한 교육(보육) 내용을 정리하고 자기 평가를 통해 반성적 사고를 할 수 있도록 작성하여야 한다. 일과 운영에 따른 보육내용은 맨 왼쪽 칸에는 시간 및 일과를 작성하고 가운데 칸에는 활동계획 및 실행이 어떻게 이루어졌는지 작성하며 가장 오른쪽 칸에는 활동에 대한 평가 및 유의점 등을 작성하게 된다. 구체적인 작성 지침은 다음과 같다.

- 일과 운영에 따른 보육내용 작성 방법에 대해서는 사전에 지도교사와 충분히 협의하여 작성한다.
- 일과 운영 시간의 흐름에 따른 보육 내용을 기록한다.
- 활동명, 활동자료, 활동방법을 기록하되 실습생에게 의미 있었던 바를 구체적으로 기록한다.
- 흥미영역별로 영유아의 놀이 흐름과 실습 지도교사 또는 실습생과 영유아와의 상호작용, 활동 참여 정도를 기록한다.
- 지도교사 또는 실습생이 영유아간 갈등해결 등의 행동지도 내용을 기록한다.
- 급식 · 간식 · 낮잠 · 배변 등의 일상생활 지도와 안전이나 위생, 등 · 하원 관련 내용을 기록한다.
- 일과 운영에 따른 보육내용 작성 방법에 대해서는 사전에 지도교사와 충분히 협의하여 작성한다.
- 지나치게 상세한 기록 또는 과도한 생략 및 구체적이지 않은 기록 등은 반성적 사고 과정과 실천적 지식 형성에 어려움을 줄 수 있으므로 적절한 내용으로 작성할 수 있도록 주의한다.

(6) 실습생 평가

실습생 평가를 적는 칸에는 하루 동안 실습생으로서 학급에서 관찰, 실내외 활동 및 놀이 참여, 영유아 일상지도 등을 경험하면서 느낀 소감이나 의문사항을 반성적으로 사고하여 기록한다. 실습생 평가란에 작성되는 내용은 다음과 같다.

- 보육일과 중에 새롭게 배웠던 지도교사 · 영유아와의 상호작용에 대한 내용
- 하루 일과 중 새롭게 발견한 영유아의 발달적 특성 및 흥미에 대한 내용
- 반에서 보육실습생으로서의 역할과 자세에 대한 자기 평가
- 실습생으로서 수업을 진행한 경우 계획한 대로 실행되지 않았던 원인 분석 내용
- 지도교사가 지시한 업무 수행 시 배운 점
- 기타 일과 운영 및 상호작용에 대해 궁금한 사항

(7) 지도교사 조언 및 평가

지도교사 조언 및 평가란은 실습생이 작성한 보육실습일지의 내용을 검토하고, 실습생의 반성적 사고를 통한 평가내용을 기반으로 실습지도교사가 작성하는 칸이다. 흔치 않은 경우지만, 지도교사가 직접 작성해 주지 않고, 구두로 조언과 평가를 해주는 경우도 있다. 이런 경우 실습생은 지도교사의 조언과 평가를 간단히 메모하고, 잘 기억해 둔 후, 실습일지 작성 시 지도교사 조언 및 평가란에 기재하도록 한다.

2) 연령별 일일보육실습일지 작성 사례

영아와 유아는 발달상 차이가 매우 크기 때문에 하루 일과 뿐만이 아니라 운영되는 보육 내용이 다르다. 그러므로 일일보육실습일지를 작성할 때에도 영아와 유아의 발달특성을 고려하여 작성하여야 한다. 영아반와 유아반의 실습일지 사례는 다음과 같다.

(1) 영아반 일일보육실습일지 작성

0~2세에 해당하는 영아는 발달이 급격히 진행됨 개인차가 매우 큰 시기이다. 0~1

세의 경우 운동능력 발달과 일상적인 양육에 초점을 둔 보육이 운영되고, 2세의 경우 신체적 보호에서 벗어나 일상생활에서의 다양한 경험을 하도록 보육이 계획 · 운영된다(김지은 외, 2013). 그러므로 영아의 이러한 발달 특성이 고려되어 개별적인 생체리듬과 개인적 욕구가 반영되어 일과가 운영되는지에 중점을 두고 보육실습일지를 작성한다.

〈표 8-4〉 영아반 보육실습일지 작성의 예

<table>
<tr><td colspan="2" rowspan="2">보육실습일지</td><td rowspan="2">결재</td><td>실습생</td><td>지도교사</td><td>원장</td></tr>
<tr><td>□</td><td>□</td><td>□</td></tr>
<tr><td>반 명</td><td>만 1세 ○○반</td><td>일시</td><td colspan="3">20○○년 ○월 ○일
○요일</td></tr>
<tr><td>날 씨</td><td>흐린 후 맑음</td><td>결석 영유아</td><td colspan="3">김○○(감기), 박○○(여행)</td></tr>
<tr><td>주 제</td><td>더워요</td><td>소주제</td><td colspan="3">여행가는 놀이를 해요</td></tr>
<tr><td>시간 및 일과</td><td colspan="2">활동계획 및 실행</td><td colspan="3">평가 및 유의점</td></tr>
<tr><td>~09:00
등원 및
맞이하기</td><td colspan="2">• 부모와 교사가 반갑게 인사하기
- 교사가 부모에게 인사하는 모습을 영아에게 보여주며 영아와도 함께 인사나누기
- 투약의뢰서 유무를 확인
• 혼자서 양말을 벗어요
- 교사는 영아가 혼자 양말을 벗어 볼 것을 제안한 뒤 쉽게 벗을 수 있도록 양말 끝을 잡아줌
- 스스로 시도하고 벗을 것에 대하여 '○○가 혼자 벗었구나'라고 격려한 뒤 서랍장에 넣는 것도 혼자 넣도록 교사가 제안함</td><td colspan="3">교사가 영아 스스로 해 볼 수 있도록 충분히 기다려 주거나 최소한의 도움을 주며 영아가 성취감을 느낄 수 있도록 배려함</td></tr>
<tr><td>09:00~09:20
오전간식</td><td colspan="2">• 손 씻기 및 오전 간식(롤케익, 우유)
- 소독 비누로 거품을 내서 씻도록 하고 물로 씻을 때 비누가 남지 않도록 도와주기
• 즐겁게 먹어요
- 간식을 먹으며 영아에게 등원하면서 경험한 것, 가정에서의 일상을 물어 보며 관심 갖기
- 간식을 먹으려 영아의 이름을 개별로 불러주고 눈을 마주치며 '선생님은 ○○이를 사랑해' 노래를 불러줌</td><td colspan="3">준비된 간식을 스스로 먹고 정리할 수 있도록 도움</td></tr>
<tr><td>09:20~10:20
오전실내
자유놀이</td><td colspan="2">• 신체영역: 둥근 고리 끼우기 놀이해요.
- 둥근 고리를 놀이감에 끼워보거나 손목에 끼우고 흔들어 봄</td><td colspan="3">둥근 고리를 놀이감에 끼우는 것보다 영아들의 손목에 끼우는 것에 더 재미를 나타냄</td></tr>
</table>

	• 언어영역: 울퉁불퉁 종이에 끼적여요 – 다양한 질감의 종이에 부드럽고 무독성의 영아용 크레파스로 끼적거리기를 함	여러 질감의 종이 중 큰 벽지에 끼적거리기를 하는 것을 가장 선호함
	• 역할 · 쌓기영역: 밀가루 반죽에 빨대를 꽂아요 – 밀가루 반죽을 소꿉그릇에 담아보기, 반죽을 모형 소꿉 칼로 칼집을 내서 만져 보거나 손으로 두드리기, 손가락으로 찔러보기 등의 다양한 방법으로 촉감을 느끼도록 함 – 반죽에 빨대를 꽂고 생일 초처럼 불어 보거나 생일축하 노래를 부르는 놀이를 함	월령이 낮은 영아가 빨대를 꽂을 때 빨대가 잘 안 꽂혀지자 교사가 함께 꽂으려 도움을 줌
10:20~10:35	• 정리정돈 – 교사가 영역별, 영아 개별로 곧 정리할 것임을 알려주고 노래를 부르며 정리를 시작함 – 정리 중에 뛰어 다니는 영아들이 있어 부딪히지 않도록 손을 잡고 '놀잇감 집 찾아주기' 놀이를 하며 영역을 둘러봄 • 친구들도 기저귀가 있어요 – 기저귀 갈이를 하기 전에 자신의 기저귀를 보면서 또래들의 기저귀를 함께 보도록 함. 기저귀를 보는 것에 익숙한 영아들은 교사가 기저귀를 갈기 위해 또래들의 이름을 부를 때 마다 그 영아의 사진과 이름이 붙은 개별 장을 가리키기도 함 • 영아용 변기에서 소변보기 – 월령이 높은 영아들 중 팬티형 기저귀를 입는 영아들은 영아용 변기에 낮아서 소변을 보도록 시도함	교사는 영아용 변기에 앉는 것을 거부하는 영아에 대해 수용하며 다른 영아가 변기에 앉아 있는 것을 바라볼 수 있도록 함 교사는 변기에 앉기를 시도하는 영아에게 미소 짓기와 긍정적인 언어로 격려해 주면서 변기에 앉는 두려움이 감소되도록 지원함
10:35~11:30	• 실외놀이: 모래로 놀아요 – 체를 준비하여 교사가 모래를 체로 걸러줄 때 떨어지는 모래를 만져보기, 걸러진 부드러운 모래 만져 보기 – 모래를 다른 친구에게 뿌리지 않도록 안전에 만전을 기함	교사는 모래를 체로 치며 영아들이 관심을 갖도록 유도함. 모래를 만지기 거부하는 영아에게는 충분히 또래영아들의 놀이를 지켜보면서 작은 통에 담긴 모래를 제시하여 만져보도록 권유함
11:30~11:45 정리 및 손 씻기	• 정리, 손 씻기 및 이동	모래를 털고 닦는 데 시간이 오래 걸림
11:45~12:15 점심	• 점심(잡곡밥, 콩나물국, 닭양념찜, 깻잎나물, 김치) – 영아들이 먹고 싶어하는 반찬을 먼저 먹고 나물은 먹지 않으려 하자 교사가 양을 줄여줌	나물을 먹고 싶어하지 않는 영아들이 많아서 처음에 있던 양보다 덜어준 후 조금씩 나누어 제공함

12:15~13:00 이닦기 및 기저귀 갈기	• 이닦기 및 기저귀 갈이 시 보조교사로 참여하여 도움 – 자신의 차례에 교사의 도움을 받아 양치질을 할 수 있도록 보조교사로 참여하여 도움 – 세수하고 로션 바르기 – 잠옷이나 편안한 옷으로 갈아입고 제한된 영역에서 블록과 책을 통하여 조용한 놀이 즐기기	영아가 이닦기, 세수하고 로션 바르기를 할 때 도움을 주었으나 혼자 해보겠다고 하는 영아들이 있어 영아 스스로 로션을 바를 수 있도록 손에 로션을 주었고 교사가 도와줌
13:00~15:00 낮잠준비 및 낮잠	• 내 이불, 내 베개를 찾아요 – 영아가 옷을 갈아입는 것까지 낮잠준비를 모두 마치면 이불을 깔아 주면서 영아 개별의 이름을 불러줌 – '○○ 베개는 어디에 있나요?', '이불은 어디에 있을까'하고 자신의 이불과 베개를 찾아 볼 수 있도록 함	대부분의 영아들이 자신의 베게와 이불을 찾을 수 있었음
15:00~15:30 낮잠 깨기 및 정리정돈/ 기저귀 갈기	– 낮잠에서 깨면 교사가 개별로 다리를 주물러 주거나 기지개를 켜도록 도움 – 기저귀를 확인하고 갈아 줌 – 교사가 정리 시 자신의 베개를 가져올 수 있는 영아에게 '○○ 베개는 어디에 있나요?', '선생님께 가져올까요?'라고 물어 봄. 가져온 영아에게는 '도와줘서 고마워요'라고 말함 – 옷을 갈아 입도록 도와줌	
15:30~16:00 오후 간식	• 손 씻기 및 오후간식(단호박범벅)	호박을 먹는 것에 대해 거부감 없이 잘 먹었고 더 달라고 손짓과 말소리로 의사를 표현함
16:00~17:30 오후 실내외 자유놀이	• 오후 실내자유놀이 – 신체영역: 둥근 고리 끼우기 놀이해요 – 언어영역: 울퉁불퉁 종이에 끼적여요 – 감각 · 탐색영역: 누구의 기저귀일까요? – 역할 · 쌓기영역: 밀가루 반죽에 빨대를 꽂아요 • 오후 실외자유놀이 – 유희실에서 놀이를 함	교사가 오전에 끼적거리기 했던 종이를 바닥에 붙이고 그 위에 투명 비닐을 덮어 게시하자 영아들이 함께 작품을 공유하며 자신들이 한 활동에 대한 만족감을 나타냄
18:00~19:30 귀가 및 가정과의 연계	영아는 통합 보육실에 가서 놀이를 하다 부모님이 오시면 통합 보육 선생님께 인사를 하고 귀가	
실습생 평가	– 실외놀이에서 정리 후 실내로 이동할 때 단순히 정리하는 것이 아니라 놀이로 연결하여 활동을 진행함으로 영아들이 정리와 자신의 신변을 처리하는 것을 즐겁게 참여하였다. 일상적인 하루일과를 진행하면서도 영아의 개별적 발달을 고려하여 관심과 흥미에 적절히 반응하여 기본생활습관지도로 연결하는 것을 배울 수 있었다. – 한 영역에 오래 머물지 못하는 영아의 특성을 고려하여 영역 간 연계할 수 있는 활동이 진행됨으로 안정적인 교실 운영을 경험하였다.	

지도교사 조언 및 평가	영아에게 할 일과의 흐름을 활동중심으로 나누어 진행하는 것보다 개별적인 흥미나 발달 수준을 고려하여 개별적인 활동으로 진행하는 것이 적절합니다. 따라서 놀이 후 정리도 개별적인 놀이가 끝난 후에 자연스럽게 이루어져야 하며, 영역간의 구분을 나누어 놀이하기보다 자연스럽게 흥미를 나타내면 놀이의 흐름을 지속하도록 영역 간에 연계가 이루어지도록 계획하는 것이 중요합니다.

출처: 한국보육진흥원(2013). 어린이집에서의 보육실습 지도. pp.41~43.

(2) 유아반 일일보육실습일지 작성

유아의 경우 발달단계 수준에 적합하도록 하루일과 동안 다양한 활동을 계획하고 체계적인 교수와 양육이 함께 이루어지도록 한다. 유아의 하루 일과는 연령별로 차이는 있지만 교사와 유아, 유아와 유아, 유아와 놀잇감 간에 다양한 상호작용이 일어나도록 계획된다(조성연 외, 2005). 그러므로 유아의 이러한 특성을 반영하여 3~5세 유아의 발달 수준과 흥미가 잘 반영되도록 보육일지를 작성하여야 하고, 보육일지에 밝힌 주제와 소주제를 바탕으로 보육활동이 연계되도록 계획하였는지에 중점을 두고 보육실습일지를 기재한다.

〈표 8-5〉 유아반 보육실습일지 작성의 예

보육실습일지		결재	실습생	지도교사	원장
			□	□	□
반 명	만 5세 OO반	일시	2013년 O월 O일 O요일		
날 씨	흐린 후 맑음	결석 영유아	서OO(감기), 정OO(감기)		
주 제	나와 가족	소주제	나의 몸		
시간 및 일과	활동계획 및 실행		평가 및 유의점		
7:30~8:50 등원 및 맞이하기	• 등원 및 맞이하기 – 반갑기 맞이하여 유아의 건강 점검하기 – 가방 및 소지품을 스스로 정리할 수 있도록 하며, 조용한 놀이를 할 수 있도록 함		– 자신의 소지품을 스스로 정리하도록 교사가 개별적으로 부드럽게 말함		
8:50~9:10 놀이계획하기	• 언어영역: 놀이 계획하기 – 개별적으로 유아가 오늘의 놀이를 계획함. 놀이하고 싶은 영역에 동그라미를 치거나, 숫자로 순서를 정하고 놀이 후 평가할 수 있도록 안내함		– 놀이를 계획성 있게 실천할 수 있도록 교사가 개별적으로 상호작용하며 지도함		

9:10~9:30 오전간식	• 오전간식: 타락죽 – 놀잇감 정리 후 손을 씻고 간식을 들고 자리로 이동함. 바르게 앉아 간식을 먹고 다 먹은 뒤, 그릇을 정리함	
9:30~11:00 오전 자유선택활동	• 쌓기영역: 단위블록으로 몸 구성하기 – 전지에 누워 그림을 그린 뒤, 그 그림에 뼈대를 그려봄. 뼈대, 겉모습을 카프라와 끼우기 블록을 놓아 몸을 구성함	– 전지에 누워 그린 겉모습에 뼈대를 그리는 작업 전 벽면에 게시된 인체 골격을 살펴볼 수 있도록 유도하였으나, 교사의 도움이 많은 부분 필요하였음
	• 미술영역: 〈꾸미기〉손, 발 페인팅 – 손과 발바닥 찍기 활동을 진행함. 또한, 손등과 발등에 작은 붓을 이용하여 꾸미기를 하여 봄	– 페이스페인팅 물감보다 수체물감을 이용하자 물에 손쉽게 씻겨졌음 – 여아들의 참여도가 높았음
	• 언어영역: 〈읽기/쓰기〉 동시 '내동생' – 교사가 들려주는 동시 '내동생'을 듣고 스스로 읽으며 동시를 순서에 맞도록 구성함. 또한 "싫어, 싫어" 반복 어구를 대신하는 용어를 쓰며 동시를 재구성해 봄	– 반복어구가 있는 간단한 동시여서 유아들이 쉽게 읽고 교사와 나누어 읽기가 가능하였음. 또한, 동시의 반복 어구를 대신하는 다른 용어를 사용하여 동시를 재구성하여 봄
	• 수 · 과학영역: 〈분류〉 우리 몸에 필요한 영양소 – 영양탑과 음식카드를 이용하여 영양분에 따라 음식카드를 분류하여 봄	– 뒷 배지의 색을 영양소와 음식카드에 따라 다르게 하여 유아들이 영양소를 모르더라도 찾아볼 수 있도록 하였음
	• 수 · 과학영역: 컴퓨터로 내 이름 큰 글자로 출력하기 – 컴퓨터를 이용하여 자신의 이름을 적고 프린트로 출력하여 봄	– 잘 쓰지 못하는 유아의 경우 자모음 순서를 교사가 손가락으로 짚으며 알려 주고 이를 먼저 컴퓨터 자판에서 찾아서 치도록 도움을 줌
11:00~11:30 대소집단활동	• 대집단 활동: 주말지낸 이야기/〈동시〉 내동생 – 동시자료를 이용하여 동시를 음률을 살려 들려줌. 동시를 듣고 한 소절씩 유아들이 읽도록 참여하고 동시말을 바꿔보는 활동을 함	– 주말 지낸 이야기를 할 때 긴장하여 평소보다 목소리가 작거나 올바른 자세를 취하지 못하는 유아들이 있었음. 대부분의 유아들이 친구의 이야기를 경청하는 모습을 보였음. – 주말에 가족과 함께 있던 경험과 연계된 동시 내용에 흥미를 보이며 적극적으로 참여함
11:30~12:30 실외 자유선택활동	• 실외자유선택활동: 몸으로 재어보기 – 실외놀이터에서 접하는 물체(나무, 물놀이대, 미끄럼틀 등)를 손뼘, 양팔 등 신체 부위를 이용하여 측정하여 봄	– 유아들은 교사와 함께 나무를 안아 둘레를 재어보며 적극적으로 활동에 참여함. 한 아름이 넘는 나무가 없어 나무의 둘레를 넓게 재어보기에는 아쉬웠음
12:30~13:30 점심 및 양치	• 점심 및 양치: 보리밥, 고등어무조림, 탕평채, 시금치나물, 배추김치	– 유아들이 식사도우미의 역할에 적극적으로 참여하며, 기다렸고 자신

	– 식사 도우미의 배식에 자신의 음식량을 조절하여 식사를 받아 자리에 바르게 앉아 반찬과 밥을 골고루 먹음. – 식사 후 교실로 이동하여 이를 닦고 조용한 놀이를 함	의 순서를 잘 지킴 – 음식의 종류를 살피고 양 조절을 어려워하여 교사의 도움이 필요하였음
13:30~15:00 조용한 놀이 및 휴식	• 그림책 보면서 휴식하기 – '그만 내 몸은 소중해/이슬이의 첫 심부름' 등 준비된 도서를 읽음 조용히 휴식을 준비함. 또한 자리에 누워 잠을 자거나 휴식을 취함	– 휴식을 원하지 않는 유아는 조용한 영역에서 활동할 수 있도록 함
15:00~15:30 오후간식	• 오후간식: 궁중떡볶이 – 놀잇감 정리 후, 손을 씻고 간식을 들고 자리로 이동함. 바르게 앉아 간식을 먹고 다 먹은 뒤, 그릇을 정리함	
15:30~17:30 오후자유선택 활동 또는 실외활동	• 오전자유선택활동이 계속 진행됨 • 블록으로 구성한 몸 사진 찍어 전시하기 – 전지에 누워 그림을 그린 뒤, 그 그림에 뼈대를 그려봄. 뼈대, 겉모습을 카프라와 끼우기 블록을 놓아 몸을 구성함. 구성된 몸을 사진으로 찍어 전시함.	– 교삭 블록으로 구성한 몸 사진을 찍어 전시하자 활동에 관심을 나타내는 유아들이 많았고 참여가 늘어나는 것을 볼 수 있었음
~ 18:00 귀가 및 가정과의 연계	• 세안 및 옷 단정히 입기/귀가 – 자신의 몸을 스스로 단장할 수 있도록 격려 후 자신의 물건을 혼자 챙길 수 있도록 하면서 서랍 정리도 함께 이루어질 수 있도록 함	
실습생 평가	• 매일 이루어지는 자유선택활동이지만 막상 놀이계획을 진행하려고 보니 어색해하는 유아가 많아 교사가 개별적으로 상호작용함으로 유아의 능동적인 활동을 유도하는 것을 볼 수 있었다. • 언어활동이 각 영역에서 통합적으로 이루어지면서 자신의 이름을 이용하여 쓰기에 관심을 갖도록 하였다. 자신의 이름으로 쓰기에 참여하면서 이름이 완성되고, 동시 '내 동생'과 연계하여 가족의 이름을 묻고 쓰면서 언어활동이 활발히 이루어졌다. 통합적인 언어활동의 실제를 선택활동에서 경험하는 좋은 시간이 되었다.	
지도교사 조언 및 평가	• 만 5세반이 되어 언어적 활동에 많은 관심을 보이면 교사도 유아의 관심과 흥미에 민감하게 반응해 주어야 합니다. 그렇다고 전통적인 학습의 방법으로 교사 주도적으로 이끌며 진행하기보다는 선택활동으로 유아의 개별적 특성을 고려하여 접근하는 것이 보다 유아의 동기를 유지시키면서 지속적으로 참여하도록 하는 방법이 됩니다. 왜냐하면 유아마다 언어적 흥미나 내용에 대한 사전 경험이 다를 수 있고, 듣기, 말하기, 읽기, 쓰기 등의 영역에 대한 발달수준도 모두 다를 수 있기 때문이지요. • 만 5세반 유아는 하루일과를 진행할 때 스스로 놀이나 활동을 선택하고 스스로 계획하여 실행하는 과정을 통해 자아존중감이 형성되고 독립심이 길러지므로 선택활동들이 체계적으로 계획되어 질 필요가 있습니다. 이렇게 스스로 선택한 활동이나 놀이에 대해서는 유아가 더 주의집중을 하여 지속하려고 하고, 문제가 생겼을 때 스스	

	로 해결하고자 하는 노력도 더 보이게 됩니다. 유아가 스스로 놀이나 활동을 선택하였을 때와 교사 주도의 활동에 참여 할 때 중 어느 활동에 유아가 더 주의집중하며 의미 있게 학습을 하는지 잘 관찰해 보세요.

출처: 한국보육진흥원(2013). 어린이집에서의 보육실습 지도. pp.44~46.

3) 장애 영유아 보육교사를 위한 보육실습일지의 작성

장애 영유아 보육교사의 주역할은 해당 학급의 장애 영유아의 활동의 참여를 돕고 이를 통해 장애 영유아의 발달을 촉진하는 것이다. 이를 위해 장애 영유아 보육교사는 교육진단, 개별화교육계획안의 작성, 활동 삽입을 통한 개별교수목표의 촉진, 장애 영유아의 목표 성취여부 확인, 장애 영유아의 활동 참여 촉진, 문제행동 지원과 같은 역할을 수행한다. 장애 영유아 보육교사가 되기 위한 실습생은 장애 영유아 보육교사(또는 특수교사, 일반보육교사)가 장애 영유아를 일과 내에서 지원하는 방법에 초점을 맞추어 관찰하고, 관찰한 내용을 바탕으로 장애 영유아 보육교사의 역할을 구체적으로 보육실습일지에 작성해야 한다.

국가수준에서 장애 영유아 보육교사를 위한 보육실습일지의 구체적인 양식이 배포된 것이 없으므로, 여기에서는 일반 보육실습일지 양식을 토대로 장애 영유아 보육교사를 위한 보육실습일지를 수정하여 작성한 예시를 제시하였다.

(1) 장애 영유아 보육교사로서의 역할을 서술한 양식

다음의 사례는 '장애 영유아 보육교사' 양성교육기관인 Y대학의 장애 영유아 보육교사를 위한 보육교사의 실습일지이다. 본 사례는 주로 통합기관에서 장애 영유아 보육교사가 장애 아동의 참여와 발달을 돕기 위해 어떻게 상호작용하는지에 초점을 맞추어 작성하는 것이다. 그렇기 때문에 '활동계획 및 실행' 칸에는 일반보육일지 작성과 마찬가지로, 일반 보육프로그램이 진행되는 내용을 작성하고 '장애 영유아 보육교사의 역할' 칸에는 실습생이 예비 장애 영유아 보육교사로서 어떤 역할을 하였는지를 작성하게 된다.

〈표 8-6〉 장애 영유아 보육교사를 위한 보육실습일지 작성의 예(장애통합 어린이집)

<table>
<tr><td colspan="2" rowspan="2">보육실습일지</td><td rowspan="2">결재</td><td>실습생</td><td>지도교사</td><td>원장</td></tr>
<tr><td>□</td><td>□</td><td>□</td></tr>
<tr><td>반 명</td><td>만 4세 ○○반</td><td>일시</td><td colspan="3">2012년 ○월 ○일 ○요일</td></tr>
<tr><td>날 씨</td><td>맑음</td><td>결석 영유아</td><td colspan="3">없음</td></tr>
<tr><td>주 제</td><td>여름</td><td>소주제</td><td colspan="3">더운 여름 나기</td></tr>
<tr><td>시간 및 일과</td><td colspan="2">활동계획 및 실행</td><td colspan="3">장애 영유아를 위한
보육교사의 역할</td></tr>
<tr><td>09:00~09:50
등원 및
자유선택활동</td><td colspan="2">- 교사와 부모님께 인사를 한다.
T: ○○, 왔구나. 안녕하세요?
C: 안녕하세요?
- 가방에서 간식 수저통과 점심수저통을 꺼내 바구니에 정리한다.
- 가방을 자신의 사물함에 정리한다.
- 원하는 영역에서 자유롭게 놀이를 선택하여 활동 한다.</td><td colspan="3" rowspan="3">• 통합아동이 자신의 사물함에 가방을 잘 정리하는지 지켜보았다. 필요한 경우에 언어적 지도도 함께 해주었다.

• 유아가 교구를 정리하지 않고 간식을 먹으러 가려고 해서 "○○아, 우리 정리부터 하고 간식을 먹도록 해요."라고 언어적 지도를 하였다.

• 유아가 가지고 놀던 교구를 정리하는 것을 옆에서 도와주었다.

• 통합아동이 씨리얼에 우유를 부어 달라고 도움을 요청하여 유아가 원하는 우유의 양을 부어주었다.

• 통합 아동이 스스로 간식을 먹을 수 있는데 "선생님이 먹여주세요." 라고 도움을 요청하여 스스로 먹을 수 있도록 지속적으로 격려해 주었다.</td></tr>
<tr><td>9:50~10:00
정리정돈</td><td colspan="2">- 가지고 놀이하던 교구들을 정해진 자리에 정리한다.
- T: 간식을 먹기 전에 우리가 가지고 놀았던 놀잇감들을 정리하도록 해요.
- C: 네. 이것부터 정리할게요.
- 손을 깨끗이 씻는다.</td></tr>
<tr><td>10:00~10:30
오전간식</td><td colspan="2">- 자신의 간식수저통을 꺼내 책상 위에 놓는다.
- 차례로 줄을 서서 자신이 먹을 만큼 간식을 가져간다.
T: 오늘의 간식은 씨리어리에요. 먹고 싶은 만큼 먹도록 해요. 도움이 필요한 친구들은 선생님을 부르면 도와주도록 할게요.
C: 선생님. 우유가 너무 무거워요. 도와주세요.
T: 선생님이 도와줄게요.
- 의자에 바르게 앉아서 간식을 먹는다.
- 간식을 다 먹은 뒤 수저통을 가방에 넣어 정리한다.
- 다 먹은 유아들은 자유선택활동을 한다.
T: 간식을 다 먹었나요?
C: 네. 정리도 했어요.
T: 다 먹은 친구들은 조용히 자유선택활동을 시작하도록 해요.</td></tr>
</table>

<table>
<tr><td>10:30~10:50
오전
자유선택활동</td><td>- 원하는 영역에서 자유롭게 활동을 한다.
- 활동에 즐거운 마음으로 참여한다.
- 친구와 싸우지 않고, 양보를 하면서 놀이를 한다.</td><td>• 유아들이 블록으로 수영장을 만들고 있어서 "지금 무엇을 만들고 있어요?"라고 관심을 보여주었다. 유아들끼리 상의해서 만들 수 있도록 옆에서 언어적 촉진만 해주고, 블록 쌓기에 직접 참여하지는 않았다.</td></tr>
<tr><td>10:50~11:50
대소집단활동</td><td>〈카나페 만들기〉
- 교사가 이름 부르는 유아들은 자신의 사물함에서 앞치마를 꺼낸다.
- 앞치마를 착용한다.
- 활동을 하기 전에 교실 내에 배치되어 있는 세면대에서 손을 깨끗하게 씻는다.
- 다른 친구들이 모두 준비를 마칠 때까지 자리에 바르게 앉아서 기다린다.
- 4명씩 소그룹을 이루어 선생님과 카나페를 만든다.
T: 우리가 오늘 만들 음식은 카나페라는 것이에요. 재료가 무엇이 있는지 다 같이 살펴보고 이야기를 나누어 볼까요?
C: 네. 과자랑 햄, 잼, 옥수수, 치즈가 있어요.
T: 맞았어요. 그럼 이번에는 어떻게 만드는지 살펴보도록 해요.
- 선생님의 설명을 집중해서 듣는다.
- 준비되어 있는 재료들을 사용해서 자신만의 카나페를 만든다.
- 완성 후에는 자신이 만든 카나페를 먹어본다.
T: 카나페를 먹어보니까 맛이 어때요?
C: 맛있어요. 또 먹고 싶어요.
T: 카나페가 정말 맛있었구나. 친구들이 만든 카나페를 부모님께 선물해 드리는 건 어떨까요?
- 앞치마를 벗어 가방에 정리해 넣는다.
- 화장실에 가서 손을 깨끗하게 씻는다.

〈자동차 만들기〉
- 선생님께서 이름을 부르는 유아들은 자동차 만들기 활동에 참여한다.
- 만드는 순서를 보면서 선생님의 설명을 잘 듣는다.
- 자신이 사용하고 싶은 재료를 선택한다.
T: 여기에 있는 재료들을 사용해서 자동차</td><td>• 통합아동이 앞치마를 착용하는 것과 앞치마를 벗을 수 있도록 도움을 주었다.

• 통합 아동이 설명을 잘 듣고 있을 때 머리를 쓰다듬으며 강화를 해주었다.

• 통합아동이 카나페를 잘 만들다가 갑자기 "선생님. 못하겠어요. 선생님이 해주세요."라고 반복해서 이야기를 해서 스스로 마무리를 할 수 있도록 언어적 촉진("치즈 위 가운데에 햄 한개를 놓아보자." 등)을 해주었다.

• 유아들이 만든 카나페를 집으로 가져갈 수 있도록 포장하였다.

• 자동차를 만들어야 하는 유아들과 소그룹을 이루어 활동을 할 수 있도록 지도하였다. 만드는 방법을 설명해주면서 최소한의 도움으로 유아가 직접 만들 수 있도록 하였다.</td></tr>
</table>

	를 만들어보도록 해요. 어떤 것을 사용 할지 친구들이 골라볼까요? C: 전 이거요. 큰 자동차를 만들 거예요. – 선생님의 도움을 받아서 자동차를 만든다. T: 글루건은 매우 뜨거워서 위험해요. 친구들이 사용하기에는 위험하기 때문에 선생님이 도와주도록 할게요. – 자동차를 완성한 다음에 교구자 위에 전시한다.	
	중략	
실습생 평가	며칠에 걸쳐 자동차 만들기가 이루어졌었는데, 아직 만들지 못한 유아들과 자동차를 만들면 되는 것이었다. 만드는 방법은 간단했기 때문에 큰 어려움은 없었다. 그런데 아이들과 활동을 하면서 의문점이 두개가 생겼다. 첫째는 만들기를 하면서 글루건을 사용해야 한다는 것이었다. 글루건은 위험하기 때문에 항상 유아가 없는 곳에서 사용해야 한다고 배워서 그런지 이렇게 글루건을 사용해도 되는 것인가 하는 생각이 들었다. 실제로 오늘 활동을 하면서 유아가 글루건을 만지려고 하여 급하게 만지지 못하게 했던 일이 있었다. 또한 재료가 부족하여 활동이 중단이 되었다. 유아의 수에 맞춰서 재료가 준비되어 있어야 한다고 생각했는데, 이런 상황에 닥치게 되니까 조금 당황스러웠다. 위험한 상황을 미리 대비하고 활동 재료는 적절하게 준비하는 것의 중요성을 느꼈다.	
지도교사 조언 및 평가	글루건은 유아 혼자 사용한다면 위험한 도구이지만 교사의 지도를 받으며 조심스럽게 사용한다면 도구 사용에 대한 조절력을 기를 수 있습니다. 아이들이 흥미 있어 하는 재료이므로 다루는 방법을 능동적으로 익힐 수 있는 장점이 있습니다. 의문을 가진 것처럼 안전사고에 대한 대비를 충분히 하여야 합니다. 활동 재료가 부족한 점은 보완되어야 합니다. 그렇지만 재료를 나누어 사용하는 것을 목적으로 한다면 재료의 양을 교사가 미리 조정해 줄 수도 있습니다.	

〈표 8-7〉 장애 영유아 보육교사를 위한 보육실습일지 작성의 예(장애전문 어린이집)

보육실습일지		결재	실습생	지도교사	원장
			□	□	□
반 명	만 4세 ○○반	일시	2012년 ○월 ○일 ○요일		
날 씨	맑음	결석 영유아	없음		
주 제	소중한 나와 가족	소주제	가족은 특별해		
시간	활동	교사지원 내용			
9:00 ~12:30	자유선택 놀이 활동 목표: 부모님께 감사한 마음을 담아 어버이날 카드 보내기를 경험한다. 준비물: 카메라, 비상 구급약품, 응급처치 동의서, 물티슈, 어버이날 카드, 우표, 우편 봉투 값 내용: 9:00 ~10:30: 자유선택 놀이 활동 10:30~11:00: 등원 및 오전간식 먹기, 기저귀 체크 후 차량 탑승 11:00~11:15: 우체국으로 이동하기 11:15~ 12:15: 우편봉투, 우표 구입하기, 우편봉투에 편지 넣고, 주소 쓰기, 완성된 편지 우체통에 넣기, 화장실 이동 및 차량 탑승. 12:15~ 12:30: 어린이집 출발 및 도착	가족의 날 로 부모님께 편지 써서 우체국에 편지 붙이기 활동으로 우체국 다녀옴			
11:00 ~13:30	자유선택 놀이 활동 2차 개별 등원으로 선생님들이 아이들을 데려오심 대부분 자유선택 놀이 활동 없이 신체 활동 마사지 시간이 끝나면 바로 점심 먹을 준비를 한다. 밥 먹기 전 손 씻기를 한다. 점심식사 및 이 닦기 – 식사가 오기 전까지 자리에 앉아 기다리기 – 식사하기 전 앞치마 두르기 메뉴: 찹쌀밥, 김칫국, 쇠불고기, 양상추 샐러드, 깍두기	– 앞치마 입혀주기 민후에게 앞치마를 입혀주려 몸에 갖다대려하니 민후가 양팔을 벌렸다. 앞치마 끈은 민후가 풀지 못하도록 매듭으로 묶고 목 부분은 민후가 손으로 자꾸 잡아끄는 행동도 하고 음식을 잘 흘려 몸에 근접해 꽉 묶어줌. – 손씻기 바구니를 보자마자 손을 쥤다 폈다 반복함. 손에 물을 묻혀주니 두 손을 마주하고 만짐. – 수저에 밥을 놓고 식판에 놓아두면 가져가 입에 넣는 과정에서 수저의 음식을 자꾸 흘리는 경우가 있어서 수저를 민후와 함께 잡고 입까지 가져간다. 민후가 밥 먹는 동안 딱 한번 수저를 던지지 않고 나에게 놓아줌.			

	준비물: 앞치마, 양동이, 식판, 컵, 칫솔, 로션, 수저, 휴지	– 이닦기, 세수하기 양치를 시킬 때 민후 눈을 보며 입모양으로 "아~"하는 것을 보여주면 내 모습을 그대로 따라함. 그 상태 에서 양치를 시작함. 입을 헹굴 때 에는 물을 한꺼번에 들이키게 한 후 한꺼번에 뱉어버리게 한다.(지도 교사선생님 방법) 간혹 민후가 놀래서 밑에 받쳐두는 바구니를 밀치기도 함. 세수하기에도 손 씻기 방법과 같은 방법으로 바구니를 민후와 멀게 놓은 후 나의 손에 물을 묻혀둔 상태에서 세수를 시킴.
1:30 ~2:50	낮잠 및 휴식 준비물: 이불, 배게, 자장가	민후: 옆으로 눕는 자세를 취하게 한 뒤 민후와 밀착해서 누운 뒤 엉덩이를 두들겨줌, 귓불 만져주기, 머리 쓰다듬어주기
2:50 ~3:10	화장실 지도 및 오후간식 아이들 기저귀 상태 봐주기 삶은 감자, 우유 (시율이의 경우 기저귀를 갈기 전 '쉬'라고 표현하기) 다른 아이들과 다르게 조금은 의사소통 가능함. 간식 먹기 전 바르게 앉아 기다리기 준비물: 개별 수건, 식판, 수저, 휴지	민후: 민후가 잘 씹지를 못해 우유에 감자를 말아서 부드럽게 으깬 후 먹여주었다.
3:10 ~4:30	하원지도 – 친구들에게 '잘 가'라고 손 흔들어주기 – 옷 입고 가방정리하기	교실 교구장 청소함.
실습생 평가	오늘은 선생님들, 아이들과 함께 어린이집 차량을 타고 우체국을 가는데 그 과정에서 유모차를 옮기고 아이들을 들고 태우고 들고 내리고 하시는 선생님들을 보며 우리 반 특성상 당연한 것이라 여겨졌지만 그러한 모습은 처음 보게 되어 정말 대단하다고 느꼈다. 다른 반과는 다르게 교사의 체력이 중요하게 여겨지는 우리 반 선생님들을 보면서 성인군자 흡사 원더우먼 같았다.	
지도교사 조언 및 평가	반복되는 일과 외에 특별한 일과를 계획하여서 진행할 때, 장애 유아가 경험하는 의미를 염두 해 두어야 합니다. 그러기 위해서는 교사가 미리 경험하게 될 내용을 예측하여서 장애 유아가 보이게 될 반응에 대해서 예상할 수 있어야 겠지요? 그러한 경험을 할 수 있는 좋은 기회가 되었을 것이라는 생각이 듭니다.	

(2) 보육일과에서 장애 영유아의 참여를 위한 지원전략을 분석한 양식

본 실습일지는 '장애 영유아 보육교사' 양성교육기관인 H대학의 장애아보육실습 일지의 사례이다. 본 장애아보육실습에서는 보육활동의 내용은 간단하게 활동명 정도만 기록하였고, 보육일과에 참여하는 장애 영유아를 위해 지원되는 전략을 개별 장애 영유아 중심으로 면밀하게 관찰하여 분석하여 기록한 예이다.

실습생은 보육일과 중에 적용되는 다양한 지원전략을 분석하여 기록하였고, 실습 현장과 적용시켜 깨닫게 된 내용을 실습경험과 연결시켜 반성적으로 사고하여 기술하였다.

〈표 8-8〉 장애 영유아 보육교사를 위한 보육실습일지 작성의 예

<table>
<tr><td colspan="2" rowspan="2">보육실습일지</td><td rowspan="2">결재</td><td>실습생</td><td>지도교사</td><td>원장</td></tr>
<tr><td>☐</td><td>☐</td><td>☐</td></tr>
<tr><td>반 명</td><td>만 5세 ○○반</td><td>일시</td><td colspan="3">2013년 ○월 ○일 ○요일</td></tr>
<tr><td>날 씨</td><td>흐린 후 맑음</td><td>결석 영유아</td><td colspan="3">서○○(감기), 정○○(감기)</td></tr>
<tr><td>주 제</td><td>나와 가족</td><td>소주제</td><td colspan="3">나의 몸</td></tr>
<tr><td>시간 및 일과</td><td>활동계획 및 실행</td><td colspan="4">개별화 보육을 위한 지원전략 관찰</td></tr>
<tr><td>9:00~9:30</td><td>▸ 등원 및 통합보육
- 인사나누기(부모, 교사, 또래)
- 겉옷 정리하기
- 자기 사물함을 찾아 가방 정리하기</td><td colspan="4">- 교사가 아동에게 먼저 "안녕하세요."라고 말하며 허리를 숙이는 시범을 보이자 아동이 함께 허리를 숙이며 인사를 한다. (성인의 지원-모델링)</td></tr>
<tr><td>9:30~10:00</td><td>▸ 자유선택활동
- 역할영역: 나는 농부!
- 언어영역: 가을 단어놀이
- 수조작영역: 무를 뽑아요
- 과학영역: 가을나무
- 미술영역: 허수아비 아저씨
- 음률영역: '가을바람' 노래 부르며 신체표현하기</td><td colspan="4">과학영역
- 교사가 하윤이에게 "하윤아 놀이 끝나면 과학영역으로 오자."라고 제안, 약속한다. (성인의 지원-유도)
- 과학영역으로 오자 나무 사진이 담긴 책을 하윤이에게 건네며 펼쳐보게 함.
- "하윤아, 은행나무 찾아봐."(성인의 지원-유도)
- 하윤이가 책을 넘기며 은행나무를 찾아 손가락으로 가리키자 교사가 "이게 은행나무야?"라는 질문. 하윤이는 끄덕이며 긍정적인 대답을 한다.
- "그러면 우리 여기에 은행나무 써보자." 교사가 마인드맵 종이의 뒷면에 넓게 '은행나무'라고 적어준다. (자료수정-자료를 크게 만들어 제공)</td></tr>
</table>

		- "시작점 찍어줄까?" 교사의 질문에 하윤이는 끄덕인다. (성인의 지원-단서, 활동의 단순화, 자료수정) - "하윤아 천천히. 천천히 보고 쓰자.", "어디 안 쓴 곳 있나 봐봐." 등의 조언과 지도를 해준다.(성인의 지원-단서)
10:00~10:20	▸ 오전간식 - 배, 치즈	- 소변을 스스로 본 후, 바지를 올리고 나오려 하자 교사가 "나오기 전에 뭘 해야 될까?"라고 질문하고 이에 하윤이는 뒤돌아 물을 내린 후 나온다. (성인의 지원-언어적 촉진) - 나와서 세면대의 물을 틀고 물에 손을 적시고 비누를 묻힌 후 손을 헹군다. 어느 정도 씻은 후 스스로 물을 잠그고 수건으로 자신의 손을 닦은 후 자기 자리에 앉는다. - 교사가 "간식 받으러 오세요"라고 지시하자 하윤이는 자리에서 일어나 자신의 식판을 들고 자신의 자리로 돌아간다. - 교사가 "하윤아 뭐 안 가져간 것 같은데?"라고 물어보자 다시 자리에서 일어나 포크를 집어간다. (성인의 지원-언어적 촉진) - 다 먹고 난 후 치즈 껍질을 책상에 놔두고 식판만 들고 일어서서 가려는 하윤이에게 "하윤아 껍질도 가져가야지"라는 교사의 지시에 다시 돌아보며 함께 갖다 놓는다. (성인의 지원-유도)
10:20~11:20	▸ 대집단 활동 - 이야기나누기(자연재해)	- 보드를 이용하여 시각적으로 아이들에게 하루 일과에 대해 간단히 설명해준다. - 일과 설명 후 갑작스럽게 사이렌 경보소리를 틀어 지진대피훈련을 실시한다. - '사랑'이라는 책의 그림을 함께 보며 자연재해에 대해 심각성을 알고 느끼고 대피방법에 대해 이야기 나눠본다. - 해당 영상자료를 볼 때 맨 앞 중간쯤에 앉아 있는 하윤이가 자꾸 움직여 친구들에게 방해가 되었기 때문에 가장 왼쪽으로 빼주었다.(환경적 지원)
11:20~12:00	▸ 실외활동 - 도토리와 나뭇잎 관찰비교	- 교사가 반 모두에게 각자 다른 모양을 가진 5가지의 나뭇잎의 사진이 있는 종이를 나눠준다. - 해당되는 나뭇잎을 찾아 종이에 붙여본다. - 하윤이는 주변을 살피면서 도토리 나뭇잎을 준비하여 가져오는 또래의 모습을 보며 찾아온다.(또래의 지원-모방) - 가져온 나뭇잎의 주변을 스스로 테이프를 이용하여 고정시켜본다.(활동의 단순화-지속적, 연속적 참여) - 돋보기를 이용하여 함께 바닥을 들여다보는 시늉을 하며 흥미 이끌기(보이지 않는 지원, 성인의 지원-신체적 지원)

12:00~13:00	▸ 점심 및 양치질하기	– 음식이 담겨있는 식판과 젓가락을 앞에 놓고 스스로 가져갈 수 있도록 유도한다. (보이지 않는 지원) – 씹지 않고 급하게 넘기는 것을 방지하고 먹는 속도를 지연시키기 위해 젓가락만 제공해주며 국의 경우 건더기만 제공해준다.(보이지 않는 지원) – 음식에 대한 욕심이 많은 편이라 젓가락을 이용해 소근육 발달을 할 수 있도록 지원해준다.(보이지 않는 지원, 선호도 이용) – 젓가락으로 떠먹으려 할 때 교사는 아동에게 "하윤아, 선생님처럼 이렇게 집어먹자"라고 알려주며 시범을 보여준다.(성인의 지원–모델링) – 젓가락으로는 집어먹기 힘들만한 작은 반찬거리들은 교사가 숟가락을 이용하여 직접 먹여준다.(성인의 지원–신체적 촉진)
13:20~14:00	▸ 특별활동(영어)	– 연극 'Snow–white'를 하면서 하윤이의 차례가 되자 교사가 "하윤아 주변 친구들 뭐하고 있는지 봐봐."라고 알려주었고 이에 하윤이는 주위를 두리번거리다 앞으로 나간다.(성인의 지원–단서) – 영어교사의 율동을 보여주지만 보지 않고 간간히 주변 친구들을 바라보며 따라하는 행동을 보이는 하윤이에게 교사가 "하윤아, 앞에 선생님 보고 따라해야지."라고 일러주자 고개를 돌려 영어교사를 바라본다.(성인의 지원–언어적 촉진)
14:00~	▸ 귀가	– 교사가 아동에게 "하윤아 엄마 오셨다."라고 알려주자 벌떡 일어나 문 앞에 있는 엄마에게 달려간다. – 교사가 "하윤아 가방 챙겨야지"라고 말하자 자신의 사물함을 찾아 열고 가방을 꺼낸다.(성인의 지원–언어적 촉진) – 교사가 먼저 "하윤아 잘 가~"라고 말하자 하윤이는 소리 나는 쪽으로 돌아보며 손을 흔든다.
실습생 평가	평범한 하루 일과 속에서도 틈틈이 장애아동의 교수목표를 위한 학습이 일어나고 있다는 사실이 신기했다. 특히 실외활동을 통해 자연물에 대한 반응과 관심이 높다는 하윤이의 특성을 이용해 참여의지와 동기를 유발시켜주었고 또래와 같은 학습내용을 이해시키려 하기 보다는 관련 주제 학습물을 찾아오고, 테이프로 붙여보고, 돋보기 등의 도구를 사용하는 기능을 높이는 등의 교수 방법을 찾아내시는 것이 꽤 놀라울 정도였다. 학교에서 장애아동을 위한 교수전략을 배울 때에는 특별한 방법일 것이라는 막연한 생각을 가지고 있었는데, 막상 보육현장에서 관찰하여 보니, 장애아동이라고 해서 따로 특별한 교수 학습을 시키는 것이 아니라 이렇게 보이지 않는 지원이나 성인, 또래의 지원 등을 통해서도 충분히 함께 활동하면서 학습해 나갈 수 있다는 것을 느끼게 되었다.	
지도교사 조언 및 평가	중요한 사실을 발견한 하루였네요. 특별한 것을 특별한 상황에서 가리키는 것이 아니라 또래와 함께하는 교육과정을 적용한 일과 안에서 개별 목표를 적용한 교육이 이루어지도록 하는 것이 바로 "목표를 삽입하여 기회를 주는 것"입니다. 그것이 바로 통합교육현장에서 교사가 해야 할 교수지원전략이고요.	

CHAPTER 09

활동계획안 작성

활동계획과 실행은 종일제 보육실습 이전에 부분적으로 교수활동을 계획하여 실행할 수 있는 활동으로, 이론과 실제를 본격적으로 체험하고 반성적 사고를 해볼 수 있는 중요한 계기가 된다. 실습 어린이집의 실습운영 상황에 따라 조금씩 차이는 있지만, 본 실습 과정에서는 보통 실습 2주차부터는 단위활동의 수업을 시작한다.

실습생은 해당 학급의 주제 및 소주제, 해당 학급 영유아의 발달적 특성과 흥미, 실습기간 동안 이루어지는 어린이집의 행사나 체험학습 등을 고려하여 활동을 계획해야 효과적이다.

TIP

보육실습 시작 전, 어린이집 사전인사를 통해 미리 알아두면 도움이 되는 내용

♧ 실습하게 될 학급의 해당 연령이나 활동주제를 미리 알아보세요.

: 실습 기간 중 학급에서 진행될 활동 주제나 월간계획 등을 미리 알아두면 도움이 됩니다. 실습 기간 동안은 자료를 수집하고 싶어도 막상, 시간적 여유가 많지 않아서 마음처럼 못하게 되는 경우가 많습니다. 실습하게 될 해당연령이나 생활주제에 대한 정보를 미리 파악해 두고, 해당되는 기본적인 자료를 수집해 놓으면 활동 계획 시 큰 도움이 될 수 있습니다.

계획안 형식을 미리 알아보세요.
: 계획안의 형식은 기관에서 정해진 형식이 있거나 실습생의 의견을 최대한 수용하여 형식의 구애를 받지 않는 곳도 있을 수 있습니다. 실습생은 현장에서 요구하는 해당 형식에 따라 요구되는 자료를 체계적으로 준비할 수 있을 것입니다.

1. 단위 활동 계획안

단위 활동 계획안이란 명확한 목표를 이루기 위해 도입 · 전개 · 마무리 구조로 자연스럽게 진행되도록 모든 과정을 계획하는 것이다. 단위 보육활동 계획에 대한 내용을 한국보육진흥원(2010)이 제시한 내용에서는 활동목표, 활동자료, 활동방법, 확장활동 및 유의사항, 평가방법 등으로 계획하도록 하고 있다.

활동목표는 표준보육과정에 기초하여 통합적으로 진술되어야 한다. 보육활동을 통해 영유아가 어떤 경험을 하게 되는지 혹은 어떤 지식이나 개념, 기술 등을 획득하게 되는지가 구체적으로 진술되어야 한다.

활동자료는 보육기관에서 기존에 사용하는 활동자료인지 여부를 밝힌다. 활동에 필요한 교재교구를 제작하게 된다면, 제작에 필요한 자료, 제작방법 교구의 활용방법 등을 구체적으로 기술하여야 한다. 이때 필요이상의 시간과 자료 낭비가 없도록 사전에 지도교사와 충분히 협의하여 필요한 것만을 제작하도록 한다.

활동방법은 보육활동 목표를 성취하기 위한 활동내용과 상호작용을 계획하는 것이다. '영유아 교수학습방법' 교과목에서 학습한 바와 같이 보육활동방법은 도입, 전개, 마무리 단계별로 담임교사(T)와 영유아(C)의 상호작용을 예상하여 계획한다. 영유아의 연령, 흥미, 사전 경험에 기초하여 활동 시간을 계획한다. 영아는 집중시간이 짧기 때문에 유아보다는 활동 시간을 짧게 계획하고, 유아의 경우에도 유아의 흥미 수준에 따라 집중 시간을 융통성 있게 계획한다. 계획한 보육활동에 대한 영유아의 반응이 다양할 수 있으므로 여러 상황 별로 활동방법과 상호작용을 미리 계획하여야 실제 상황에서 당황하지 않고 실행할 수 있다.

TIP

활동방법에서 '도입 · 전개 · 마무리' 계획은 어떻게 하나요?

'도입'에서는 영유아가 보육활동에 흥미와 호기심이 일어날 수 있도록 계획하여 참여하고자 하는 동기가 일어나도록 하여야 합니다.
'전개'에서는 활동목표에 제시된 영유아의 발달에 적합한 의미 있는 경험이나 개념 및 기술을 획득할 수 있는 놀이방법이 계획되어져야 합니다. 또한 영유아의 개별적인 특성이나 발달 정도에 따라 질적인 상호작용이 이루어질 수 있도록 지원할 수 있는 교수방법을 계획하게 됩니다.
'마무리'에서는 대체로 영유아들이 새롭게 알게 된 지식이나, 개념, 재있었던 경험, 흥미로웠던 경험 등을 회상해 보거나 영유아 스스로 자신의 느낌이나 생각을 표현할 수 있는 기회를 갖게 됩니다. 하지만 영아의 경우에는 놀이의 집중시간이 짧으므로 스스로 활동을 회상하여 평가하여 표현하는 기회를 주기 보다는 활동의 마무리를 인식할 수 있는 전이 신호 또는 활동을 회상할 수 있는 찬트나 손유희 등을 통해 마무리 지을 수 있습니다.
장애 영유아가 참여하는 활동에서의 도입 · 전개 · 마무리 에서는 장애 영유아의 개별적인 발달 정도와 특성을 고려하여, 참여를 증진할 수 있는 지원전략을 고려하여, 일반적인 활동 방법을 수정하여 적용하게 됩니다(<표 4-6> 참고).

확장활동에서는 심화 및 확장시킬 수 있는 연계 방안 또는 보육활동자료나 결과물을 활용할 수 있는 방안을 계획하게 된다. 유의사항에서는 보육활동 진행시 예측되는 어려운 부분을 해결하기 위한 전략을 예상하여 기술할 수 있다.

평가방법에서는 활동을 통해 성취하여야 할 목표를 확인할 수 있는 평가기준을 기술하여, 활동을 통해서 성취하였는가를 확인할 수 있도록 한다.

1) 대/소집단 활동 예시

〈표 9-1〉 대소집단 활동의 예

<table>
<tr><td rowspan="2">제출일</td><td rowspan="2">년 월 일 요일</td><td rowspan="2">결재</td><td>실습생</td><td>지도교사</td><td>원장</td></tr>
<tr><td>□</td><td>□</td><td>□</td></tr>
<tr><td rowspan="2">활동명</td><td rowspan="2" colspan="2">김연아(피겨스케이팅) 선수처럼</td><td colspan="2">활동유형</td><td>대 · 소집단 활동</td></tr>
<tr><td colspan="2">영역</td><td>신체</td></tr>
<tr><td>활동목표</td><td colspan="5">음악에 맞춰 몸을 움직이고 다양한 동작을 만든다.
다른 사람의 역할을 모방하며 경험 해 본다.</td></tr>
<tr><td>4세 누리과정 관련 요소</td><td colspan="5">• 예술경험 〉 아름다움 찾아보기 〉 움직임과 춤의 요소 탐색하기 〉 움직임과 춤의 모양, 힘, 빠르기 등에 관심을 갖는다.
• 사회관계 〉 사회에 관심 갖기 〉 우리나라에 관심 갖고 이해하기 〉 우리나라에 대해 자부심을 갖는다.</td></tr>
<tr><td>창의 · 인성 관련</td><td colspan="5">인성 : 존중-다른 사람들과 다른 문화에 대한 존중</td></tr>
<tr><td>활동자료</td><td colspan="5">음악CD '백조의 호수', 김연아 선수 경기 동영상</td></tr>
<tr><td>활동방법</td><td colspan="5">도입
1. 김연아 선수가 경기하는 동영상을 감상한다.
- 김연아 선수가 어떤 옷과 신발을 신었나요?
- 김연아 선수가 어떤 동작을 하였나요?
- 김연아 선수는 경기를 하면서 어떤 기분이 들었을까요?
전개
2. 김연아 선수가 하는 동작을 따라해 본다.
- 김연아 선수처럼 움직이려면 어떻게 해야 할까요?
- 친구와 함께 도와가며 연습해 볼까요?
3. 동작을 만들어서 움직여 본다.
4. 음악을 들으면서 김연아 선수처럼 연속된 동작을 해 본다.
마무리
5. 활동해 본 느낌을 이야기 나눈다.</td></tr>
<tr><td>활동의 유의점</td><td colspan="5">1. 동작을 구성하기 전 '김연아 선수' 경기 모습 동영상이나 사진을 보며 움직임을 탐색해 본다.
2. 동작뿐만 아니라 운동복이나 화장, 스케이트 등도 살펴본다.</td></tr>
<tr><td>활동평가</td><td colspan="5">1. 겨울과 관련된 놀이인 스케이트와 선수에 대해 관심을 보이는지 평가한다.
2. 동작을 표현하는 것에 관심을 보이는지 평가한다.
- 같은 동작을 반복하는가? 여러 가지 동작을 시도하는가?
- 동작을 제안하거나 동작을 표현한 후 느낌을 구체적으로 이야기하는가?</td></tr>
<tr><td>확장활동</td><td colspan="5">얼음 위에서 할 수 있는 다른 신체활동(아이스하키, 썰매타기)을 표현해 볼 수 있다.</td></tr>
<tr><td>계획안에 대한 지도교사조언</td><td colspan="5"></td></tr>
<tr><td>실행 후 실습생평가</td><td colspan="5"></td></tr>
</table>

출처: '보건복지부(2013). 4세 누리과정 교사용 지도서 · 어린이집 프로그램 ⑦. pp.264~265'의 내용을 '한국보육진흥원(2013). 어린이집에서의 보육실습 지도. p.84'와 '한국보육진흥원(2007). 양성교육기관에서의 보육실습 지도. p.100'의 양식에 맞추어 수정함.

2) 자유선택 활동 예시

〈표 9-2〉 자유선택활동의 예

<table>
<tr><td rowspan="2">제출일</td><td rowspan="2">년 월 일 요일</td><td rowspan="2">결재</td><td>실습생</td><td>지도교사</td><td>원장</td></tr>
<tr><td>□</td><td>□</td><td>□</td></tr>
<tr><td rowspan="2">활동 명</td><td rowspan="2">정전기 놀이</td><td colspan="2">활동유형</td><td colspan="2">자유선택활동</td></tr>
<tr><td colspan="2">영역</td><td colspan="2">수 과학·조작영역</td></tr>
<tr><td>활동목표</td><td colspan="5">겨울이 되면 생기는 자연 현상을 감각으로 느껴본다.
정전기에 영향을 받는 물체에 대해 알아본다.</td></tr>
<tr><td>4세 누리과정 관련 요소</td><td colspan="5">• 자연탐구 〉 과학적 탐구하기 〉 자연현상 알아보기 〉 날씨와 기후 변화에 관심을 갖는다.
• 자연탐구 〉 탐구하는 태도 기르기 〉 탐구과정 즐기기 〉 궁금한 점을 알아보는 탐구과정에 관심을 가지고 참여한다.</td></tr>
<tr><td>창의·인성 관련</td><td colspan="5">창의성 : 인지적 요소-문제해결력</td></tr>
<tr><td>활동자료</td><td colspan="5">코팅지(책받침), 여러 가지 조각(비닐, 색종이, 털실, 단추, 콩, 모래 등)</td></tr>
<tr><td>활동방법</td><td colspan="5">1. 정전기와 관련된 경험을 이야기 해 본다.
- '정전기'란 말을 들어 본 적이 있나요?
- 정전기가 생기는 것을 보거나 경험한 적이 있나요?
2. 제시된 자료를 이용해서 정전기를 만들어 본다.
- 코팅지를 이용해서 정전기를 만들어 볼 거예요. 정전기는 어떻게 해야 생길까요?
- 코팅지를 옷에 문지른 후 만지면 어떤 느낌 드나요?
- 옷에 문지른 코팅지를 머리카락에 가까이 가져가면 어떻게 될까요?
- 옷에 문지른 코팅지를 비닐조각에 가까이 가져가면 어떻게 될까요?
3. 신체, 비닐조각, 색종이 등 여러 물체를 이용해서 탐색해 본다.
4. 놀이 후 정전기에 영향을 받는 물체와 영향을 받지 않는 물체를 구분해 본다.
- 털실 조각은 어떻게 되었나요?
- 단추는 어떻게 되었나요?
- 콩이나 모래는 어떻게 되었나요?</td></tr>
<tr><td>활동의 유의점</td><td colspan="5">1. '정전기' 단어 또는 현상에 대해 지시적으로 설명하지 않고, 또래와 놀이가 이루어지는 가운데 서로의 모습을 보면서 자연스럽게 관찰한다.
2. 안전사고가 발생하지 않도록 코팅지 혹은 책받침의 끝 부분을 부드럽게 처리한 후 놀이한다.</td></tr>
<tr><td>활동평가</td><td colspan="5">1. 겨울철에만 발생하는 여러 가지 자연현상에 관심을 보이며 이야기 나누는지 평가한다.
2. 자연현상을 직접 경험 해 보려고 시도하고, 유사한 현상을 본 것에 대해 응용하여 놀이 하는지 평가한다.
- '정전기'를 만들어 보려고 적극적으로 시도하는가?</td></tr>
</table>

	– '정전기'를 경험한 일에 대해 이야기 하거나 다른 방법으로 유사 현상을 만들어 보려고 시도하는가?
계획안에 대한 지도교사조언	
실행 후 실습생평가	

출처: '보건복지부(2013). 4세 누리과정 교사용 지도서 · 어린이집 프로그램 ⑦. p.274~275'의 내용을 '한국보육진흥원(2013). 어린이집에서의 보육실습 지도. p.84'과 '한국보육진흥원(2017). 양성교육기관에서의 보육실습 지도. p.100'의 양식에 맞추어 수정함.

TIP

자유선택놀이에서 활동하게 될 새로운 교재교구의 제시는 어떻게 하나요?

새롭게 제작한 교재교구로 활동을 진행할 때, 교재교구에 대한 소개 시간이 진행되어야 합니다. 교재교구의 소개는 자유선택활동 시간에 해당 영역에서 이루어지기 보다는 대그룹 시간에 전체 유아를 대상으로 하는 것이 효율적입니다. 교재교구의 활동방법과 함께 예상될 수 있는 문제 상황에 대해서 유아들과 함께 예측해 보고 예방할 수 있는 약속도 함께 정해 볼 수 있습니다.
다루기 쉬운 교재교구는 영유아 스스로 시행착오를 통해 활용방법을 터득하도록 격려하고 교사에게 도움을 청할 경우 그 사용 방법에 대해 알려줄 수 있습니다.

TIP

자유선택활동 방법 계획 시 도입 · 전개 · 마무리의 내용을 넣어야 하나요?

자유선택활동은 유아의 발달에 적합한 구조화된 흥미영역별 환경에서 유아가 주도적으로 놀이할 수 있도록 기회를 주는 것이 중요합니다. 교사 주도가 아닌 유아주도의 시간과 공간이 마련되어야 합니다. 그렇기 때문에 자유선택활동에서 가장 중요하게 여겨지는 부분이 "유아의 자발성"입니다. 교사는 유아가 선택한 흥미영역에서 놀이하고 있을 때, 놀이가 심화되고 확장될 수 있도록, 유아의 반응을 살피어 지원해 줄 수 있어야 합니다. 이러한 과정에서 교사주도로 유아를 이끌어가지는 않더라도, 유아가 보일 수 있는 반응을 예상하여 계획하여야 합니다. 그렇기 때문에 특히나 아직 자유선택놀이상황에서 적절하게 상호작용하는데 미흡한 실습생은, 자발적인 놀이에 참여하는 과정에서 유아가 보일 수 있는 다양한 반응을 예상하여 지원할 수 있도록 도입 · 전개 · 마무리의 체계에 따라 계획해 보는 것이 바람직합니다.

3) 장애 영유아의 참여 증진을 위한 수정

장애 영유아의 일과 참여와 발달을 촉진하기 위하여 장애 영유아의 개별교수목표를 삽입하는 보육과정 수정 절차 및 단계는 3장에 서술되어 있다. 여기에서는 장애 영유아의 참여 증진을 위하여 단위활동 계획안을 수정한 다양한 양식의 예를 제시한다. 최근에 보건복지부(2014)에서 특별한 요구를 가진 영유아의 보육활동을 지원하고자 취약보육프로그램을 개발하였는데 그중 〈장애아 보육프로그램 2권〉은 생활주제 별로 일반 활동을 장애 영유아의 참여 증진을 위하여 수정한 다양한 예를 제공하고 있다.

이 자료는 한국보육진흥원 홈페이지(www.kcpi.or.kr) 자료실에서 PDF 파일로 다운 받을 수 있다. 다음으로 교육부에서 개발하여 보급한 3세, 4세, 5세용 〈장애 유아를 위한 누리과정 교사용 지도서〉는 누리과정 교사용 지도서의 모든 활동을 장애 영유아의 참여 증진을 위하여 활동을 수정하여 제시하였다. 마지막으로 여성가족부(2007)에서 장애아보육프로그램 운영 매뉴얼을 제작하면서 만3세, 4세 5세의 일반 활동을 장애 영유아의 참여 증진을 위하여 수정하여 제시하였다. 구체적인 예시는 다음과 같다.

3 우르르 쾅쾅 비가 와요

장애 7-1-③	5세
7월 신나는 여름	1주 여름의 모습
대·소집단활동	신체

목 표

가 수준

- 음악을 들으며 스카프를 잡고 흔들 수 있다.

나 수준

- 비오는 모습을 표현한 음악을 감상할 수 있다.
- 신체를 이용하여 여름철 날씨를 표현할 수 있다.

누리과정 관련요소

- 예술경험 〉 아름다움 찾아보기 〉 음악적 요소 탐색하기 〉 다양한 소리, 악기 등으로 셈여림, 빠르기, 리듬 등을 탐색한다.
- 예술경험 〉 예술적 표현하기 〉 움직임과 춤으로 표현하기 〉 신체를 이용하여 주변의 움직임을 다양하게 표현하며 즐긴다.

활동자료

- 스카프, 큰 북, 심벌즈, 음악 CD(비발디 사계 중 여름, 노란 우산 피아노 모음곡 중 '노란 우산과 빗방울 서주', '빗방울 왈츠' 등), 노란우산 그림책, 빗방울이 떨어 지는 모양을 확대한 사진 등

가) 기분카드, 여러 가지(비오는 날씨, 바람 부는 날씨, 사막에서 햇볕이 내리 쬐는 무더운 날씨) 날씨 사진 등

나) 여러 가지(비오는 날씨, 바람 부는 날씨, 사막에서 햇볕이 내리 쬐는 무더운 날씨) 날씨 사진 등

활동방법

1. 노란 우산 피아노 모음곡과 비발디 '사계' 중 '여름' 2악장을 듣고 느낌에 대해 이야기를 나눈다. 한 곡을 감상한 후 느낌을 이야기 하고 또 다른 곡을 감상한다.

   가-1. 곡과 유사한 느낌의 날씨 사진을 바라본다.

   나-1. 노란 우산 피아노 모음곡을 먼저 들은 후 느낌을 이야기 나눈다.
   - 지금 들은 음악은 신동일 선생님이 만드신 '노란우산'이란 곡이란다.
   - (날씨 사진들을 보여주며) 이 사진들 중 어떤 날씨를 표현했을까?
   - (필요에 따라) 우산은 어떤 날씨에 쓸까?

2. 음악을 들으면서 여름철의 다양한 날씨를 신체로 표현해 본다(교사가 임의로 이야기가 흐르듯이 음악을 틀어준다. 예를 들어 '노란 우산과 빗방울 서주'→'빗방울 왈츠'→'비발디 사계' 중 '여름'→빗방울 왈츠:교사가 천둥과 번개를 큰 북과 심벌즈로 효과음을 준다).

   가-1, 나-1. 일반유아나 교사를 모방하여 여름철의 다양한 날씨를 신체로 표현한다.

노랑우산 이야기 듣기

음악 들으며 표현하기

3. 여름철의 다양한 날씨를 스카프로 표현해 본다. 특성에 대해 이야기를 나눈다.
   가-1. 스카프를 꼭 잡도록 한다.
   가-2. 스카프를 들고 교사를 모방하여 흔들어 본다.
   나-1. 일반 유아나 교사를 모방하여 여름철의 다양한 날씨를 스카프로 표현해본다.
4. 신체 표현을 하면서 느낀 점이나 재미있었던 것을 이야기한다.
   가-1. 기분카드를 집어 친구들에게 보여준다.
   나-1. 신체로 무엇을 표현해 보았는지 말한다.

활동의 유의점

- 악기(빗방울 소리를 낼 수 있는 우드블럭 또는 썬더드럼, 레인메이커 등)와 소품이 다양하게 제공하여 유아의 흥미를 유발하고 적극적인 참여를 돕는다.
- 스카프 잡기를 거부하는 하거나 잡기 어려운 아동이 있을 경우 손목에 묶어주어 자연스런 움직임을 유도한다.

천둥치는 소리 듣기

천둥소리를 내고 스카프로 표현하기

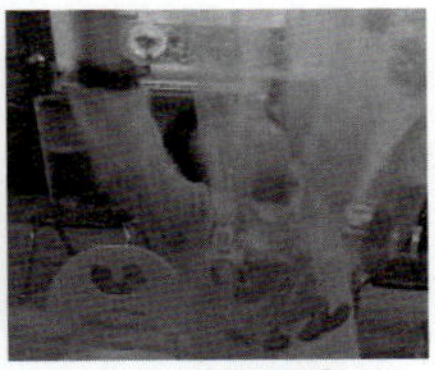
스카프로 자유롭게 표현하기

활 동 평 가

가 수준
- 음악을 들으며 스카프를 잡고 흔들 수 있는가?

나 수준
- 비오는 모습을 표현한 음악을 감상하는가?
- 신체를 이용하여 여름철 날씨를 표현할 수 있는가?

확 장 활 동

- 날씨 사진을 가정으로 보내 부모님과 날씨에 대해 이야기를 나눌 수 있도록 한다.
- 노란 우산 동화책 속에 피아노 곡 CD를 가정에 소개하여 책과 음악을 자주 접하도록 한다.

[그림 9-1]「장애아 보육프로그램 2」의 활동 수정안 예시
출처: 보건복지부(2014). 취약보육III 장애아 보육프로그램 2. p.168-169

활동 1-6	내가 꾸민 얼굴	활동형태: 자유선택 활동	영역: 미술 영역

목 표	3세 누리과정 관련요소
· 나의 감정을 얼굴 표정으로 표현할 수 있음을 안다. · 다양한 재료를 활용하여 얼굴 표정을 꾸밀 수 있다.	· 사회관계: 나와 다른 사람의 감정 알고 조절하기 - 나와 다른 사람의 감정 알고 표현하기 · 예술경험: 예술적 표현하기 - 미술 활동으로 표현하기 (창의 · 인성 관련) · 창의성: 성향적 요소 - 개방성 · 인성: 존중 - 다른 사람들과 다른 문화에 대한 존중
활동 참여요소	**누리과정 관련 요소별 발달 성취**
감정에 대해 이야기 나누기 • 감정에 따른 얼굴표정의 차이 살펴보기 • 얼굴 표정 표현하기 다양한 재료로 얼굴 표정 만들기	사회관계 나와 다른 사람의 감정 알고 조절하기 - 나와 다른 사람의 감정 알고 표현하기 • 다양한 감정(기쁨, 슬픔, 화남) 알기 • 나의 감정을 표현하기

	장애 유아를 위한 적용
참여 증진	감정에 대해 이야기 나누기 • 사전활동으로 해당 유아의 감정 표현 장면을 촬영하여 이야기 나눌 때 제시하여 참여 동기를 유발한다. • 가정 연계 활동으로 가정에서 유아의 웃는 얼굴 사진을 가져오게 해서 그 상황에 대해 다양한 수준으로 표현할 수 있게 한다. 다양한 재료로 얼굴 표정 만들기 • 감정이 표현된 과자 사진을 보고 어떤 감정을 미술로 표현할지 선택하게 한다. • 교사가 다양한 형태의 과자, 초콜릿 등을 얼굴 부위와 맞는 곳(예: 동그란 과자는 눈에 대보기, 길쭉한 과자는 입에 대보기 등)에 대어서 보여준 후 거울을 보며 자기 얼굴 부위에도 대어보게 한다. • 과자 얼굴 밑판 그림 중 하나를 선택하여 접시에 깔고 그 위에 과자를 붙여 꾸미게 한다. • 주의집중이 어려운 유아의 경우 선호하는 캐릭터의 표정을 보고 과자로 꾸미게 한다. • 완성된 작품과 같은 표정을 지은 얼굴을 즉석 사진기로 촬영해서 같은 표정인지 비교하게 한다.

[그림 9-2] 「장애 유아를 위한 교사용 지도서」의 활동 수정안 예시

출처: 교육부(2015). 장애 유아를 위한 3세 누리과정 교사용 지도서 - 나와 가족-. pp.119~121.

실외활동 4-7-5

물 그림 그리기

<table>
<tr><td rowspan="6">활동목표

1. 물 그림의 변화 과정을 탐색한다.
(자연탐구>탐구적 태도>탐구과정 즐기기)
2. 다양한 도구와 방법으로 표현해 본다.
(예술경험>예술적 표현>미술활동 즐기기)</td><td colspan="3">목표 수정</td></tr>
<tr><td>활동목표</td><td colspan="2">1. 물 그림에 관심을 가질 수 있다(윤)
1. 물 그림이 없어진 것을 알 수 있다(이, 송).</td></tr>
<tr><td rowspan="3">개별교수목표</td><td>윤서진</td><td>(사) 친구들이 이름을 부르면 쳐다보고 친구에게 가서 우유곽에 물을 채울 수 있다.
(소) 동그라미를 그려주면 눈, 코, 입을 그릴 수 있다.</td></tr>
<tr><td>이경신</td><td>(언) 그림을 2음절어로 표현할 수 있다.</td></tr>
<tr><td>송인주</td><td>(사) 자신의 차례를 기다릴 수 있다.</td></tr>
<tr></tr>
<tr><td>활동자료

◆ 페인트 통 또는 500ml 우유곽, 페인트 붓 또는 15호 이상의 그림붓
</td><td colspan="3">자료 수정

◆ 얇은 붓 여러 개와 고무줄
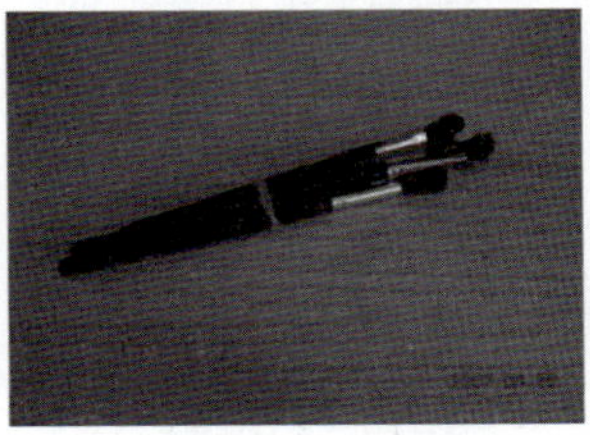</td></tr>
</table>

활동방법

1. 활동 준비물을 보며 이야기 나눈다.
   - 여기 무엇이 준비되어 있니?
   - (페인트 붓을 보여주며)이것은 무엇을 할 때 필요할까?
   - 물을 묻힌 붓을 이용하여 그림을 그릴 수 있을까?
   - 어디에 그리면 좋을까?
   - 물 그림을 그릴 수 있는 곳을 찾아볼까?
   - 우리 반 안에서 그릴 수 있을까?
   - 그럼 실외 놀이터에서는 찾을 수 있을까?
2. 물통과 붓을 가지고 실외 놀이터로 나간다.
   - 누가 선생님을 도와 이것을 들고 나갈 수 있을까?
   - 물 그림을 그릴 수 있는 곳을 찾았니?
3. 물 그림을 자유롭게 그려 본다.
   - OO는 무엇을 그리고 있니?
   - OO가 그린 것과 △△가 그린 것이 어떻게 다르니?
   - 조금 기다려 보자. 물 그림이 어떻게 되었니? 왜 없어졌을까?
   - 누구의 그림이 더 빨리 없어졌니? 왜 그랬을까?
4. 활동을 평가하고 정리한다.

방법 수정

참여증진	3. 쉽게 그릴 수 있게 먼저 얇은 붓으로 그리기 시작한다. 얇은 붓으로 그리는 것이 익숙해지면 얇은 붓을 몇 개의 고무줄로 묶어서 그려 보게 한다(윤).
상호작용증진	2. 높은 곳을 칠할 수 있게 작은 의자를 놓고 한 친구는 의자 위에 올라가서 칠하고 다른 친구들이 의자를 잡아 주게 한다(이, 송). 3. 친구와 팔짱을 끼고 노래 부르며 물 그림을 그리게 한다. 붓을 좌우로 흔들며 "즐겁게 그림 그리다 그대로 멈춰라"라고 노래를 부르다가 멈췄을 때 서로 얼굴을 쳐다보며 웃게 한다(윤).
교수삽입	3. 친구들의 우유곽에 물을 나누어 주는 역할을 하게 할 수 있다. 작은 주전자에 물을 담아 서진에게 주고 친구들이 "서진아! 나도 물 좀 줘"라고 말하면 그 친구를 보고 가까이 가서 물을 따라 주게 한다. 서진이가 물을 갖다 주면 친구들이 "고마워, 서진아"라고 인사하게 하여 서진이가 친구들에게 물 갖다 주는 것을 즐거워 할 수 있게 한다(윤).  3. 교사가 동그라미를 그리고 얇은 붓을 주면서 "서진아, 눈을 그려 보자"라고 말한 후 손에 붓을 쥐어 준다. 유아가 관심을 보이고 동그라미를 그리면 칭찬해주고 그리지 못하면 유아의 손을 잡고 그리기의 시작을 도와준다(윤). 3. 함께 동물을 그려보자고 제안하고 친구들이 그린 그림을 알아맞히게 한다. 경신이가 답을 맞힐 수 있게 친구들이 의성어로 힌트를 주게 한다(예: 친구들-꽥꽥, 경신-오리)(이). 경신이가 의성어로 표현하기 어려우면 교사가 첫 음절을 말해 준다. 3. 붓이나 우유 곽을 나누어 주는 동안 기다리라고 지시하고 기다리고 있는 인주에게 "잘 기다리는 구나" "조금 더 기다리자"라고 말을 해 준다(송).

확장활동

- 과학 활동으로 확장한다.

가정 연계 및 일반화

- 가정에서는 욕실에서 물감을 섞은 물로 놀이를 하며 즐거운 목욕 시간을 만든다.

주의사항

기 타

- 도화지 외의 벽이나 친구 옷 등 다른 곳에 낙서하지 않게 한다.

[그림 9-3] 「장애아 보육프로그램 운영 매뉴얼」의 활동 수정안 예시

출처: 여성가족부(2007). 장애아 보육프로그램 운영 매뉴얼. pp.356~357.

2. 교재교구 개발 및 제작

교재교구를 제작하여 활용하기 위해서는 사전에 철저한 계획과 충분한 검토가 요구되며 필요한 제작절차를 거쳐야 한다(한성희 · 임연진, 2015).

1) 교재교구 제작 계획서

교재교구를 제작할 때는 사전 점검이 중요하다. 사전 점검을 통해 필요로 되는 교재교구를 효율적으로 준비할 수 있게 된다. 즉, 어떤 교재교구를 어떠한 목적으로 제작할지를 사전에 계획해야 하는 것이다. 이때 교재교구의 제작 계획서를 작성하여 필요한 재료와 제작 방법을 상세히 기록해 놓으면 제작 이후에도 다른 사람이 보고 활용할 수 있게 된다. 교재교구의 제작 계획 시 단순히 제작방법만을 기록하는 것이 아니라, 활용방안까지도 상세하게 기재하여야 한다.

TIP

교재교구를 제시할 때 고려할 점은 무엇이 있나요?

- 주제에 적합한 교재교구를 제시해야 합니다.
- 사전에 계획한 연간계획이나 월간 계획에 입각하여 해당 주제에 따라 적합한 교재교구를 제시해야 합니다.
- 발달 수준에 알맞은 교재교구를 제공해야 합니다.
- 영유아의 발달 수준에 적합한 교재교구를 제시하여야 영유아의 흥미를 잃지 않고 활용할 수 있으므로 교육의 효과를 높일 수 있습니다.
- 주의 집중과 흥미를 유발시킬 수 있는 사전활동을 고안할 수도 있습니다.
- 교재교구를 제시할 때는 먼저 영유아의 주의를 집중시키고 흥미를 유발시킬 수 있는 사전활동을 계획하여 실시할 수 있습니다.
- 활동 후에는 확장활동을 실시할 수도 있습니다.
- 교재교구를 활용하여 활동을 전개한 다음에는 자연스럽게 다른 활동으로 확장시킬 수 있도록 사후 활동을 구상해 볼 수 있습니다.

교재교구의 제작 계획서의 작성 예시는 다음과 같다.

<table>
<tr><th>주제</th><td>우리 동네</td><th>대상연령</th><td>만 2, 3세</td></tr>
<tr><th>활동명</th><td>선물가방</td><th>집단크기</th><td>소그룹</td></tr>
<tr><th>활동영역</th><td colspan="3">역할영역</td></tr>
<tr><th>활동목표</th><td colspan="3">가방을 크기에 따라 배열할 수 있다.
가방을 열고 닫으며 눈과 손의 협응력을 키울 수 있다.</td></tr>
<tr><th>제작방법</th><td colspan="3">1) 각각의 다른 색의 펠트지로 크기가 다른 가방의 재단을 한다.
2) 손바느질로 가방을 만든다.
3) 가방의 여밈을 다른 도구(자석, 고리단추, 똑딱단추, 부들이 찍찍이)를 이용해서 연결한다.
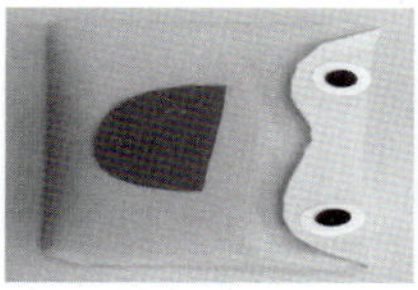 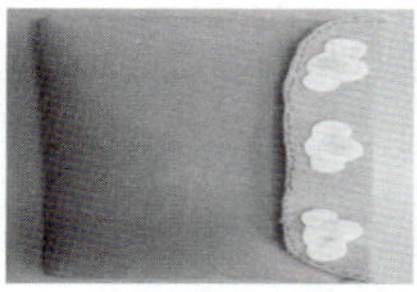 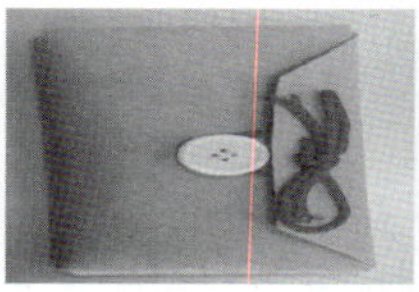 </td></tr>
<tr><th rowspan="3">활용방법</th><td colspan="3">(사전활동) 가방 소개하기
① 큰 가방 안에 작은 가방을 순서대로 넣은 것을 소개한다.
② 제일 작은 가방 안에 무엇이 들어 있을지 예상해 본다.
③ 역할영역에 가방을 배치한다.
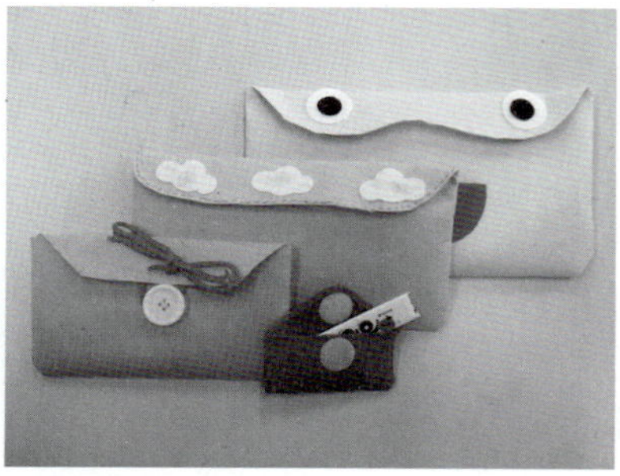</td></tr>
<tr><td colspan="3">(본 활동)
- 가방을 겹쳐 넣어 보는 과정을 통해 크기의 배열을 해 볼 수 있다.
- 가방을 열고 닫아 보는 활동을 통해 소근육 조작을 할 수 있다.
- 겹쳐서 숨겨보고, 찾아보는 활동을 통해 영아발달시기의 대상영속성을 경험할 수 있다.</td></tr>
<tr><td colspan="3">(확장활동)
가방에 들어갈 수 있는 크기가 다른 물건을 수집해서 넣어보고, 크기를 비교해 본다.</td></tr>
<tr><th>참고사항</th><td colspan="3">영유아의 소근육 발달 정도에 따라, 가방의 여밈 도구를 다양하게 활용하여 제작할 수 있다.</td></tr>
</table>

[그림 9-4] 교재교구 제작 계획서 작성의 예

2) 장애 영유아를 위한 교재 교구의 제작 및 수정

장애 영유아를 위한 교재교구를 제시할 때, 적용할 수 있는 방법은 크게 두 가지로 나누어 생각해 볼 수 있다. 하나는 영유아를 대상으로 기존에 제작된 교구를 장애 영유아 개별적인 특성을 고려하여 수정하는 방법이다. 이러한 경우, 장애 영유아의 발달정도와 감각적인 특성에 따라 교재교구의 활용방법을 단순화 하거나 특별한 장비를 추가하여 활용하게 할 수도 있다. 두 번째는 장애 영유아의 개별적인 특성과 발달정도를 고려하여 교재교구를 제작하는 방법이다. 이때, 장애 영유아의 발달정도와 감각적인 특성 선호도 등을 고려하여 제작하면 활용도가 높은 교구를 개발할 수 있게 된다.

다음은 시각장애 및 지체장애 유아의 수 개념을 인식을 위해 제작한 교구의 예이다.

주제	환경과 생활		
교구 명	애벌레 뿅뿅 퍼즐	집단크기	개별 또는 소집단
활동영역	수 · 조작 영역		
활동목표	숫자의 모양과 양을 촉감활동을 통해 인식할 수 있다.		
제작방법	1. 숫자 길이 정도로 자른 모루를 4줄 정도로 엮어서 지름 2㎝로 만든다. (1~10까지의 숫자, +, − 기호) 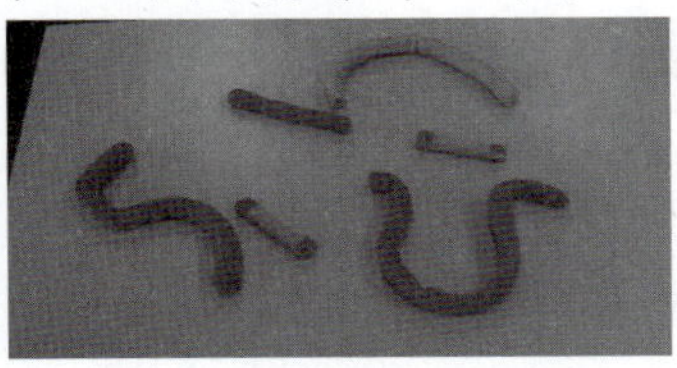 2. 지름 2㎝로 만든 모루를 접착 융천으로 감싸준다. 3. EVA 숫자판에 넣어 본다.  4. EVA매트를 숫자판을 넣을 수 있도록 잘라준다.		

	 5. EVA숫자판을 EVA매트에 넣는다. 
활용방법	• 모루를 숫자가 파인 홈에 넣어 본다. • 숫자만큼의 솜공이를 세어본다. • 천사점토를 사용하여 숫자가 파인 공간에 채워본 후 다시 점토를 떼어내어 탐색해본다. • 더하기, 빼기의 연산기호를 사용하여 수와 연산에 대해 호기심을 갖는다. • 수량의 많고 적음을 비교해본다.  
참고사항	장애 영유아의 인지수준에 따라서 숫자의 수를 늘리거나 줄일 수 있다.

[그림 9-5] 장애 영유아를 위한 제작 계획서 작성의 예

TIP

장애 영유아를 위한 교재교구 제작 시 장애유형에 따라 고려해야 할 내용이 있나요?

교재교구의 제작 시, 대상 영유아의 장애유형을 고려하기 전에 우선해서 고려해야 할 정보는 대상영유아의 발달정도와 개별적인 선호도, 특성을 반영하여야 하는 것입니다. 그런 다음, 아동이 가지고 있는 기능적인 특성을 고려하여 제작시 반영한다면, 효율적이 교재교구를 제작하게 될 것입니다.

♤ 시각장애 영유아를 위한 교재교구

- 교구의 방향이나 위치를 알려줄 수 있는 단서(촉각적)를 교재해 줍니다.
- 시각 외 기타감각을 활용할 수 있도록 제작합니다. 예를 들면 청각, 촉각, 고유 수용감각을 활용할 수 있도록 제작할 수 있습니다.
- 잔존시력을 활용할 수 있도록 자료를 수정합니다. 예를 들면 사물의 그림의 배경이 대비가 명확하게 보이도록 해야 합니다.
- 교재교구의 활용 시 돋보기나 확대경을 함께 배치하여 참여할 수 있도록 합니다.

♤ 청각장애 영유아를 위한 교재교구

- 청각 외 기타감각, 예를 들면 시각, 촉각 또는 진동 등을 활용하여 교재교구를 제작할 수 있습니다.
- 교재교구의 활용 시, 무선마이크나 보청기, 이어폰이나 헤드셋과 같은 보조도구를 사용하여 참여를 증진시킬 수 있습니다.
- 교재교구 제작 시, 장애 유아의 특별한 요구에 초점을 맞추어 청능 훈련을 위한 교재교구를 제작할 수 있습니다. 예를 들면 자기점검하며 발음을 모방하고 훈련할 수 있는 교구, 호흡의 기회를 줄 수 있는 불수 있는 교구 등이 있을 수 있습니다.

♤ 발달지체 영유아를 위한 교재교구

- 지체장애 영유아를 위한 교재교구의 활동 참여의 증진을 위해서는 접근 가능성(공간, 앉을 수 있는 보조의자, 엎드려서 할 수 있는 지지대 등)과 보조기구(그립, 보조가위, 유니버설홀더 등)가 지체정도에 따라 고려되어져야 합니다.
- 일상생활에서 의사소통을 지원할 수 있는 교재 · 교구(보완대체의사소통도구: AAC)를 직접 제작하여 제공하여 줄 수도 있습니다.
- 교재교구의 활동방법의 순서를 단순화하고 시각적으로 순서를 확인할 수 있도록 표현해 줄 수 있습니다.
- 그림 자료와 상황을 나타내는 단서를 예측하여 제시할 수 있도록 추가적으로 제작할 수도 있습니다.

APPENDIX

부록

어린이집 원장 및 보육교사 윤리강령

보육인 윤리선언

나는 영유아의 건강한 성장과 발달을 지원하는 보육교사(어린이집 원장)로서, 직무상의 윤리적 책임을 다하여 다음 사항들을 지킬 것을 다짐합니다.

1. 나는 내가 영유아에게 지대한 영향을 미치는 존재임을 잊지 않으며, 항상 스스로의 말과 행동에 신중을 기한다.
1. 나는 영유아의 인격과 권리를 존중하며, 어떠한 경우에도 영유아에게 해가 되는 일을 하지 않는다.
1. 나는 영유아 가정의 다양성을 이해하고 존중하며, 상호 신뢰하는 동반자적 관계를 유지한다.
1. 나는 동료를 존중하고 지지하며, 서로 협력하여 최상의 보육서비스를 제공하기 위해 노력한다.
1. 나는 보육의 사회적 책임과 역할을 인식하고, 영유아의 권익과 복지를 위한 활동에 앞장선다.
1. 나는 「어린이집 원장.교사 윤리강령」을 직무수행의 도덕적 규준으로 삼아 진심을 다하여 충실히 이행한다.

어린이집 원장 및 보육교사 윤리강령

어린이집 보육교사 윤리강령의 제정 의의와 취지

보육은 영유아를 건강하게 양육하고, 안전하게 보호하며, 발달특성에 적합한 교육을 제공하는 복지서비스이며, 보육인은 사랑과 존중과 전문지식을 바탕으로 영유아의 전인적 성장에 영향을 미치는 전문직업인이다. 그러므로 보육인은 윤리적 의식과 태도를 가지고 사회적 본분에 임해야 한다.

이에 어린이집 원장과 보육교사는 스스로 책무성을 발현하여 윤리강령을 제정함을 밝힌다. 본 강령을 직무수행의 규준으로 삼아, 보육현장에서 발생하는 윤리적 갈등을 해결하고, 생존권, 보호권, 발달권, 참여권 등 영유아의 권리를 보장함으로써, 직무상의 윤리적 책임을 다하여 전문직업인으로서의 위상을 공고히 하고자한다.

더불어 영유아와 그 가정, 동료와 사회의 존엄성을 존중하는 보육의 실천으로 다각적인 신뢰를 구축하고, 영유아의 잠재력을 최대한 발휘시킴으로써 영유아가 긍정적인 자아개념을 형성하고 유능한 사회인으로 성장할 수 있도록 도와, 궁극적으로는 영유아와 그 가정, 동료와 사회의 통합적.이상적 복지 실현에 기여하고자 한다.

제I장. 영유아에 대한 윤리

1. 영유아에게 고른 영양과 충분한 휴식을 제공하여, 몸과 마음이 건강한 사람으로 자라도록 돕는다.
2. 성별, 지역, 종교, 인종, 장애 등 어떤 이유에서도 영유아를 차별하지 않고, 공평한 기회를 제공한다.
3. 영유아는 다치기 쉬운 존재임을 인식하여 항상 안전하게 보호한다.
4. 영유아에 대한 정서적, 언어적, 신체적 학대를 행하지 않는다.
5. 어린이집 내외에서의 영유아 학대나 방임을 민감하게 관찰하며, 필요한 경우 관련 기관("아동보호전문기관" 등)에 보고하고 조치를 취한다.
6. 영유아의 인격을 존중하고, 개인의 잠재력과 개성을 인정한다.
7. 개별적 상호작용 속에서 영유아의 요구를 수용하기위해 노력한다.
8. 영유아의 사회·정서·인지·신체 발달을 통합적으로 지원하는 보육프로그램을 실시한다.
9. 특별한 도움을 필요로 하는 경우, 전문가와 협력하여 영유아의 입장에서 최선의 대안을 찾는다.
10. 보육활동을 계획, 실행, 평가하는 모든 과정에 영유아의 흥미와 의사를 반영한다.
11. 영유아의 개인적 기록과 정보에 대해 비밀을 보장한다.

제II장. 가정에 대한 윤리

1. 상호 신뢰를 바탕으로 영유아의 가정과 동반자적인 관계를 유지한다.
2. 각 가정의 양육가치와 의사결정을 존중한다.
3. 경제적 수준, 가족형태, 지역, 문화, 관습, 종교, 언어 등 어떤 것에 의해서도 영유아의 가정을 차별 대우하지 않는다.
4. 보육활동 및 발달 상황에 관한 정보를 정확하게 제공하여 영유아에 대한 가정의

이해를 돕는다. 다문화, 심신장애 등으로 의사소통에 도움이 필요한 경우 문제를 해결할 최선의 방법을 도모한다.

5. 어린이집 운영 전반에 관한 정보를 공개하여 영유아 가정의 알 권리에 응한다.
6. 보육프로그램과 주요 의사결정에 영유아의 가정이 참여하도록 안내한다.
7. 필요한 사회적 지원, 전문서비스 등 관련 정보를 제공하여 영유아 가정의 복리 증진을 돕는다.
8. 영유아 가정의 사생활을 보호하고 익명성을 보장한다.

제Ⅲ장. 동료에 대한 윤리

[어린이집 원장]

1. 최상의 보육서비스 제공에 필요한 인적, 물적 환경의 조성 및 유지를 위해 노력한다.
2. 보육교사를 신뢰하고 존중하며 전문성과 자율성을 인정한다.
3. 성별, 학연, 지연, 인종, 종교 등에 따라 보육교사를 차별하지 않는다.
4. 업무 관련 의사결정이 필요한 경우, 보육교사의 의견 개진 기회를 보장한다.
5. 보육교사에게 지속적 재교육 등 전문적 역량 제고의 기회를 부여한다.
6. 보육교사에게 적정 수준의 보상(보험, 급여 등)을 안정적으로 제공하며, 복지증진에 힘쓴다.
7. 보육교사 개인의 기록과 정보에 대한 비밀을 보장한다.

[보육교사]

1. 존중과 신뢰를 바탕으로 협력하며, 서로의 전문성과 자율성을 인정한다.
2. 상호간 역량계발과 복지증진에 부합하는 근무환경이 되도록 힘쓴다.
3. 어린이집 원장 및 동료와 영유아 보육에 대한 신념을 공유한다.
4. 보육교사로서의 전문성 향상을 위해 스스로 노력한다.
5. 어린이집 내에서 영유아 및 보육교사의 인권과 복지를 위협하는 비윤리적 사태가 발생한 경우, 법률규정이나 윤리기준("한국보육시설연합회 윤리강령위원회" 참조)에 따라 조치를 취한다.

제Ⅳ장. 사회에 대한 윤리

1. 공보육에 대한 책임을 인식하고, 항상 질 좋은 보육서비스를 제공한다.
2. 영유아의 안전을 위협하는 환경이나 정책이 발견될 시, 관계기관과 협의하여 개선한다.
3. 공적 책임이 있는 어린이집으로서 재정의 투명성을 유지하고, 부정한 방법으로 사적 이익을 취하지 않는다.
4. 영유아의 권익보호를 위해 관련 정책 결정 및 법률 제정에 적극 참여하며, 사회적으로 이를 널리 알리는 데 앞장선다.
5. 지역사회 실정에 맞는 어린이집의 책임과 역할을 인지하고, 실천하고자 노력한다.

(출처: 한국보육진흥원)

참고문헌

구본권(2007). 지체장애영유아 교육. 서울: 시그마프레스.

국립특수교육원(2016). 장애영유아 양육 가이드북 양육길라잡이.

교육부(2016). 장애 유아를 위한 3세 누리과정 교사용 지도서(2) 나와 가족.

김수진 · 이정화(2007). 장애 영 · 유아 활동 중심 통합 교육과정. 굿에듀북.

김수진 · 이정화(2013). 장애 영유아 통합교육. 경기: 공동체.

김영태(2014). 아동언어장애의 진단 및 치료. 서울: 학지사.

김영희 · 장문규 · 윤정란(2008). 보육실습의 이해와 실제. 서울: 교문사.

김지은 외(2013). 보육과정(3판). 서울: 창지사.

노종실(2008). 뇌병변과 발달장애 영유아를 위한 운동치료. 서울: 고려의학.

박은혜(2009). 유아교사론. 서울: 창지사.

박은혜 · 김정연(2010). 지체장애영유아 교육. 서울: 학지사.

박지연(2002). 긍정적 행동 지원. 특수교육학과 학술 특강(편). 이화여자대학교 특수교육학과.

박화문(2008). 지체부자유 생활기능훈련. 서울: 민지사.

방명애(1999). 행동감소를 위한 방법론. 제 2회 이화특수교육연수회: 특수아 행동지도의 이론과 실제. 이화여자대학교.

보건복지부(2012). 장애아 보육프로그램.

보건복지부 · 교육과학기술부(2013). 3-5세 연령별 누리과정 교사용 지침서.

보건복지부(2013). 4세 누리과정 교사용 지도서 · 어린이집 프로그램 ①.

보건복지부(2013). 4세 누리과정 교사용 지도서 · 어린이집 프로그램 ⑦.

보건복지부(2014). 취약보육-장애아 보육프로그램(2).

보건복지부(2016). 2016년 보육사업안내.

보건복지부(2016). 보육교사 자격기준 변경안내 소책자.

보건복지부(2017). 2017년 보육사업안내 부록.

서울특별시 소방재난본부 재난대응과(2014). 장애인 재난위기관리 매뉴얼.

서혜성 · 김경화 · 신지현(2007). 보육실습. 서울: 공동체.

송병호(2007). 정상운동 발달과 발달장애 운동발달. 서울: 영문출판사.

심선주(2004). 장애인복지시설 전문요원 교육3. 보건복지부.

어린이집안전공제회(2016). 어린이집안전관리백과 2016.

여성가족부(2007). 장애아 보육프로그램 운영 매뉴얼. 육아정책개발센터.

에이미웨건필드, 양영애 옮김(2011). 임상소아 치료의 기초. 서울: 영문출판사.

오은순 · 이재숙(2016). 보육실습의 이론과 실제. 경기: 교문사.

이미화 · 강은진 · 김은영 · 김길숙 · 엄지원(2016). 보육교사 양성과정 및 보육실습 매뉴얼 연구. 육아정책연구소.
이소현(2003). 유아특수교육. 서울: 학지사.
이소현 · 이창미 · 최윤희 · 김지영(2007). 보육프로그램 개발 제8권: 장애아 보육프로그램 운영매뉴얼. 여성가족부.
이수정(2005). 서울시 보육교사 보수교육. 한국보육진흥원.
이영철 · 허계형 · 이상복 · 정갑순(2005). AEPS. 서울: 도서출판 특수교육.
이재신 외(2005). 작업치료학 개론. 서울: 탑페디오피아.
이창미 · 장혜성 · 김수진(2008). 장애아 통합보육론. 경기: 교육과학사.
일레인게라리스, 김세주 등 옮김(2005). 뇌성마비 영유아의 이해. 서울: 시그마프레스.
임시아(2017). 아동권리와 복지. 경기: 공동체.
장혜성(2006). 긍정적 행동지원. 한국장애아전담보육시설연합회 교사연수자료집.
장혜성 · 김수진 · 김지영(2016). 개별화 교육프로그램의 실제. 서울: 교육과학사.
정아란(2012). 아동건강 및 안전. 경기: 공동체.
정재권 · 오명화(2007). 뇌성마비아 작업치료의 이해와 실제. 서울: 시그마프레스.
조성연 외(2004). 영유아보육론. 서울: 학지사.
조윤경 · 김수진(2015). 유아교사를 위한 특수아동의 이해. 경기: 공동체.
조혜경 · 구경선 · 곽혜경(2017). 보육교사론. 서울: 창지사.
최진희 외(2015). 장애 영유아 조기개입 서비스의 이해와 실제. 서울: 한우리 정보문화센터.
최혜숙 외 공역(2003). 작업치료학. 서울: 현문사.
최혜숙(2008). 일상생활 동작학. 서울: 계축문화사.
캐롤스탁 크리노비츠, 서득영 외 옮김(2006). 우리영유아 즐거워요. 서울: 서울장애인종합복지관.
한국보육진흥원(2010). 표준보육과정의 이해와 적용.
한국보육진흥원(2010). 장애아보육 운영실제.
한국보육진흥원(2011). 장애아보육 교사실무.
한국보육진흥원(2012). 장애아보육 운영 매뉴얼Ⅱ: 장애아보육 교사실무.
한국보육진흥원(2013). 어린이집에서의 보육실습 지도.
한국보육진흥원(2013). 장애아동복지지원법 시행에 따른 직무교육과정.
한국보육진흥원(2017). 양성교육기관에서의 보육실습지도.
한미현 외(2016). 아동권리와 복지. 서울: 창지사.
한성희 · 임연진(2015). 영유아 교재교구 연구 및 지도. 서울: 창지사.

국민건강보험공단 건강in(hi.nhis.or.kr)
서울특별시 소방재난본부(fire.seoul.go.kr)
서울특별시 육아종합지원센터(2017). http://seoul.childcare.go.kr
서울특별시 장애인 치과병원(www.sdh.go.kr)
서울특별시 장애인(disability.seoul.go.kr)
아이사랑 보육포탈(2017) www.childcare.go.kr

예방접종도우미(nip.cdc.go.kr)
한국보육진흥원(2017) www.kcpi.or.kr

Bailey, D. B., & Mark, W.(1992). *Teaching infants and preschoolers with disabilities(2nd eds.).* 이소현 역(1995). **장애영유아를 위한 교육**. 서울: 이화여자대학교 출판부.

Carol Stock, K.(2006). *The out-of-sync child has fun.* 서득영 · 이옥경 역(2006). **우리 아이 즐거워요: 감각통합장애 아동을 위한 활동들**. 서울: 서울장애인복지관.

Chapman Bahr(2000). *Oral Motor Assessment and Treatment.* Boston: Allyn & Bacon.

Garalis, E.(1998). *Children with cerebral palsy: A parents′ guide(2nd eds.).* 김세주 · 성인영 · 박승희 · 정한영 역(2005). **뇌성마비 아동의 이해(제2판)**. 서울: 시그마프레스.

Heller, K. W., Forney, P. E., Alberto, P. A., Best, S. J., & Schwartzman, M. N.(2008). *Understanding physical, health and multiple disabilities(2nd eds.).* 박은혜 · 강혜경 · 이명희 · 김정연 · 표윤희 · 임장현 · 김경양 역(2009). **지체, 건강 및 중복장애 학생에 대한 이해**. 서울: 학지사.

Hooper, S. R., & Umansky, W.(2008). *Young children with special needs(5th eds.).* 노진아 · 김연하 · 김정민 역(2011). **영유아 특수교육**. 서울: 학지사.

Janny, R., & Snell, M. E.(2000). *Behavioral support.* Baltimore: Paul H. Brookes.

Kathryn Woff Heller 저, 박은혜 역(2009). **지체, 건강 및 중복장애 영유아에 대한 이해**. 서울: 학지사.

Klein, M. D., Cook, R. E., & Richardson-Gibbs, A. M.(2001). *Strategies for including children with special needs in early childhood settings.* 유수옥 · 문연심 · 김호연 · 송미선 · 김혜경 · 심성경 · 박주희 역(2008). **영유아 교육현장 장애유아 통합교육 전략**. 서울: 창지사.

Marsha Dunn, K.(1990). *Pre Writing Skills.* Communication Skill Builders.

Pedretti, W. L., & Early, M. B.(2001). *Occupational therapy: practice skills for physical dysfunction.* 최혜숙(2003). **작업치료학: 신체적 기능장애 환자를 위한 실습 기술**. 서울: 현문사.

Sandall, S., Schwartz, I., & Joshep, G.(2002). A building blocks model for effective instruction in inclusive early childhood settings, *Young Exceptional Children, 4*(3), 3-9.

Wagenfeld, A., & Kaldenberg, J.(2005). *Foundations of pediatric practice for the occupational therapy assistant.* 양영애 · 김정기 역(2011). **보조작업치료사를 위한 임상소아 치료의 기초**. 서울: 영문출판사.

저자소개

집필진(집필순)

■ **변호걸**
연성대학교 유아특수재활과 교수

■ **김응범**
연성대학교 유아특수재활과 교수

■ **조현정**
부천 혜림어린이집(장애아전문) 원장

■ **이현정**
연성대학교 유아특수재활과 교수

■ **김수진**
연성대학교 유아특수재활과 교수

■ **김혜선**
서울 강동아동발달센터 원장

■ **최윤희**
광운대학교 교육대학원 장애통합/특수교육 전공 교수

■ **장원정**
의정부 녹양어린이집(장애통합) 원장

■ **김미영**
연성대학교 유아특수재활과 교수

■ **김승현**
한국복지대학교 장애유아보육과 외래교수

장애아보육실습 이해와 실제

초판 1쇄 인쇄 / 2018년 2월 20일
초판 1쇄 발행 / 2018년 2월 25일

공저자 / 변호걸 · 김응범 · 조현정 · 이현정 · 김수진
김혜선 · 최윤희 · 장원정 · 김미영 · 김승현
발행인 / 이 중 수
발행처 / **동 문 사**

서울특별시 서대문구 홍제원 1길 12
(홍제동 137-8)
Tel : 02)736-3718(대), 736-3710, 3720
Fax : 02)736-3719
등록번호 : 제9-17호
가격 : 18,000원

ISBN : 978-89-8251-954-3(93370)
E-mail : dong736@naver.com
www.dongmunsa.com